그 시절 우리는 미쳤다
1970년대 고교야구

| 일러두기 – 학교 이름 변경 **|**

이 책에 등장하는 고등학교 중에서 2022년 현재 학교 이름을 바꾼 곳이 많다.
하지만 1970년대 당시의 느낌을 살리기 위해 그 시절의 이름을 그대로 사용했다.

- 선린상고(善隣商高) → 선린(善隣)인터넷고(高)
- 부산상고(釜山商高) → 개성고(開成高)
- 경남상고(慶南商高) → 부경고(釜慶高)
- 대구상고(大邱商高) → 대구상원고(大邱商苑高)
- 광주상고(光州商高) → 광주동성고(光州東成高)
- 마산상고(馬山商高) → 마산용마고(馬山龍馬高)
- 동대문상고(東大門商高) → 청원고(靑園高)(동대문상고는 청원정보산업고로 교명이 바
  뀌었다가 2003년 학교가 폐교되면서 같은 재단인 청원고로 야구부가 이관)

그 시절 우리는 미쳤다
1970년대 고교야구

최홍섭 지음

W미디어

야구는 기록과 기억의 스포츠라고 한다. 축구, 배구, 농구 역시 기록과 기억이 있지만 경기 내내 쉴 새 없이 움직이는 특성 때문에 야구와 같이 세밀하게 기록되고 기억되진 않는다. 디지털화하기는 더더욱 어렵다. 하지만 야구는 다르다. 우선 개인별 성적이 온갖 기준으로 차곡차곡 기록된다. 요즘 같은 빅데이터Big data 시대의 혜택을 오롯이 받을 수 있는 구기 종목이다.

이미 메이저 리그는 모든 것이 빅데이터로 운영되고 있다. 과거처럼 홈런 숫자 같은 단순한 기록만 모으는 게 아니다. 투수가 던지는 공의 초속과 종속, 포수가 받는 위치, 회전 수, 릴리스 포인트, 궤적 등을 실시간 그래픽으로 만든다. 타구의 움직임이나 야수의 동작까지 데이터로 변환하는 시대다. 요즘 프로야구에서 자주 볼 수 있는 수비 시프트가 빅데이터에서 나왔다.

야구는 또 매 순간 선택의 갈림길에 선다. 누구나 훈수를 둘 수 있고, 아무나 작전을 구상할 수 있다. 드라마 같은 스토리가 펼쳐질 가능성도 다른 종목보다 높다. 축구의 경우 4대1로 지고 있는데 10분밖에 남지 않았다면, 그 시간에 경기를 뒤집기는 아주 힘들다. 하지만 시간제한이 없는 야구에서는 9회말에도 심심찮게 역전극이 벌어진다.

무엇보다 야구는 공으로 하는 운동 중에서 가장 '사람'이 중심 되는 스포츠다. 승부를 가르는 득점의 중심에 사람이 있다는 말이다. 거의 모든 구기 운동들은 공이 골대로 들어가거나 아니면 네트 너머 상대편 지면에 닿거나 코트를 벗어나면서 득점이 되고 승패가 갈리지만, 야구는 선수가 홈플레이트에 들어와야 비로소 득점이 된다. 그렇기에 9회말 투아웃에서도 극적으로 승부가 바뀌는 묘미가 있을 수 있다. "끝날 때까지 끝난 게 아니다!"라는 야구 명언이 회자되는 것처럼, 그만큼 희망적이고 우리 삶과 닮아 있는 스포츠이기에 남녀노소 누구나 야구를 즐기고 열광하는 것이다.

하지만 2021년 한국 프로야구는 온갖 부끄러운 역사를 한꺼번에 드러냈다. 유명 투수가 승부조작으로 구속되는가 하면, 방역수칙을 지키지 않고 숙소 호텔로 여자를 불러 술판을 벌였다가 적발되기도 했고, 2020 도쿄올림픽에서는 성적이 부진한 데다 어린 선수가 껌을 질겅질겅 씹는 모습이 노출돼 분노를 샀다. 무엇보다 양 팀 합쳐 20개의 볼넷을 기록하는 수준 이하의 경기가 프로야구에서 버젓이 벌어지고 있다. 기량은 예전보다 다소 늘었다고 하지만, 야구를 대하는 열정과 진정성은 갈수록 쇠퇴하는 느낌이다.

2022년은 한국 프로야구 출범 40돌, 즉 불혹不惑의 나이가 되

었지만 아직도 진정한 프로의 모습은 찾아보기 힘들다는 우려
가 많다. 그러면서도 100억원 안팎의 돈이 왔다 갔다 하는 FA
제도가 화제를 모은다. 단순한 위화감이 아니라, 과연 합당한
대우인지 의문이 든다.

삼성라이온즈에서 2021년부터 뛰고 있는 용병 페렐라 선수
는 눈빛부터 다르다. 무조건 전력 질주한다. 페렐라는 2루에서
3루로 달릴 때 지그재그로 뛰면서 수비진을 혼란시키는 고급
야구를 보여주기도 했다. 페렐라 정도까지는 아니어도 좋다.
타격을 해놓고도 설렁설렁 뛰는 타자들, 스트라이크도 제대로
던지지 못해 한 경기에 10개의 볼넷을 예사로 남발하는 투수
들, 경기에 지고 있는 데도 껌을 씹어가며 웃음꽃을 피우는 선
수들…. 그런 민낯을 보면서 야구 특유의 진지함과 매력이 반
감되곤 했다.

필자는 이러한 문제점을 지켜보면서, 한국 프로야구의 뿌리
가 되었던 1970년대 고교야구를 돌아보았다. 당시의 야구 실력
이나 수준이야 요즘과 어찌 비교할 수 있으랴만, 승부를 향한
열정과 집념은 분명 요즘보다 뜨거웠다. 토너먼트로 진행되던
대회라 매 경기마다 지면 탈락했다. 고향과 모교의 명예를 어깨
에 지고 젖 먹던 힘까지 다해 싸우던 1970년대 고교야구였다.

1970년대 고교야구는 대통령배가 시작된 1967년부터 1970
년까지 예열 기간을 거쳐, 전국 모든 학교가 참가하는 봉황대
기가 시작된 1971년부터 본격적인 드라마를 연출했다. 프로야

구 출범 직전인 1981년까지 고교야구는 대한민국 최고의 인기 스포츠였다.

필자는 대구에서 자라나 동향인 경북고와 대구상고에 물아일체 되었다. 부산에서 났다면 경남고와 부산고에, 광주가 고향이라면 광주일고와 광주상고에 필이 꽂혔을 것이다. 1982년 프로야구가 출범할 때 바로 그런 정서를 활용했다. 나쁘게 말하면 지역감정, 좋게 표현하면 애향심을 자극했다.

하지만 2022년 프로야구는 단순히 애향심에 의존하는 단계는 아니다. 오히려 야구 자체의 매력으로 팬들의 사랑을 받아야 한다. 다만 1970년대 고교야구가 보여주었던 열정은 잊지 말기를 바란다.

필자는 삼성라이온즈의 팬이다. 그런데 삼성라이온즈는 2015년 왕조시대가 끝난 이후 지금까지 팬들을 많이 실망시켜왔다. 2021년에 리그 3위를 했다지만, 약간만 집중력을 발휘했다면 1위도 가능했다. 1970년대 경북고와 대구상고가 지녔던 파이팅을 조금이라도 배웠으면 한다. 굳이 삼성라이온즈뿐만 아니라 불혹의 한국 프로야구는 자신의 뿌리가 되었던 1970년대 고교야구를 다시 돌아보았으면 하는 마음에서 이 책을 썼다.

실로 10여 년 만에 책을 쓴다. 모든 감사와 영광은 하나님께 돌린다. 삼성라이온즈의 최무영 육성팀장과 김남형 홍보팀장, 그리고 KBO(한국야구위원회) 배아현 대리는 여러 가지 자료를 제공해주셨다. 감사를 드린다. 최무영 팀장은 1981년 경북고 4관왕의 주역인데, 그동안 프런트로 활약해왔다. 조창수, 정기혁, 남우식, 천보성, 배대웅, 김봉연, 김재박, 이선희, 김용희, 김종권, 김한근, 이승후, 정진호, 강만식, 정윤택, 김용철, 김시진, 이만수, 김성한, 박종훈, 양상문, 김성래, 선동열, 이상군, 성준 등의 스타들은 필자와 직접 만나거나 아니면 긴 통화로 당시 상황을 설명해주었다. 호주로 이민 간 최계훈 전前 인천고 투수는 이메일로 답을 주었다. 추억이 깃든 귀한 사진과 자료를 기꺼이 내주며 사용을 허락한 선수와 관계자께 깊은 감사를 드린다. 귀한 추천사를 보내주신 이종범 LG트윈스 퓨처스 감독, 임대기 전前 삼성라이온즈 구단주, 정병선 조선일보 야구팀장께도 큰 고마움을 전한다. '걸어다니는 야구 백과사전' 인 손대수를 비롯해 오원정, 정하규, 최경석, 피재민 등의 친구들은 귀한 코멘트를 아끼지 않았다. 그리고 책을 펴낸 W미디어 박영발 대표에게도 감사드린다. 무엇보다 병상에 있는 아내 김혜원과 빅데이터 전문가가 된 아들 최수빈의 응원으로 이 책을 썼다.

2022년 봄
최홍섭

차례

고교 스타 선수, 야구를 말한다

왜 1970년대 고교야구인가?

　이 책은 5070세대를 위한 책이다. 1980년대 초부터 2000년 대 초까지 태어난 이른바 MZ세대에게는 '꼰대'로 불리는 사람 들이다. 하지만 지금의 5070은 수십 년 전의 5070과는 완전히 다르다. 이들은 1960년대부터 1980년대까지 학창시절을 보냈 는데, 당시는 글로벌 대중문화 양식을 빠르게 받아들이던 때였 다. 걸그룹 노래를 줄줄 꿰는가 하면, 한식 정찬보다는 햄버거 세트를 즐기기도 한다.

　아마 지금 MZ세대에게 1970년대 고교야구 이야기를 하자 면 하품부터 나올지 모르겠다. 얼마 전 몇몇 대학생과 얘기를 나누면서 '아무리 그래도 최동원이나 선동열 정도는 알겠지'라 고 짐작했다. 그런데 돌연 "선동열은 어디에서인지 감독하셨고 국회 청문회에 나온 분 같긴 한데, 최동원이란 사람은 누구예 요?"라는 질문을 받았다. 이것이 세대차구나 하는 생각에 쓴웃음을 지었다.

요즘 기업에서는 종전처럼 무조건 MZ세대만 저격하라는 전략은 사라졌다. 2021년 삼성전자 내부 게시판에는 '지금은 5070세대가 인구 비율이나 구매력으로 보아 역대 어느 세대보다 강하므로 이들을 겨냥한 제품개발이 더 중요하다'는 글이 올라왔다. 이 책은 그런 환경변화에 용기를 얻어 만들어졌다.

1970년대는 한국사회가 가장 역동적으로 변했던 시기다. 1962년부터 시작된 경제개발 5개년 계획이 본격적으로 성과를 거두기 시작했다. 1차 산업에서 벗어나 중화학공업을 주축으로 한 제조업이 전국적으로 확장되면서 인력이동도 활발해졌다. 이촌향도離村向都, 즉 시골을 떠나 서울이나 대도시의 사무직−생산직−일용직 등에 고루 배치되는 현상이 두드러졌다.

박정희 대통령은 1972년 10월 17일 이른바 유신체제를 선포, 장기집권을 가능하게 하는 동시에 강력한 경제성장 드라이브를 걸 수 있는 정치적 토대를 확보했다. 유신체제의 출범으로 박정희 정권은 스스로 권위주의 정치체제임을 분명히 했다. 권위주의 체제는 민주주의와 전체주의의 중간쯤 위치해 있다. 자신에게 정치적 위협만 되지 않으면 상당한 자유를 허락하는 것이 권위주의 체제의 특징이다. 1970년대와 1980년대에 걸쳐 중남미 국가들을 대상으로 연구한 결과 시중에는 종속이론, 매판자본론, 관료적 권위주의 이론 등 온갖 정치경제학적 모델이 나와 제3세계의 정치와 경제 불균형에 대해 분석했다. 하지만 한국은 그런 모델이 잘 들어맞지 않았다. 비록 정치적으로는 강력한 권위주의적 통제를 실시했지만, 국가 전체의 GDP는 10% 안팎에 이르는 성장률을 기록하면서 '라인 강의 기적'에 비견되는 '한강의 기적'을 보여주었다. 1973년 중동전을 통해 불거진 오일쇼크가 한국 경제에 타격을 가했으나, 오히려 중동 건설 진출 등을 통해 역으로 이를 극복했다.

　다만 경제성장 없는 정치적 안정이 없듯이, 정치적 안정 없는 경제성장도 지속 가능하지 않다. 권위주의 정권에 반발하는 민주화운동은 지속적으로 벌어졌고, 경제성장에 따라 취약해진 노동운동의 각성을 촉구하는 움직임도 거세졌다. 그런 와중에 1974년 8월 15일 대통령 영부인 육영수 여사가 북한의 지령을 받은 문세광으로부터 시해되는 사태가 벌어졌고, 1975년에는 긴급조치 9호가 발동되면서 정국은 날로 경색되어 갔다. 곳곳에서 민주화를 외치는 목소리와 시위는 커져만 갔다. 드디어 1979년 10월 26일 박정희 대통령이 김재규 중앙정보부장에게 시해되는 사건이 발생하면서 정국은 걷잡을 수 없는 혼란으로 들어갔다. 신군부新軍部가 권력을 장악하는 12.12 사태를 거쳐 잠시 '서울의 봄'이 오는가 했다. 하지만 1980년 5.17 계엄확대조치에 따른 반발로 5.18 광주민주화운동이 벌어지면서 신군부가 권력의 전면에 나서게 되었다.

　1970년대 고교야구는 이러한 시대적 상황 속에서 때로 국민들의 스트레스를 풀어주는 역할도 했고, 상처받은 지역 민심을 위로하고 단결시켜 주는 기능도 했다. 일본의 고교야구 경기인 고시엔甲子園 대회가 장구한 역사를 자랑하면서 지금도 여전한 인기를 누리고 있지만, 한국의 1970년대 고교야구가 보여준 단기적 열기만큼은 결코 따라오지 못할 것이다.

사실 한국의 고교야구는 1946년 제1회 청룡기 쟁탈 전국중등학교야구선수권대회를 시작으로 1966년까지는 주로 서울, 부산, 인천이 우승을 나눠 가지는 형국이었다. 아직까지 국민적인 인기 스포츠라고 하기에는 모자란 점이 많았다. 당시 먹고 살기 바쁜 사회상으로 스포츠에 집중하기 어려웠고, 매스컴도 중계에 한계가 있었다. 당시에는 조선일보사의 청룡기와 동아일보사의 황금사자기, 두 대회가 중심이었는데 인천 동산고와 경남고가 6번씩 우승하면서 패권을 다툰 정도였다. 서울 경동고, 선린상고, 인천고, 부산상고 등도 유명했다. 그런 와중에 1967년부터 경북고가 혜성같이 등장하고, 사회상이 급변하면서 고교야구 인기도 급상승하게 된다.

이 책은 대상기간을 1971년부터 1981년까지 11년간으로 잡되, 1967년부터 1970년까지 4년간은 일종의 예열 기간으로 보았다. 사전적으로 1970년대라면 1970년부터 1979년까지를 가리킨다. 1980년과 1981년은 1970년대가 아니라고 할지 모른다. 하지만 한국에서 '1970년대 고교야구'라는 말은 하나의 고유명사로 설명될 만큼 구분되는 기간이다. 1982년 프로야구 출범 이전과 이후의 고교야구는 확연하게 구분된다. 그래서 1980

년과 1981년을 '1970년대 고교야구'에 포함시켰다.

1971년은 한국일보사가 주최하는 봉황대기 전국고교야구대회가 신설되면서 기존 대통령배(중앙일보사), 청룡기(조선일보사), 황금사자기(동아일보사) 등과 함께 4대 메이저 대회가 완성된 시기여서 이 책의 사실상 출발점으로 잡았다. 다만 우리나라 고교야구 열기는 1967년 중앙일보사 주최로 제1회 대통령배 전국고교야구대회가 열리면서 본격적으로 불이 지핀 측면이 있기에 1967~1970년은 따로 뭉뚱그려 살펴보았다.

방송과 인터넷 문화가 압도적인 요즘과 달리, 1970년대는 조선일보朝鮮日報, 중앙일보中央日報, 동아일보東亞日報, 한국일보韓國日報 등 4대 일간지가 한국 사회의 여론을 선도했다. 당시 정부나 경제단체의 기자실에서는 방송사 기자의 출입을 허용할지 토론을 벌일 정도로 신문사의 위세는 방송사를 압도하던 시절이었다. 따라서 4대 신문사가 주최하는 4대 메이저 대회의 위상도 덩달아 높을 수밖에 없었다.

고교야구 열기가 1981년까지도 식을 줄 모르면서, 이런 열기를 재구성하면 한국에서도 프로야구가 충분히 성공하겠다는 계산에서 1982년 프로야구가 출범하게 되었다. 2022년으로 출범 40년이 되는 한국 프로야구는 당시 전두환 정권이 '3S 정책'에 따라 국민의 관심을 돌리려는 정치적 의도로 만들었다고 볼 수도 있다. 그러나 전적으로 그런 요인만 있었다고 하기는 어렵다. 펄펄 끓어 차고 넘치는 고교야구 열기와 정서를 한 단계 업그레이드된 그릇에 담아야 한다는 사회적 욕구를 수용한 측면도 크기 때문이다.

1971년부터 1981년까지 11년간 전국 4대 메이저 대회(대통령배-청룡기-봉황대기-황금사자기) 기준으로 한 번이라도 4강에 진출한 학교는 모두 38개교(재일동포 포함)이고, 최고의 영예인 우승을 한 번이라도 차지해본 학교는 모두 16개교였다.

그 중 압도적인 1위는 경북고慶北高다. 총 44번의 대회에서 13번 우승하고, 3번을 준우승했다. 어떻게 보면 1970년대 고교야구는 경북고로 시작해서 경북고로 끝났다고 해도 과언이 아니다. 물론 1967~1970년 기록을 포함하면 경북고의 우승 숫자는 더 늘어난다.

경북고에 이어 대구상고大邱商高가 5번, 경남고慶南高-부산고

1981년 청룡기 결승전에서 경북고 에이스 성준이 선린상고 응원단을 배경으로 역투하고 있다 〈사진제공=성준〉

釜山高-선린상고善隣商高-군산상고群山商高가 각각 3번의 우승을 기록했다. 광주일고光州-高-광주상고光州商高-부산상고釜山商高는 각각 2번을 우승했다. 최강자였던 경북고를 잡기 위한 도전이 거셌고, 후반부로 갈수록 춘추전국시대와 같은 접전이 벌어졌다.

그럼 1970년대 고교야구는 어떤 특징을 지니고 있을까. 2022년의 고교야구나 프로야구와 비교하여 어떤 점이 달랐을까.

첫째, 대체로 고교 시절이 야구선수로는 최종 목표인 줄 알고 뛰었다는 점이다. 당시에는 야구로 평생을 먹고산다기보다는 고교야구를 통해 대학에 진학하는 발판으로 삼거나, 실업팀이나 금융팀에 들어가는 수단으로 삼는 경우가 많았다. 해당 직장에서 선수로 뛰다가 나이 들어 감독이나 코치가 되지 않으면 그냥 일반 부서로 들어가 샐러리맨으로 은퇴하는 것이 대체적인 경로였다.

둘째, 승부의식과 파이팅이 남달라 혹사라고 불릴 정도로 선수들의 몰입도가 높았다. 투수는 완투를 하는 것이 기본이었다. 요즘과 같은 선발-홀드-마무리의 개념은 1970년대 고교야구에서는 사치스런 것이었다. 물론 경기 내용에 따라 투수를 자주 교체하는 경우도 있었지만, 당시 고교야구의 얇은 투수층을 감안하면 그리 쉽지 않은 일이었다. 다행인지 당시 나무 배트는 반발력이 작아서 좀 위력 있는 투수가 그럭저럭 던지면 완투가 가능하던 시절이었다.

셋째, 일부의 걱정과는 달리 1970년대 고교야구는 지역감정이 아닌 애향심이었다는 특징이 있다. 지역감정이란 말에는 편견이나 공격심이 묻어 있지만, 애향심이란 단어에는 다른 지역을 미워하는 게 아니라 나의 고향을 사랑하는 뉘앙스가 더 강하다. 물론 애향심이 잘못되면 지역감정이 될 수 있다. 하지만 대체로 경계선을 잘 지켰다고 보인다.

넷째, 야구계만의 일은 아니지만 당시에는 학교폭력이 광범위하게 용인되었다. 필자가 인터뷰했던 1970년대 스타들 대부분이 당시 감독이나 선배로부터 기합과 구타가 있었다고 증언했다. 물론 그것이 고교야구만의 일은 아니었다. 야구 방망이로 때리는 이른바 '빠따'가 성행하면서 하루라도 맞지 않으면 불안했다는 선수도 많다. 이튿날 두 배로 맞아야 했기 때문이다. 실제 과도한 구타와 기합으로 인해 극단적인 선택을 하거나, 야구계를 떠난 선수도 적지 않다. 요즘 같으면 절대 있을 수 없는 슬픈 역사다.

얼마나 열광적이었나?

1970년대에 고교야구 대회가 열리는 기간이면 동대문에 있는 서울운동장은 흥분의 도가니로 변했다. 사실 서울운동장의 뿌리는 1925년 10월 한양도성의 동쪽에 문을 연 경성운동장이었는데, 해방 이후 서울운동장으로 이름을 바꾸었다. 한국전쟁 이후 실향민들이 서울운동장 주변에 자리를 잡으면서 동대문시장 상권은 급속히 확장되었다. 특히 을지로 6가와 7가에는 서울운동장에 기대어 생계를 유지하는 사람들이 많았다. 주변의 식당, 스포츠 용품점, 여관도 함께 호황을 누렸다. 1966년 야구인들의 건의를 받아들여 서울운동장 야구장 외야에 조명탑이 설치되면서 고교야구 붐은 더욱 달구어지기 시작했다. 이후 1970년대 내내 한국 스포츠 역사상 최고의 인기종목이 되었다.

하지만 1988년 올림픽의 서울 개최가 확정되고 1984년 9월 잠실에 서울종합운동장이 개장되면서 사정이 달라졌다. '서울운동장'이라는 이름을 넘겨주고, 1985년부터 '동대문운동장'으로 불리게 되었다. 이후 주요 경기가 서울종합운동장에서 열리면서 상대적으로 낙후된 동대문운동장은 점차 외면 받는 처지가 되었고, 드디어 2007년 12월 철거된 뒤 그 자리에 동대문디자인플라자DDP와 동대문역사관이 조성되었다. 1970년대 고교야구의 추억을 되살릴 공간으로 동대문운동장기념관도 별도로 세워졌다.

하지만 1970년대 고교야구 팬들이라면 '동대문운동장'보다는 '서울운동장'이란 단어가 더욱 친숙하다. 당시 고교야구는 예선전부터 거의 만원이었다. 기마경찰들이 야구장 앞에서 인파를 정리한 적도 있었고, 입장권을 사려는 줄이 평화시장 입구까지 이어진 경우도 허다했다. 출전학교의 재학생은 물론이고, 졸업생과 지역주민까지 서울운동장으로 몰려들었다. 당시 고교야구 입장료 수익이 서울시 전체 체육시설 매출의 절반에 달할 정도였다.

흔히 지금 프로야구와 1970년대 고교야구의 인기를 곧잘 비교하는데, 경기 방식이나 횟수의 차이를 감안하더라도 당시 인기가 지금보다 높았으면 높았지 절대 낮지 않았다고 봐야 한다.

구체적으로는 어땠을까. 프로야구에서 한국시리즈가 열릴 때와 비슷한 정도의 응원 열기가 1년에 최소 4번 이상 전국적으로 벌어졌다. 결승전이나 준결승전은 물론, 경우에 따라서는 1회전부터 서울운동장 3만여 석을 가득 메우는 일이 종종 벌어졌다.

당시에 박스컵 대회를 비롯한 국가대표팀 A매치 축구경기가 고교야구와 비슷한 인기를 누렸지만, 대회 전체를 통틀어보면 비교할 대상이 아니었다. 김일과 천규덕이 나오는 프로레슬링의 인기도 높았지만, 역시 1회성 성격이 짙어 고교야구에 비할 바가 아니었다. TV에서 고교야구 대회의 대진 추첨을 했을 만큼 인기는 폭발적이었다.

1981년 봉황대기 결승전에서 경북고와 선린상고가 맞붙은 8월 26일의 밤은 3만5천여 관중이 지르는 환호와 탄성으로 터져 나갈 것 같았다. 코로나19 이전에 열렸던 프로야구 한국시리즈 7차전 정도의 열기를 상상하면 된다. 외야 6개 전광판이 모두 켜졌고, 외야 스탠드에 앉은 두 학교 응원단에서 부르는 노래와 함성은 그칠 줄 몰랐다. 특히 1973년에 나온 곡으로, 김영광이 작사—작곡하고 가수 이현이 부른 〈잘 있어요〉는 가장 인기 있는 응원가였다. 승패가 뚜렷해질 무렵, 이긴 팀 응원석에서 이 노래가 흘러나왔다. "잘 있어요 잘 있어요 그 한마디였었네, 잘 가세요 잘 가세요 인사만 했었네." 가사에 약간의 조롱이 섞였지만 곡조는 시원하고 경쾌했다. 패자를 향해 체념하라고 재촉하지만, 승자 입장에서는 말할 수 없는 쾌감을 느끼게 해주는 노래다.

서울만 그런 것이 아니다. 부산 구덕운동장에서 화랑기 고교 야구대회가 열리면 보통 하루 3~4경기가 진행됐다. 주최 측은 한 경기가 끝나면 관중을 모두 내보내고 다음 경기에는 새로운 관중을 받곤 했다. 그래도 경기 때마다 구덕운동장은 관중으로 꽉꽉 들어찼다고 한다.

부산의 경우 서울운동장에서 경남고, 부산고, 부산상고 등이 결승전에 진출하는 날이면 서면이나 남포동 일대의 유흥가는 밤에 손님이 없어 파리를 날릴 정도였다. 대구도 경북고, 대구상고가 결승전에 진출하면 동성로와 서문시장에서는 상당수 가게들이 오후 5시쯤 문을 닫고 귀가했다. 미처 귀가하지 못한 시민들은 '경북고(또는 대구상고)와 선린상고(또는 경남고) 운명의 대결을 중계합니다'라고 적힌 다방이나 술집으로 모여들어 응원하기도 했다.

서울과 영남권을 오가던 우승기가 호남 쪽으로 내려가면서 고교야구 열기는 명실상부한 전국화가 되었다. 1972년 군산상고가 황금사자기 우승을 하고, 1975년 광주일고가 대통령배 우승을 하면서 호남권 고교야구 열기는 새로운 스토리를 펼치게된다.

특히 지방팀들은 우승을 하고 금의환향하면 지역에 있는 군부대의 도움을 받아 지프차를 타고 카퍼레이드를 벌이곤 했다. 올림픽에서 금메달을 따고 카퍼레이드 하는 것보다 더 성대하게 진행되었고, 이들을 환영하는 시민들의 열기도 뜨거웠다. 경북고 같은 경우 너무 많이 우승하는 바람에 대구 지역에 있던 2군사령부에서 점차 난색을 표했다는 에피소드도 있다.

1975년 대통령배에 우승하고 광주 시가지 카퍼레이드를 벌이고 있는 광주일고 야구부 〈사진제공＝정윤택〉

1970년대 고교야구 스타 중에는 요즘 아이돌 못지않은 '오빠부대' 인기를 누리는 선수도 많았다. 1971년 최고 스타인 경북고 남우식의 집은 대구 대명동의 영남대 부근에 있었는데 대구의 여학생 팬들이 수시로 몰려갔다. 시내버스를 탈 때는 일부러 명찰을 가려야만 했다. 1972년 중앙고 윤몽룡은 수백 통의 팬레터를 학교 측에서 뒤처리 하느라 혼났다고 한다. 1981년 선린상고 박노준은 봉황대기 결승전에서 1회에 홈 슬라이딩을 하다가 왼쪽 발목 부상을 입어 한국병원 209호실에 입원했는데, 몰려드는 여학생 팬들 때문에 한때 병원이 마비될 정도였다.

당시에는 어느 학교가 대회 4강 정도에 오르면 전국의 초중고생은 물론, 성인 중에도 그 팀의 선수 신상을 줄줄 꿰는 경우가 허다했다. 학교에서나 TV 앞에서 누가 더 방대한 고교야구 지식을 갖고 있는지 구두 대결을 벌이는 모습도 흔했다. 혹시 남들이 모르는 정보를 얘기하면서 우쭐해하는 친구도 많았다. 그에 비해 요즘은 고교야구에 너무 무관심하니 천양지차天壤之差나 격세지감隔世之感이란 표현이 떠오른다. 1982년 프로야구가 출범하면서 고교야구의 인기는 줄곧 하락세를 거듭하더니, 요즘은 고교야구 경기장에 학부모나 학교 관계자 외에는 보기 힘들다는 푸념이 나오고 있다. 학교 교육 정상화라는 점에서 바람직한 측면이 있지만, 고교야구가 약화되면 프로야구도 필연적으로 동시 약화될 수밖에 없다.

왜 열광적이었나?

　1970년대 고교야구가 열광적이었던 이유로 애향심愛鄕心과 애교심愛校心이 어우러진 묘한 집단주의와 동질의식을 꼽을 수 있다. 우리나라가 워낙 혈연-학연-지연 등 연줄에 목매는 바가 크다 보니 서울로 이동한 사람들은 고향팀들이 펼치는 경기에 정서적 유대감을 강하게 느꼈다. 1970년대 고교야구는 그 자체로 시대상을 반영한 '거위의 꿈'이었다. 급속한 경제발전에 따라 이촌향도한 사람들의 향수를 고교야구만큼 리얼하게 품어주는 존재도 드물었다.

　실수와 역전이 쏟아지는 고교야구 특유의 스토리텔링도 강력한 인기요인이었다. 1970년대 고교야구는 당시 실업야구나 대학야구에서는 볼 수 없던 아마추어리즘을 가지고 있었다. 요즘 일부 프로팀 선수들이 내야 땅볼을 치고 나서 1루를 향해 뛰는 건지 걷는 건지 성의 없게 플레이하는 장면이 자주 노출된

다. '양신'으로 불리는 양준혁이 이에 대해 날카롭게 지적한 바
있다.

하지만 40년 역사 속에 느슨해질 정도로 느슨해진 프로야구
에서 대대적인 개혁이나 교체 없이는 성의 없는 플레이의 재연
을 막기는 힘들어 보인다. 그런 모습은 1970년대 고교야구에서
는 있을 수 없었다. 어떤 순간에도 몸을 사리지 않고 최선을 다
하는 학생 야구의 본질을 대체로 훌륭하게 보여주었다.

1970년대 고교야구의 열광은 당시 이를 대체할 엔터테인먼
트 문화가 부족한 데에서도 기인한다. 인터넷 게임이 그 시기
에도 대세였다면 아마 상당수 학생들은 야구장보다는 PC방으

1973년 봉황대기 대회에서 우승한 대구상고 선수들이 관중을 향해 인사하고 있다
〈사진제공＝김한근〉

그 시절 우리는 미쳤다 1970년대 고교야구

로 갔을 것이다. 당시에도 극장이 있었지만, 요즘처럼 자주 화제 제작이 쏟아지던 시절도 아니어서 엔터테인먼트의 주류가 되기는 힘들었다. 또 1980년 12월이 되어서야 컬러 TV 방송이 시작되었는데, 1970년대 고교야구는 흑백 TV 속에서 보여주는 흰색과 검은색의 역동적인 움직임만으로도 충분히 다른 프로그램을 제압할 수 있었다.

일본에서는 프로야구와는 별도로 고교야구인 고시엔 대회가 지금도 뜨거운 사랑을 받고 있다. 2018년에 제100회를 통과했는데 일본인들의 여름 국민축제로 인기를 모으고 있다. '영광의 관은 그대에게 빛나리榮冠は君に輝く'라는 여름 고시엔 대회 주제가를 들으면, 일본 사람들은 마음을 고교 시절 청춘에 심어둔 듯하다. 경기에서 패배하면 그 기념으로 고시엔 구장의 흙을 퍼가는 모습에서 어떤 느낌을 갖게 될까.

지금 우리나라에서 고교야구의 인기가 사라진 이유를 두고 홍보 부족이라느니 너무 높은 프로야구의 인기 때문이라느니 말이 많지만, 일본 사례를 돌아보면 다시 원인 분석을 해야 한다. 지금 한국의 고교야구를 보면 학생은 없이 프로야구 준비생만 있을 뿐이고, 프로팀에 가지 못하면 애매한 인생이 되는 현실 때문에 학생야구 본연의 순수함을 잃어버렸다는 지적도 있다. 프로야구 40년을 맞아, 그 모체가 되었던 고교야구 인기의 건전한 부활을 진지하게 연구해볼 시기다.

4

무시 못할 부작용

1970년대 고교야구는 엄청난 인기와 화려한 스포트라이트를 받았지만, 상당한 부작용과 문제점을 동시에 안고 있었다. 대회가 열리는 서울운동장은 3만여 명의 관중으로 꽉 들어찼고, 암표상이 들끓었다. 응원이 과열돼 야구장에는 걸핏하면 사이다병이나 소주병이 날아들었다. 응원단끼리 패싸움을 벌이는 불상사도 종종 발생했다.

이경렬은 2016년 1월 고려대 교육대학원(체육교육 전공)에 제출한 석사학위논문에서 경향신문 보도를 인용해 당시 '고교야구의 이면'을 다음과 같이 지적했다. ①세미프로화(우수선수 영입 쟁탈전, 겨울 전지훈련 성행 등) ②학업 소홀 ③과도한 대회 일수와 선수 혹사 ④주최 측의 과잉보도 등이라고 정리했다.

1970년대 고교야구는 고교 시절이 마치 선수생활의 최후 목표처럼 여겨졌다. 선수들은 고등학교에서 야구를 잘해 좋은 대학을 가서 체육교사가 되거나, 아니면 은행팀에 들어가 지점장 정도를 마치고 은퇴하는 것을 꿈으로 삼는 경우가 허다했다. 그러다 보니 고교야구의 성공이 온몸을 바쳐 헌신할 가치로 여겨졌다.

일부 학교에서는 전력을 강화하기 위해 몇몇 우수선수를 고의로 유급시키기도 했다. 게다가 투수들의 경우 3일 연속 완투하는 것은 뉴스도 아니었다. 고향 사람과 선후배의 열광적인 응원을 받으면 내 몸이 혹사당하는 줄도 모르고 던지게 된다. 당시 고교야구가 토너먼트 단판 승부에 집착하다 보니 몇몇 투수들에 대한 혹사가 심각했다.

예나 지금이나 13세에서 19세에 이르는 틴에이저Teenager 시기에는 몸이 급속도로 성장한다. 무리와 혹사가 있으면 안 되는 시기다. 하지만 1970년대 고교야구는 성장체였던 고교생의 몸을 완성체로 간주했다. 당시 비정규직에 속했던 감독들은 신분 보장을 위해 학교 측에 좋은 성적을 보여야 할 압박감에 시달렸고, 결국 대부분 토너먼트 전으로 펼쳐지는 대회에서 가장 믿을 만한 에이스 투수를 계속 기용할 수밖에 없는 입장이었다.

현재 프로야구는 투구 수가 100개만 넘으면 투수를 교체하는 것이 상식이 되어 있고, 고교야구는 아예 출전 경기와 투구 숫자를 제한하고 있다. 하지만 당시만 해도 으레 투수는 이길 때까지 던지는 것이 일반적이었다. 서울의 4개 대회, 부산의 화랑기 대회, 대구의 대붕기 대회가 모두 단판 승부인 토너먼트로 이루어졌고, 1주일 안팎에서 결판을 내는 경우가 많아 거기에 올인 할 수밖에 없었다. 패자부활전이라도 있으면 엄청난 신체적 압박을 더 받아야 했다.

대한스포츠의학회가 2021년 8월 19일 네이버 블로그에 올린 글에서 청담리온정형외과 이제형 대표원장은 "공을 던지는 오버핸드 투구 동작은 야구선수의 어깨에 상당히 많은 양의 스트레스를 주게 된다"며 "특히 어깨를 안정화하는 구조물에 영향을 많이 미치게 되며, 대부분 반복적인 과사용에 의해 스포츠 손상이 발생한다"고 지적했다. 이 원장은 "아무리 어깨가 강하고 건강하더라도 적절한 투구 수, 컨디셔닝 그리고 휴식 시간이 보장이 안 되면 부상의 위험성이 증가한다"고 덧붙였다.

실제로 1970년대 고교야구 스타 투수 중 상대적으로 혹사 정도가 심했던 투수들은 대학이나 실업, 프로야구에서 고교 시절과 같은 명성은 얻지 못했다.

이렇게 고교야구 선수들의 혹사 논란이 벌어지고, 또 대회가 평일에 열리는 바람에 학생들의 학습권 침해 등의 문제가 불거지면서 마침내 2011년 고교야구에 주말 리그가 도입되었다.

또 1970년대 당시 사회 일반의 고질병이긴 했지만 고교야구에서도 폭력 문제가 만만찮았다. 2022년의 시각에서 보면 법적으로도 문제될 사안이지만 당시에는 사회 전반적으로 체벌과 기합과 구타 문화가 광범위하게 퍼져 있었고, 고교야구 선수들도 으레 그러려니 하고 지냈다는 것을 알 수 있다.

고교야구 지도자가 자신의 스타일에 과도하게 집착하는 경우도 문제로 지적되고 있다. 2021년 12월 15일 대구 그랜드호텔에서 열린 'KBO 순회 코치 아카데미'에서 당시 염경엽 디렉터는 "여러 지도자가 자신만의 야구를 강요하다 보니 선수들이 흉내만 내다가 끝나는 경우가 많다"면서 "현역 시절 자신이 했던 야구를 버리고 지도자로서 공부를 다시 해야 하며, 선수의 장단점을 파악하고 진심으로 다가가는 게 중요하다"고 언급했다.

이전 세대에서 야구를 잘했던 스타들이 1970년대 고교야구 감독이 되면서 자신의 성공 스토리나 방법을 지나치게 강요하는 바람에, 잘 나갈 선수를 오히려 도태시킨 경우도 적지 않았다. 투구 속도가 빠르고 타격 스윙이 번개 같았던 자신의 사례를 고집하다가 잠재력 있는 선수들을 망친 경우는 부지기수라고 하겠다. 물론 이런 사례는 2022년 프로야구에도 마찬가지이겠지만, 과학적인 코칭 방법이 없었던 1970년대에는 더 심했다고 하겠다.

비슷한 맥락에서, 1970년대 고교야구는 승부에 강하게 집착하다 보니 기본기보다는 기교와 변칙이 득세하는 경우도 많았다. 경기에 이기기 위해 강속구 위주의 정통파보다는 각종 변화구로 타자를 유인하는 기교파의 양산을 낳았다.

수비에서도 기본기를 차근차근 다지는 우직한 스타일보다는 실전용 훈련만 하는 경우가 많았다. 흔히 1981년의 선린상고를 매우 강팀으로 보지만, 실제로는 결정적인 순간에 엄청난 내외야 에러를 남발하면서 팀 자체가 불운에 빠졌다.

당시나 지금이나 고교야구 선수를 마치면 진로 문제가 심각했다. 요즘은 고교야구를 마치면 프로 진출이 첫 번째 희망인데, 매년 프로야구 10개 구단에서 선발하는 고교생은 100명 남짓하다. 문제는 프로에도, 대학에도 진출하지 못한 선수들의 거취다. 과거 고양원더스와 같은 독립야구팀이나 실업야구팀이 충분하지 않은 상태에서 고교야구 선수들의 진로는 어둡기만 하다.

학교 교육의 비정상도 심각했다. 엄청난 경기 수에 야구선수들의 학업은 완전히 뒷전이었다. 심지어 자기 교실이나 담임선생님 이름을 모르는 선수도 많았다. 당시 주요 신문들은 매번 고교야구 대회가 벌어질 때마다 '어린 학생을 혹사시켜 흥행을 이루는 이상한 쇼'라고 경고했다.

공부를 병행하면서 야구를 하는 일본 선수들과 달리, 공부는 아예 내팽개치고 야구에만 집중하는 한국 선수들의 패턴이 지금도 별로 달라지지 않았다는 비판이 있다. 가끔 우리는 한일韓日 고교야구 경기에서 이겼다고 좋아한다. 일본 고교야구 팀이 한국보다 100배 가까이 많다고 하지만, 집중적인 '엘리트 체육'으로 다져진 한국이 '생활 체육' 개념의 일본 고교야구 팀을 이기는 것은 그리 어려운 일이 아닐지도 모른다. 그래서인지 몰라도 한국 고교야구는 역대 정기전에서 일본에 별로 뒤지지 않았다. 과연 무엇이 옳을까.

또 지금도 학교 야구부의 재정 건전성이 좋지 않은 경우가 많은데, 1970년대에도 별반 차이가 없었다고 봐야 한다. 서울 신일고나 천안 북일고 같은 학교는 재정 지원이 뛰어났지만, 대다수 공립학교의 경우 학교 예산은 한정돼 있다. 동창회에서 기금을 모아서 지원해주지 않는 이상, 학부모의 회비 형태로 야구부를 운영하는 경우가 적지 않다. 당시에도 감독과 코치의 월급, 기본적인 야구장비, 전지훈련 등 모든 것에 돈이 들어갔다. 팀이 전국대회에서 좋은 성적을 거두면 학부모들이 돈을 모아 코칭스태프에게 보너스를 주기도 했다. 그런 과정에서 발생하는 학부모의 과도한 개입, 금품과 관련된 부정시비가 발생할 위험이 높았다.

1970년대 고교야구와 나

김환주(KBS 해설위원) 낮에는 TV 방송을 하지 않던 1970년대, 시내버스 기사 아저씨들은 라디오 채널을 곧잘 고교야구 중계방송에 맞춰놓곤 했다. 공이 미트에 꽂히거나 배트에 맞는 소리에다 아나운서와 해설자 육성뿐이었지만 "스윙, 삼진~" "안타~" 실감나는 중계 때마다 버스 안에서는 환호와 탄식이 교차했다. 선생님 손에 이끌려 처음 가본 결승전, 그날 저녁 동대문 야구장은 인산인해라는 말로도 부족할 정도였다. 질서유지를 위해 출동했다는 기마경찰은 왜 그렇게 크고 높게 보이던지… 대낮 같이 밝았던 경기장, 천금 같은 득점, 간발 차이의 도루와 진땀나는 역전, 환호와 응원의 합창, 빠져 들지 않고는 배길 수 없는 고교야구의 마력을 그 때 온몸으로 느꼈다. 그 시절의 추억이 지금도 기억에 새롭다.

손대수(폴리프라스트 대표이사) 초등학교 4학년 때인 1971년 고향팀 경북고가 전국을 휩쓸 때 야구에 눈을 떴다. 1972년부터 미친 듯 경북고를 응원했지만 중앙고와 부산고에 번번이 패하자 크게 실망했고, 황금사자기 결승전에선 군산상고를 열렬히 응원하다가 패색이 짙자 포기한 순간 기적 같은 역전에 혼을 잃을 정도로 매료됐다. 1973년부터는 학교를 파하면 버스 타고 대구 야구장으로 가서 대구 고교팀들이 펼치는 수준 높은 야구를 즐겼다. 특히 대구상고 강태정 감독이 콘택트와 주루 위주의 새로운 야구로 전국을 주름잡던 순간이 가슴 뭉클했다. 나의 1970년대는 고교야구와 같이 했다. 지금도 주마등처럼 당시 선수들 이름과 모습이 머릿속을 지나간다. 그 시절의 추억은 아직도 내 가슴에 살아있다.

이거산(전 월간중앙 대표) 6살 때 떠나온 고향 마산이 나를 다시 찾아온 것은 인기 최고였던 고교야구가 열릴 때였다. 신문에서 마산상고 경기 일정을 파악하고, 열심히 응원을 보냈다. 여동생들도 덩달아 마산상고를 응원했다. 당시 마산상고는 대부분 1~2회전에서 탈락했다. 매년 아쉬움을 삼키다가 1980년 이변이 일어났다. 청룡기에서 결승에 진출했다. 그날 지고 있는 소식을 전하는 아나운서의 중계에 무척 안타까워했다. 비록 준우승에 그쳤지만 그동안 아쉬움을 단번에 씻어준 자랑스러운 결과였다. 프로야구가 시작된 뒤에도 마산상고에 대한 애정은 사라지지 않았고, 롯데에서 뛰는 마산상고 출신을 찾아 박수를 보냈다. 어린 시절의 마산상고는 영원히 내 마음에 새겨져 있다.

이수명(중소기업 경영자) 야구 명문 중앙고를 다녔는데, 선배인 이원국 투수와 이원호 포수와 이광환 유격수의 활약상을 익히 듣고 입학했다. 동기 중에는 이종도 선수가 기억난다. 당시 운동선수들이 대체로 거칠었는데, 이종도는 성품이 온화하고 인성이 좋은 친구였다. 이종도는 고려대 가서도 잘했고, 1982년 프로야구 개막전에서는 만루홈런을 치면서 맹활약했다. 동기 중에는 이원녕도 잘했다. 후배인 윤몽룡과 김승수 시대에 중앙고는 전성기를 구가했다. 대학 시절에 중앙고가 결승전에 올라갈 때마다 서울운동장을 찾아가 열정적으로 응원했던 기억이 새롭다. 당시 중앙고는 배재고와 함께 응원을 가장 멋있게 하는 학교였다.

조성관(국제지니어스연구소장) 1974년 8월 15일, 충남 청양의 중학교 1학년이던 내가 처음으로 서울운동장 야구장에서 봉황대기 고교야구를 직접 관람한 날이었다. 벽촌의 까까머리 중학생들에게도 1970년대 고교야구는 최고의 화제였다. 중앙고 윤몽룡, 경북고 성낙수, 광주일고 김윤환 등 고교야구하면 잊을 수 없는 스타들이다. 가장 인상적인 경기는 1975년 대통령배 결승전. 경북고 투수 성낙수가 광주일고 4번 타자 김윤환에게 3연타석 홈런을 허용하는 순간, 그때 TV 화면에 클로즈업된 성낙수 투수의 눈빛을 지금도 잊을 수가 없다.

1970년대 고교야구
각본 없이 펼쳐지는 파노라마

1967~1970년 :
신예 경북고의 발흥에 맞선 서울세

1970년대 고교야구를 본격적으로 논하기 이전에 1967년부터 1970년까지의 기록을 살펴볼 필요가 있다. 1967년은 중앙일보사 주최로 대통령배 대회가 신설되었고, 그때부터 고교야구는 국민 스포츠로서 자리매김하기 시작했다.

결론적으로, 이 4년간은 대구세와 서울세의 대결이었다. 특히 임신근이라는 좌완투수를 앞세운 경북고가 한국 고교야구에 본격적으로 명함을 내밀기 시작했다. 경남고가 가끔 우승을 노리긴 했지만 경북고, 대구상고, 선린상고, 성남고, 배문고 등 대구팀과 서울팀이 난타전을 벌인 4년간이었다.

1967년

1967년 4월 25일 전국 17개 팀이 참가한 가운데 박정희 대통령의 시구로 개막된 제1회 대통령배 쟁탈 전국고교야구대회는 이후 펼쳐질 고교야구 열기에 본격적인 점화를 했다. 대통령의 시구가 끝나고 벌어진 경기에서 선린상고는 장충고를 6대0으로 격파했다.

경북고는 2학년 좌완투수 임신근을 내세워 준결승전에서 배문고를 4대3으로, 선린상고도 성남고를 6대0으로 꺾고 결승전에 올랐다. 5월 2일 벌어진 결승전에서 경북고는 선린상고를 3대0으로 제압하고 감격의 첫 우승을 차지했다. 선린상고에는 투수 윤효상, 3번 타자 김우열 등 쟁쟁한 멤버들이 포진해 경북고를 쉽게 이길 것으로 예측됐었다. 경북고에서는 난리가 났고, 잔치가 벌어졌다. 우수상은 경북고 투수 임신근, 타격상은 성남고 투수인 한장철(6타수4안타 0.667), 감독상은 경북고 서영무 감독이 받았다.

임신근은 빼어난 두뇌로 강속구와 슬로커브를 적절히 섞어가며 타자를 농락했다. 특히 포수에게 공을 받자마자 즉각 투구하기도 해 타자들을 긴장시켰다. 한장철은 임신근과 같은 대구경상중학교 출신으로, 당시 서울 고등학교들의 지방 학생 스카우트 열풍에 따라 성남고로 진학한 케이스. 한장철은 9월 12일 열린 황금사자기 서울 예선전에서 서울상고를 상대로 공 101개에 삼진 11개를 잡으며 퍼펙트게임을 수립하기도 했는데, '양신'이라는 별명의 왼손 강타자 양준혁이 그의 조카다.

경북고는 곧 이어 전국 10개교가 참가한 제22회 청룡기 쟁탈 전국고교야구선수권대회도 우승했다. 경북고는 승자결승전에서 성남고를 2대1로 누르고 느긋하게 기다리다가, 패자결승전에서 올라온 배문고를 5대2로 꺾었다. 청룡기에서도 임신근이 우수상을 받았고, 타격상도 대통령배와 마찬가지로 성남고 투수 한장철(15타수8안타 0.533)이 받았다.

1966년까지만 해도 인천세, 부산세, 서울세가 주도하던 고교야구 판도에 이렇게 대구세가 발을 불쑥 들이민 것이다. 경북고 야구부는 1965년 1월 대구상고에 필적하는 팀을 만들겠다는 양재휘 교장의 선언에 따라 부활했다. 정확하게는 '부활'이지만 '창단'이나 마찬가지였다.

양재휘 교장은 서울시 고교야구연맹회장을 지내 야구에 대한 이해가 깊은 인물. 그는 이효상 당시 국회의장이 회장으로 있는 경북고 동창회에 지원을 호소했고, 동창회는 즉각 월 1000원씩의 회비를 거두어 300여만원의 후원기금을 마련했다. 이를 기초로 대구 지역 중학교에서 우수선수를 뽑고, 1966년 8월에는 대구상고 출신의 서영무를 감독으로 영입하는데 성공했다. 그런 노력으로 창설 2년 만에 전국 최강으로 올라선 것이다.

투수 임신근, 포수 양창의, 유격수 강문길, 1루수 김창고, 외야수 조창수 등이 포진한 경북고는 서영무 감독의 지도 아래 급성장했다. 당시 야구 마니아였던 손병극 전前 대구시 부시장은 가정환경이 어려웠지만 재치 있는 준족駿足인 김창고, 충남 출신의 거포 포수 양창의 등을 입적시켜 자기 집에 기거토록 하는 열정을 보였다.

경북고는 9월 22일부터 열린 제21회 황금사자기 쟁탈 전국 지구별초청고교야구쟁패전에서도 승자결승전에서 경남고를 2 대0으로 물리치고 우승 코밑까지 갔다. 패자부활전에서 올라오는 팀을 느긋하게 기다리는 입장이 되었다. 가히 신생팀이 전국 3개 메이저 대회를 모조리 석권하기 직전이었다.

하지만 지나친 자만을 경계해서일까, 운명의 여신은 살짝 고개를 돌렸다. 경북고는 패자부활전에서 살아 올라온 경남고에게 1차 결승전에서 0대7, 이튿날인 10월 2일 열린 최종결승전에서 2대3으로 연속 패배하면서 준우승에 그쳤다. 최우수선수상은 경남고 투수 조홍기, 감투상은 경북고 투수 임신근, 타격상은 성남고 1루수 이종진이 받았다.

당시 경북고 3번 타자인 조창수는 "4번 강문길의 안타 때 내가 2루에서 홈으로 질주했는데 완전히 세이프였는데도 아웃 판정을 받아서 너무 억울했다"며 "55년이 지난 지금까지도 기억에 남는 참 아까운 순간"이라고 회고했다.

한편 7월 26일부터 부산 국제신보사 주최로 열린 제19회 쌍룡기 쟁탈 전국고교야구대회에는 모두 16개 팀이 참가했는데, 대구상고가 부산상고를 3대1로 격파하고 우승했다. 최우수선수상은 대구상고 투수 김춘길, 감투상은 부산상고 투수 윤동복이 받았다.

1967년을 다루면서 특기할 것은 9월 20일부터 열린 제14회 전국중학야구선수권대회이다. 이 대회에서는 경북중이 경상중을 3대1로 누르고 우승했다. 당시 최우수선수상과 타격상 (0.500)을 경북중 2학년 투수 남우식이 받았다. 남우식은 중학교 2학년 때부터 거의 모든 경기를 혼자서 던지기 시작했고, 1971년 고3 때까지 계속 그렇게 했다.

■ 1967년 제10회 이영민 타격상은 대전고 중견수 오금복吳今福이 받았는데, 전국 3개 대회에서 타율 3할6푼8리를 기록했다.

1968년

1968년 1월 21일 김신조를 주축으로 한 30여명의 북한 무장공비가 청와대 300m 직전까지 진입하는 사태가 벌어지면서 남북관계는 경색되고, 정치권의 긴장도 높아졌다. 하지만 새로운 국민 스포츠로 대두되기 시작한 고교야구의 인기는 본격적으로 점화되는 분위기였다.

경북고는 1968년에 임신근 등 전년도 주력 멤버들이 그대로 재학하면서 사상 최강의 기록을 거두었다. 대통령배-청룡기-황금사자기 등 전국 3개 메이저 대회를 휩쓸었고, 군소대회까지 죄다 우승해 버렸다. 유일하게 부산의 쌍룡기만 놓쳤다.

경북고는 4월 21일 끝난 제15회 인천 4도시야구대회에서 부산고를 4대2로 꺾고 우승했다. 그 해 경북고의 우승 조짐이 예사롭지 않았다. 제2회 대통령배 대회의 경우 5월 6일 열린 결승전에서 경북고는 배문고를 6대1로 가볍게 제압하고 2년 연속 우승을 차지했다. 우수상은 1967년에 이어 임신근, 미기상은 경북고 좌익수 조창수가 받았다. 이어 5월 22일 끝난 부산의 제11회 전국4도시야구대회에서도 경북고는 경남고를 6대0으로 완파하고 종합성적 3승2무로 우승을 차지했다. 임신근은 우수선수상은 물론 홈런상까지 함께 받았다.

경북고의 파죽지세는 여기서 그치지 않았다. 6월 5일 대구시민운동장에서 열린 제8회 문교부장관기 전국4도시야구대회 결승전에서 동향인 대구상고를 3대0으로 누르고 또 우승을 차지했다. 우수선수상은 이번에도 임신근이 받았다. 경북고와 대구상고는 포수 경쟁도 치열했는데, 훗날 실업야구에서도 라이벌이었던 경북고 양창의와 대구상고 우용득이 각각 타격상과 미기상을 받았다.

경북고의 우승 퍼레이드에는 브레이크가 없었다. 6월 10일부터 열린 제23회 청룡기 대회마저 2년 연속 우승을 차지했다. 경북고는 승자결승전에서 동향인 대구상고를 1대0으로 이긴 뒤, 한참을 기다렸다가 다시 패자결승전에서 올라온 대구상고와의 결승전에서 3대0으로 완봉승했다. 우수선수상은 경북고 4번 타자이자 유격수인 강문길, 우수투수상은 임신근이 받았다. 타격상은 당시 무명의 전주상고 포수 박재민이 15타수8안타(0.533)로 받았다. 홈런상은 경북고의 조창수와 양창의, 대구상고의 우용득이 받았다.

이제 경북고는 출전했다 하면 우승이었다. 경북고는 대전일보사 주최로 6월 28일 개막된 제2회 6도시야구대회에서 경남고를 3대2로 제치고 또 우승을 차지했다. 역시 우수상은 임신근, 타격상은 경북고 1루수 최영일(0.444)이 받았다.

　1968년의 경북고는 정말 상대할 팀이 없는 천하무적이었다. 특히 10월 5일부터 열린 제22회 황금사자기 대회에서는 승자결승전에서 동산고에 2대4로 졌지만, 패자결승전에 내려갔다가 다시 올라와 다시 한 번 동산고에 도전장을 던졌고 3대0, 7대2로 내리 두 게임을 연속 이기면서 패권을 잡았다. 바로 한 해 전인 1967년 황금사자기 결승전에서는 승자결승전에서 이겨 느긋하게 기다리다가 방심한 탓에 경남고에게 패권을 내주었는데, 1968년에는 정반대 입장이 되어 결국 우승을 차지했다. 우수선수상은 임신근, 타격상은 21타수10안타(0.476)를 기록한 동산고 포수 김천길이 받았다. 이처럼 황금사자기의 경우, 패자부활전에서 올라온 팀이 판세를 뒤집고 우승하는 경우가 많아 묘미를 더했다.

1967~1968년 경북고 에이스 임신근의 1982년 삼성라이온즈 코치 시절. 당시 경북고 감독이던 서영무 삼성라이온즈 감독의 모습이 뒤에 살짝 보인다 〈사진제공=삼성라이온즈〉

　경북고는 1968년 한 해 동안 52전48승2무2패라는 절대 우위의 기록을 만들었다. 만일

1968년 경북고가 쌍룡기까지 우승했더라면 8관왕이 되어 그야말로 전국에서 열린 크고 작은 모든 대회를 우승하는 진기록을 남길 뻔 했다. 거기에는 42세의 젊은 나이에 세상을 떠난 천재 투수 임신근이 있었다.

경북고 입장에서는 매우 아쉽지만, 부산 구덕운동장에서 열린 제20회 쌍룡기 대회에서는 경남고가 선린상고를 4대1로 꺾고 우승함으로써 부산 야구의 체면을 간신히 지켰다. 최우수선수상은 경남고 김영목 투수가 받았다. 경북고는 7월 20일 열린 경남상고와의 준준결승전에서 0대1로 석패하면서, 당시 빅뉴스가 되었다.

- 1968년 제11회 이영민 타격상은 전국 3개 대회에서 타율 3할8푼5리를 기록한 대구상고 3루수 김영신金永信이 선정됐다.

1969년

1969년에 경북고는 임신근, 강문길, 조창수를 비롯한 주력 멤버가 대거 졸업했다. 대신 남우식, 천보성, 정현발 등 경북중 핵심 멤버들과 경상중 재간둥이 배대웅이 입학하면서 계속 우승에 도전했다. 하지만 더 이상 경북고의 대회 장악을 용납할 수 없다는 듯 선린상고가 분기탱천했다. 1968년 경북고가 그랬듯이 1969년 선린상고도 중앙 3개 대회를 모조리 가져갔다.

하지만 1968년 경북고와 1969년 선린상고는 차이가 좀 있다.

군소대회 우승까지 모두 선린상고가 가져간 것은 아니다. 가령 4월 21일 벌어진 제16회 인천 4도시야구대회 결승전에서는 성남고가 경남고를 2대1로 누르고 우승했는데 좌완 투수 노길상이 최우수선수상을, 대구 경상중에서 스카우트해간 포수 양형오가 타격상(0.500)을 받았다.

또 5월 18일 열린 부산일보사 주최 제12회 전국4도시야구대회 결승전에서는 거포 포수 양창의와 1학년 투수 남우식이 이끄는 경북고가 성남고를 6대2로 꺾고 우승했다. 우수선수상은 양창의가 받았다.

그런가 하면 5월 25일 대구에서 벌어진 제9회 문교부장관기 전국4도시야구대회 결승전에서는 부산고가 대구상고를 14대2로 격파하고 감격의 우승을 차지했다. 당시 부산고 투수는 사이드암 주성노, 대구상고 투수는 정기혁이었다. 대구상고는 준결승전에서 그 해 최강팀 선린상고를 3대2로 격파하기도 했다. 우수선수상은 부산고 투수 주성노, 감투상은 대구상고 투수 정기혁, 타격상은 부산고 우익수 정동건(0.545)이 받았다.

이밖에 9월 22일 대구 매일신문사 주최로 열린 제4회 국회의장배 전국6도시야구대회 결승전은 우천으로 인해 경북고와 중앙고가 공동으로 우승하기도 했다. 개인상 시상은 하지 않았다.

11월 2일 열린 제50회 전국체전 야구 고등부 결승전에서는 정기혁의 대구상고가 인천고를 3대2로 누르고 금메달을 차지했다.

이렇게 주변부 대회에서는 다른 학교가 패권을 잡았지만, 선린상고는 노른자위 대회들만 가져갔다. 선린상고는 4월 30일 개막한 제3회 대통령배 대회에서 드롭 커브를 잘 던지는 신예 서종수 투수의 호투로 준결승전에서 부산고를 2대1로 격파한데 이어, 5월 7일 열린 결승전에서는 노길상 투수가 이끄는 성남고를 3대0으로 누르고 우승했다. 우수상은 선린상고 투수 서종수, 감투상은 성남고 투수 노길상, 타격상은 경남고 3루수 허철구(0.545)가 받았다. 당시에는 홈런상이 있었는데, 세광고에게 만루 홈런을 친 이종도 중앙고 포수와 오기봉 경남고 유격수가 받았다. 이종도는 훗날 고려대를 졸업하고 MBC청룡에 들어가 1982년 3월 27일 프로야구 개막전에서도 끝내기 만루 홈런을 날린 바 있다. 대통령배 3연패를 노리던 경북고는 5월 2일 열린 준준결승전에서 선린상고 7번 정장헌에게 통한의 결승타를 맞고 2대3으로 역전패하면서 눈물을 삼켰다.

6월 15일 열린 제24회 청룡기 결승전에서는 선린상고 좌완 박준영 투수가 완투하면서 대구상고를 6대0으로 셧아웃 시켰다. 6회 2점 홈런을 때린 선린상고 유격수 홍창권이 우수선수상, 선린상고 투수 박준영이 우수투수상을 받았다. 패자결승전에서 부활했지만 연투에 지친 대구상고 투수 정기혁은 감투상을 받았다. 타격상은 선린상고 포수 정장헌(13타수7안타 0.538)이 수상했다.

그리고 10월 5일 개막된 제23회 황금사자기에서는 대회 특유의 징크스가 재연됐다. 선린상고는 경북고와 승자결승전에서 1회 김창고에게 솔로 홈런을 맞는 등 시종 끌려 다니면서 2대5로 패배, 결국 패자부활전으로 내려갔다. 천신만고 끝에 다시 살아 올라와 1차 결승전에서 경북고를 14대3으로 대파했고, 10월 13일 열린 최종결승전에서는 12대5로 역전승을 거두면서 우승했다. 3대5로 지고 있다가 8회에 7점, 9회에 2점을 내면서 경기를 뒤집었다. 8회에 남우식이 선린상고 4번 홍창권에게 몸에 맞는 볼을 던진 것이 패착이었다. 선린상고 마운드를 책임진 박준영이 우수선수상, 경북고 1학년 투수 남우식은 감투상, 경남고 1루수 박순철이 타격상(0.467)을 받았다.

이로써 황금사자기 대회는 1967, 1968, 1969년 모두 패자결승전에서 올라온 팀이 우승하는 진기록을 남겼는데, 이런 전통은 1970년과 1971년까지 계속 이어졌다. 1972년에도 패자부활전이 이어졌다면 군산상고의 '역전의 명수' 신화가 이루어졌을지 상상에 맡길 일이다.

선린상고는 서울 3개 대회 이외에 부산 국제신보사 주최로 7월에 열린 제21회 쌍룡기 대회까지 우승하면서 메이저 대회 전관왕全冠王을 했다. 청룡기 결승전에 이어 다시 대구상고를 4대0으로 셧아웃 시켰다. 연일 마운드에 오른 대구상고 2학년 투수 정기혁은 감투상을 받았다. 선린상고는 당시 박준영-서종수-유남호 등이 마운드에서 활약하고, 정장헌-홍창권-윤학천 등의 타선이 불을 뿜으면서 우승 퍼레이드를 이어나갔다. 훗날 국가대표를 지낸 이해창이 1학년 때였다.

경북고는 임신근이 졸업한 뒤 신입생 남우식과 2학년 김보연이 던지며 분전했으나 아직까지는 역부족이었다. 경북고는 대통령배-청룡기-황금사자기 모두 선린상고에 지는 바람에 우승을 못했는데, 이후 경북고는 1981년까지 선린상고에 대해서는 철저히 앙갚음을 하게 된다.

■ 1969년 제12회 이영민 타격상은 황금사자기, 청룡기, 쌍룡기 등에서 타율 3할8푼3리를 기록한 선린상고 포수 정장헌鄭長憲이 받았다.

1970년

1970년은 서울 선린상고에 빼앗겼던 메이저 대회 왕좌를 대구팀들이 다시 빼앗아오기 위해 분투했다. 경북고는 2학년이 된 남우식이 더욱 위력적으로 변모했는데 첫 대회인 제4회 대통령배를 우승했다. 경북고는 준결승전에서 남우식이 단 3안타만 내주면서 배문고에 1대0으로 완봉승을 거둔 뒤, 5월 7일 열린 결승전에서 동대문상고를 6대4로 꺾고 우승했다. 경북고는 먼저 2점을 냈으나, 6회말 갑자기 컨트롤이 흔들린 남우식이 볼넷 3개를 허용한데다 3번 김영도의 적시타에 이어 4번 박해종의 타구를 2루수와 우익수가 서로 잡으려다가 부딪히면서 공이 빠지는 틈을 타 2대4로 역전 당했다. 하지만 7회와 8회에 다시 공세를 퍼부어 6대4로 승리했다. 동대문상고 김영도는 당시

흑인혼혈 선수로 피부색 때문에 설움과 차별도 많이 겪었으나
수준급의 야구 실력을 과시했다. 김영도는 동아대로 진학한 뒤
대학원까지 마쳤고, 부산 대신중 야구 감독을 지내기도 했다.
지금은 미국에 살고 있다. 대통령배 우수선수상은 경북고 포수
박용훈이 받았다. 투수 남우식은 우수투수상은 물론, 4할6푼2
리로 타격상까지 받았다. 홈런상은 대구상고 포수이자 4번 타
자인 김종우가 받았다. 감투상은 동대문상고 투수 이거수가 수
상했다. 경북고는 수많은 우승 기록이 있지만, 특히 대통령배
대회는 1-2-4-5-7회를 내리 우승하는 등 남다른 인연을 갖
고 있다.

경북고는 대통령배 대회가 끝난 뒤 5월 29일부터 대구에서

1970년 6월 13일 청룡기 승자준결승전에서 대구상고가 9회초 4번 김종우의 결승
홈런으로 배문고를 1대0으로 누르고 승리했다. 두 팀은 최종결승전에서 다시 만나
역시 대구상고가 배문고를 꺾고 우승했다 〈사진제공=정기혁〉

그 시절 우리는 미쳤다 1970년대 고교야구

열린 제10회 문교부장관기 전국4도시야구대회에도 참가해 준결승전에서 부산상고를 12대1로 대파한 데 이어, 6월 2일 열린 결승전에서는 동향 대구상고를 4대0으로 격파하고 우승했다. 최우수상은 경북고 남우식, 감투상은 대구상고 정기혁, 타격상은 경북고 최광수(0.583), 홈런상은 경북고 김보연이 받았다.

6월에 열린 제25회 청룡기 대회에서는 대구상고가 메이저 리그의 그렉 매덕스를 연상시키는 변화구와 컨트롤을 가진 정기혁의 활약으로 우승을 차지했다. 당시 대구상고는 승자준결승전에서 9회초 투아웃 후 4번 김종우의 결승 홈런으로 배문고를 1대0으로, 승자결승전에서는 부산고를 2대1로 제치고 다소 느긋한 위치에 올랐다. 패자부활전에서 되살아온 배문고와 결승전을 벌였는데 첫날인 6월 16일 경기는 3시간 동안 13회까지 양 팀이 0대0을 기록했고, 6월 17일 재경기가 열렸다. 물론 대구상고는 한 번만 이기면 우승이고, 배문고는 두 번 연속 이겨야 우승할 수 있었다. 결국 대구상고가 8번 황상진의 솔로 홈런 등으로 2대1로 배문고를 누르고 우승했다. 우수선수상과 수훈상은 대구상고 포수 김종우가 차지했고, 타격상은 부산고 신중국(0.467)이 받았다. 우수투수상을 받은 정기혁은 매일 300개의 피칭을 하면서 연습했다고 자신의 앨범에 적었다. 배문고에서 고군분투한 백창현 투수는 감투상을 받았다.

정기혁은 졸업 후 한양대에 진학했는데, 1학년 때인 1971년 동국대를 상대로 대학야구 최초의 퍼펙트게임을 기록하기도 했

1970년 청룡기 대회를 앞두고 대구상고 정기혁 투수가 학교 연습장에서 매일 300개의 투구 연습을 하는 모습 〈사진제공＝정기혁〉

다. 이제 칠순에 접어든 정기혁은 "대학야구에서 유일한 퍼펙트게임 기록이 야구 인생에서 가장 자랑스러웠다"고 말했다. 그런 재능과 노력으로 정기혁은 1975년 아시아야구대회 국가대표 투수로 선발되기도 했다.

대구상고가 청룡기를 가져가자 라이벌 경북고가 다시 발끈했다. 경북고는 7월 29일부터 16개 학교가 참가한 가운데 부산 국제신보사 주최로 열린 제22회 쌍룡기 대회에서 강호 성남고를 6대0으로 셧아웃 시키고 결승전에 진출해, 8월 3일 좌완 김정수가 이끄는 부산고를 2대0으로 제압하고 우승했다. 최우수선수상을 받은 남우식은 당시 2학년이었지만, 대부분 타자들이 건드리지 못하는 위력을 자랑하는 돌직구를 뿌려댔다. 그가 고3이 되면 어마어마한 선수가 되리라는 예상이 가능했다.

대통령배와 청룡기와 쌍룡기를 모두 대구팀이 가져가자, 이번에는 서울팀이 참을 수 없다고 나섰다. 성남고는 제24회 황금사자기를 낚아챘다. 황금사자기의 경우 승자결승전에서 이긴 팀이 준우승을 하고 패자부활전에서 살아온 팀이 우승을 하는 전통은 1970년에도 그대로 이어졌다. 승자준결승전에서 경남고가 성남고를 3대0으로, 대구상고가 선린상고를 14대0으로 각각 격파했다. 승자결승전에서는 대구상고가 경남고를 2대1로 꺾고 나서 느긋하게 앉아 기다리고 있었다.

하지만 성남고는 패자결승전에서 경남고를 9대3으로 누르고 대구상고에 다시 도전장을 내밀었다. 1967~1969년의 징크스가 과연 그대로 재현될 것인가. 놀랍게도 1970년에도 그 징크스는 똑같이 이루어졌다. 성남고는 1차 결승전에서 대구상고를 4대1로 꺾더니, 10월 2일 열린 최종결승전에서 연장 10회 끝에 3번 전상순과 4번 강진규의 연속 2루타가 터지면서 다시 대구상고를 4대2로 누르고 감격의 우승을 차지했다. 특히 성남고는 결승전을 앞두고 박점도 감독이 뇌일혈로 쓰러지는 불상사가 벌어졌지만 임시감독의 지도 아래 끝내 우승을 차지했다.

성남고의 좌완 강속구 투수 노길상은 최우수선수상과 우수투수상을 받았다. 노길상은 준준결승전에서 경북고를 상대로 1대0 노히트노런을 기록하기도 했다. 만일 4회와 5회 각각 볼넷을 내주지 않았다면 퍼펙트게임도 기록할 뻔 했다. 대구상고 정기혁 투수는 감투상을 받았다. 타격상은 경남고 2루수 이성득(19

타수8안타 0.421), 미기상은 성남고 3루수 전상순, 수훈상은 성남고 포수 김수철이 받았다.

10월에 열린 제51회 전국체전 야구 고등부 결승전에서는 경북고(경북)가 대전고(충남)를 3대0으로 꺾고 금메달을 차지했다. 뿐만 아니라, 경북고는 10월 26일 대구시민운동장에서 벌어진 제5회 국회의장배 전국6도시야구대회에서도 중앙고를 7대3으로 누르고 우승을 차지했다. 경북고 2학년 남우식이 우수선수상과 홈런상을, 중앙고 1학년 윤몽룡이 감투상, 경북고 2학년 2루수 배대웅이 미기상을 받으면서 저마다 1971년의 화려한 스토리를 예고했다. 군소대회까지 합치면 2학년 남우식이 이끄는 경북고는 전국대회 5개(대통령배-쌍룡기-문교부장관기-국회의장배-전국체전)를 우승한 셈이었다.

- 1970년 제13회 이영민 타격상은 전국 5개 대회에서 타율 4할3푼2리를 기록한 부산고 중견수 신중국辛重國이 수상했다.

- 진로 − 1967∼1970년에 활동하던 스타들은 금융단 쪽으로 많이 진출했다. 당시에는 금융권 입사가 최고 인기였다. 경북고의 임신근林信根, 조창수趙昌秀, 강문길姜文吉, 김창고金倉高 등은 한일은행에 입행했다. 대구상고 명포수 우용득禹龍得 역시 한일은행으로 들어갔다. 선린상고 서종수徐鍾守, 부산고 주성노朱性魯, 경남고 조홍기趙洪基, 부산상고 윤동복尹東福 같은 투수들도 한일은행을 선택했다. 선린상고 김우열金宇烈은 1968년부터 제일은행에서 뛰면서 홈런 타자로 본격 변신했고, 같은

학교 후배인 에이스 투수 박준영朴俊英도 제일은행으로 들어갔다. 선린상고 정장헌鄭長憲은 제일은행에, 홍창권洪昌權은 농협에 들어갔으나 고교 시절과 같은 활약은 보여주지 못했다. 배문고의 투수 백창현白昌鉉과 3루수 함상윤咸尙潤은 라이벌인 상업은행으로 진출했다. 함상윤은 훗날 다시 연세대로 입학한다. 경북고 양창의梁昌義도 상업은행을 택했다. 대구상고 포수이자 강타자인 김종우金鍾佑는 실업팀 한국전력으로 갔다. 고3 때 배명고를 상대로 노히트노런을 기록했던 동대문상고 윤동균尹東均은 대학을 포기하고 기업은행으로 들어갔으며, 훗날 OB베어스 원년멤버로 맹활약했다. 성남고의 퍼펙트게임 투수 한장철韓章哲과 동대문상고의 미남 포수 박해종朴海鍾 역시 기업은행으로 들어갔다. 박해종 역시 훗날 연세대로 들어갔다.

대학 쪽도 적지 않다. 대구상고 정기혁鄭基赫과 경북고 김보연金寶連은 한양대로 진학했고, 성남고 노길상盧佶相은 고려대로 갔다. 노길상의 공을 받았던 양형오梁炯五는 한양대로 입학했다. 선린상고 유남호柳南鎬는 연세대, 경남고 김영목金永穆은 경희대, 중앙고 이종도李鍾道는 고려대로 진학했다. 부산고 신중국辛重國은 연세대를 선택했다. 야구 해설자로 유명한 경남고 허구연許龜淵은 일단 상업은행으로 들어갔다가 이후 고려대로 입학했다.

눈길을 끄는 인물이 있는데 그는 임신근 시절에 경북고 3루수와 2번 타자를 주로 쳤던 이병재李昞載. 대학입학 예비고사를 거쳐 고려대 경영학과에 진학했는데, 그는 훗날 우리파이낸셜 사장까지 오르면서 중견 금융인으로 이름을 날렸다. 경북고–서울대 출신의 정통 TK인 이

명재 전前 검찰총장이 친형이다.

이와 같이 1967~1970년의 고교야구는 이후 펼쳐질 1970년
대 고교야구의 군불을 때는 역할을 했다. 특히 1971년에는 전
국의 모든 고교가 예선전을 치르지 않고 참가하는 제1회 봉황
대기 쟁탈 전국고교야구대회가 한국일보사 주최로 시작되면서
고교야구 열기는 유례없이 달구어졌다고 하겠다.

1949년생. 조창수는 대구 경상
중학교를 졸업한 뒤 1966년 당
시로는 신생팀인 경북고등학교
로 진학했다. 경북고는 1967년
메이저 2관왕(대통령배-청룡기),
1968년 메이저 3관왕(대통령배-
청룡기-황금사자기)을 차지했다.
군소대회까지 합치면 우승 횟수
는 더 많다. 조창수는 빠른 발과
호쾌한 타격으로 1번 또는 3번
타자로 활약했다. 졸업 후 동기
인 임신근-강문길 등과 함께 한
일은행에 들어가 뛰어난 타격을

1968년 경북고 3학년 조창수(왼쪽)가 훗날 미
국 이민 간 후배 강병구와 함께 포즈를 취했다
〈사진제공=조창수〉

보였고, 아마추어 롯데자이언트에서도 꾸준한 활약을 펼쳤다.

그는 1979년 광주일고 감독을 시작으로 지도자의 길로 들어섰으며
해태, 롯데, LG, 삼성, SK 등에서 코칭스태프를 맡았다. 1970년대
배구스타 조혜정과 결혼해 화제를 모았으며, 골프 선수를 지낸 딸
조윤희와 조윤지를 두고 있다. 현재 경기도 동탄에 거주하고 있다.

경북고 시절 에이스였던 고故 임신근 투수에 대해 소개하면.

"1949년생인 임신근은 원래 대구 계성중학교를 다녔는데, 남선전
기(한국전력의 전신)에서 야구를 했던 선친의 뜻을 따라 야구하는 경
상중학교로 전학 왔다. 머리가 매우 좋고 샤프했다. 요즘 기준으로
볼 스피드는 140km/h 정도 됐는데, 컨트롤이 정교하고 낙차 큰 슬
로커브를 비롯해 변화구가 다양했다. 타자를 요리하는데 천부적인
능력을 지녔다. 졸업 후 나와 함께 한일은행에 들어갔는데 첫해인
1969년 실업야구 신인상을 받았고, 그 해 아시아야구선수권대회
국가대표 투수로 뽑혔다. 해병대에서도 혼자 던지다시피 했고, 제
대 후에는 타자로 이름을 날렸다. 홈런도 많이 쳤다.

하지만 자기관리를 못한 것이 문제였다. 음식 조절을 못해 체중이
20kg 이상 늘면서 고혈압 등에 시달렸다. 프로야구 쌍방울레이더
스의 초대 수석코치로 재임하던 1991년 9월, 42세의 나이에 심장
마비로 세상을 떠났다. 육식을 많이 했고, 탄산음료를 페트 병째로
마시곤 했으니 혈관건강이 좋을 리가 없었다. 야구천재였는데 너무
아까운 친구다."

1967년과 1968년 경북고 야구의 에피소드를 소개하면.

"경북고 야구부는 과거 영화배우 신성일 선배가 선수로 뛴 적도 있
는데, 1957년 제11회 황금사자기에서 준우승한 것이 고작이었다가
해체됐다. 이후 1965년 양재휘 교장께서 야구부를 부활시켰다. 그
분은 나중에 경기고 야구도 중흥시킨 분이다.

개인적으로 잊지 못하는 순간이 있다. 1967년 대통령배와 청룡기
를 우승하고 황금사자기에서 경남고와 결승전을 벌였는데, 내가 2

루 주자여서 4번 강문길의 우전안타로 홈에 들어오다가 아웃됐다. 너무도 명백한 세이프여서 지금까지도 억울하다. 그때 세이프가 됐으면 황금사자기도 우승하는 건데 너무 아쉬웠다. 이듬해 청룡기 준결승전에서 경남고와 다시 만났는데, 1대1 상황에서 연장 10회 말 내가 경남고 김영목 투수로부터 고교야구 최초로 굿바이 홈런을 치면서 그날의 억울함을 다소 풀었다.

당시 유능한 포수를 구하려고 서영무 감독과 내가 직접 스카우트에 나선 기억도 난다. 대구중 포수인 우용득을 경북고로 데려오려고 애를 썼으나 결국 대구상고로 가버렸다. 라이벌인 경상중 포수 양형오는 성남고의 스카우트 공세에 서울로 떠났다. 그래서 대전 출신인 양창의를 마음에 두고 있었는데 역시 성남고에서 데려갔다. 당시 성남고는 재정 지원이 좋아 우수선수를 많이 스카우트했다. 그래서 서영무 감독과 함께 기차를 타고 서울 대방동에 있는 성남고를 찾아가 양창의를 경북고로 데려오는데 성공했다. 우용득과 양형오는 훗날 국가대표로 이름을 날렸지만, 양창의도 참 잘했다."

당시 고교야구 붐은 어떠했나.

"1967년만 해도 관중석이 절반 정도 찼다. 그런데 우리가 계속 우승을 하면서 관중 숫자가 늘어났고, 졸업할 무렵에는 완전히 열광하는 분위기였다. 그런 열기가 1970년대까지 이어졌다고 봐야 한다. 임신근을 비롯한 주요 멤버에게 팬레터가 매일 1백여 통 왔는데, 학교 야구부장께서 중간에 수거한 뒤 졸업하면 주겠다고 말할 정도였다."

경북고는 임신근 신화를 뒤이어 남우식 신화가 만들어졌는데.

"남우식은 고교 3년 후배인데 경북중학교 때부터 거의 모든 경기를 혼자 던져서 '철완'이란 말을 들었다. 그 당시 선수 보호 규정도 없어서 어제, 오늘, 내일 무조건 계속 던지는 강견強肩이었다. 직구가 칠 수 없을 정도로 묵직하게 들어오면서 공격할 때 1점만 내면 이긴다는 말을 들을 정도였다. 임신근과 남우식이 대기록을 만들면서 고교야구 열기가 본격화됐다."

광주일고 감독으로 가게 된 배경은.

"은퇴 후 한일은행에서 행원으로 근무하다가 실업팀 롯데자이언트 창단 때 다시 선수로 합류했다. 당시 지방 순회경기가 있었는데, 전남야구협회와 전남일보를 맡던 김종태 회장 등의 권유로 광주일고에서 지도자생활을 시작했다. 내가 대구 출신이지만 지역감정 같은 건 전혀 느낄 수가 없었고, 광주 분들이 잘 해주셔서 기억에 남는다. 관사에서 지냈는데 불편함이 없었다."

광주일고 감독 시절에 선동열을 키운 것이 아닌가.

"감독으로 부임했더니 1학년에 선동열이 있었다. 내가 선동열을 키운 것이 아니라 감독으로서 좋은 선수를 만난 셈이다. 당시 선동열은 키 174cm에 호리호리했는데 공을 뿌리는 스냅이 엄청 부드러워 대성할 것으로 판단했다.

내가 직접 가르치기보다는 투수 출신들을 불러 지도하는 게 낫겠다고 판단했다. 롯데자이언트의 일본인 코치도 한가할 때 광주일고를 방문해서 지도했고 강용수, 유남호 등도 며칠씩 와서 변화구를 지도해주고 갔다. 선동열은 손가락이 짧아 커브를 잘 못던졌는데 슬라이더를 장착하면서 타자들이 치기 힘들어 했다. 내가 보기에 한국 야구사에서 선동열은 단연 최고투수다. 최동원, 박찬호, 류현진 등이 있지만 여러 면에서 선동열을 따라가지 못한다."

광주일고 감독 시절에 에피소드가 많았을 텐데.
"1980년 대통령배 우승을 하고 나서 5.18이 터져 청룡기는 아예 출전을 못했다. 당시는 학교에서 운동하기 어려워 송정리에 있는 선동열의 집을 훈련 거점으로 사용했다.

선동열을 혹사시키지 않으면서 저학년에도 기회를 주기 위해 2학년 차동철도 자주 등판시켰는데 지금도 잘했다고 생각한다.

1980년 봉황대기 때는 경기고와 붙었다. 그날 선동열의 공이 특히 좋았다. 4대0으로 이기는데 은근히 걱정됐다. 당시 7회에 7점으로 이기면 콜드게임이 된다. 그러면 노히트노런을 기록할 수 없다. 그렇다고 타자들 보고 점수 내지 말라고 할 수도 없고, 주장 허세환에게만 고민을 털어놓았다. 결과적으로 노히트노런을 달성해서 기뻤다.

1980년 황금사자기 대회에서는 선린상고에 져서 준우승을 했다. 당시 우리 포수가 친 공이 펜스를 맞고 튀어나온 게 아쉬웠다. 그게 홈런만 되었어도 승부는 알 수 없었다. 그 후 선린상고가 주자 있는 상황에서 박노준이 나왔는데, 내가 마운드로 가서 '박노준은 직구로 승부하지 변화구로 하지 말라'고 말하고 내려오는데 슬라이더가 들어가 박노준에게 2점 홈런을 맞았다. 박노준은 쫓아나가면서 치는 타법이 특이했다."

1976년 몬트리올 올림픽 여자배구 동메달의 주역이자 '날으는 작은 새'
로 불리는 조혜정 선수와 결혼 계기는.

"내가 경북고 시절부터 알던 대구여고 출신 국가대표팀 주장 선배
가 소개시켜 주었다. 그때가 군대 시절이었다. 당시 아내가 국세청
소속이었는데, 동대문야구장 건너편에 국세청 선수들 숙소가 있어
자주 놀러가곤 했다. 광주일고 감독 시절에는 아내가 이탈리아에서
뛰던 시절이라 약혼만 하고 기다렸다. 1981년에야 결혼을 했다. 딸
둘이 모두 골프를 해서 스포츠 가족으로 통한다. 지금은 동탄에서
살고 있다."

2

1971년 :
남우식의, 남우식에 의한, 남우식을 위한

1971년 초등학생인 필자가 살던 대구 내당동 한옥에는 마당에 평상이 놓여 있었다. 1년에 서너 번, 반상회가 열린 것처럼 자그마한 흑백 TV 앞에 동네 사람들이 다 모였다. 한두 달마다 벌어지는 경북고등학교의 우승 쇼를 구경하기 위해서였다. 박수와 응원 소리로 왁자지껄, 변변한 음식이나 음료수는 없었지만 잔치도 그런 잔치가 없었다. "남우식이 집은 대명동 영남대 근처에 있다 카더라", "정현발과 천보성을 버스에서 봤는데 너무 잘 생겼다카이"라며 저나마 들은 소문을 풀어놓았다. 당시 경북고 선수들을 아이돌처럼 따라다니던 여고생들은 결승전 내용은 아랑곳없이 선수들 이름만 들어도 행복한 눈치였다.

결승전이 시작되는 저녁 6시가 되면 대구 도심은 한산해졌고, 집에서 TV를 시청하는 사람들의 표정에는 비장함이 느껴지곤 했다. 결승전이 아니라 결승식이라고 부르는 게 낫다는 생각도 들었다.

당시 TV 중계는 물론 흑백이었고, 지금처럼 입체적인 각도가 아니라 본부석에서 내려다보는 시선에서 보여주었다. 그래서 스타 남우식이 얼마나 빠르고 기막히게 공을 던지는지 제대로 감상하기는 어려웠다. 하지만 결과는 언제나 남우식의 승리요, 경북고의 우승이었다.

1970년대 고교야구의 사실상 첫해인 1971년은 '경북고 천하'라는 말로 귀결된다. 당시 신문들은 아예 챔피언, 즉 패자覇者라는 단어를 경북고 앞에 수식어로 붙였다.

경북고 선수 중에도 1명의 주인공을 꼽으라면 단연 남우식이다. 경북고는 1971년에 대통령배, 청룡기, 봉황대기, 황금사자기, 쌍룡기, 문교부장관기 등 6개 대회를 모조리 휩쓸었다. 한국 야구사에서 이런 팀은 없었고, 앞으로도 나오지 않을 듯싶다.

남우식은 대구 명덕초등학교 5학년 때 야구를 시작했는데, 중학교 2학년 때부터 투수가 되어 혼자서 던지기 시작했다. 가령 1968년 6월 대전공설운동장에서 열린 제11회 문교부장관기 전국중학초청대회에는 19개 팀이 참가했는데, 결승전에서 경북중이 대신중을 3대1로 꺾고 우승했다. 당시 우수상은 경북중 남우식 투수였는데, 뭐 이런 기록이 한두 번이 아니었다.

대한체육회는 각 종목 별로 1968년도 우수선수 및 단체를 선정해 시상했는데, 야구에서는 우수선수로 한일은행 김영덕과 경북중 남우식, 두 명이 뽑혔다. 야구 우수단체로는 육군팀과 경북중학교가 선정됐다. 그만큼 경북중과 남우식의 수준이 대단했음을 알 수 있다.

남우식이 고1 때인 1969년에는 선린상고의 위세로 경북고가 메이저 대회 우승을 차지하지는 못했다. 하지만 황금사자기 승자결승전에서 선린상고를 이겨 우승 코밑까지 가는 등 선린상고를 강력하게 위협했다. 고2 때인 1970년에는 대통령배 우승을 비롯해 최고 강자 대열에 팀을 올려놓았다.

드디어 1971년 4월 16일부터 부산일보사 주최로 열린 제14회 전국4도시야구대회는 시즌 탐색전 성격이 짙었다. 참가팀이 6개교(성남고-경남고-부산고-인천고-경북고-대구상고)뿐이어서 '우승'이란 말이 다소 민망하지만, 어쨌든 결승전에서 대구상고가 경북고를 3대1로 꺾고 우승했다. 대구상고 박경룡이 최우수선수상과 타격상(0.556)을 받았다.

대회는 대회였으니 경북고로서는 대구상고에 패배한 것이 적지 않은 충격이었다. 문제는 경북고 감독을 하던 서영무가 자신의 모교인 대구상고 감독으로 옮긴 상태에서 벌어진 성적이었다는 점이다. 경북고 동창회 등을 중심으로 "1967년과 1968년 신생팀 경북고를 우승 대열에 올려놓은 서영무를 다시 데려와야 한다"는 목소리가 높아지기 시작했다. 사실 서영무 감독은 1970년 청룡기 8강전에서 배명고에 패배하자 보다 강한 스파르타식 훈련을 주문했는데, 일부 선수들이 이에 항명하는 바람에 결국 대구상고로 옮겼던 것이다.

그런 상황에서 비록 소규모 대회 결승전이긴 하지만 대구상고에 패배했으니 경북고 동문들로서는 뒤집힐 일이었다. 이에 본격적으로 '서영무 재영입 작전'이 벌어졌는데, 일단 눈앞에 닥친 대통령배 대회는 기존 박창룡 감독 체제로 출전했다.

제5회 대통령배

전국 18개 팀이 참가한 가운데 1971년 첫 번째 열린 메이저 대회인 제5회 대통령배 대회는 첫날인 5월 4일 세광고 이창희 투수가 대전 대성고를 2대0 노히트노런으로 꺾는 기염을 토했다. 이창희는 대성고 28타자를 상대로 10회 연장전까지 볼넷 3개만 허용했다.

제5회 대통령배 대회에는 이례적으로 패자부활전이 있었다. 승자결승전에서 경북고는 선린상고를 9대0으로 누르고, 패자부활전에서 올라오는 팀을 느긋하게 기다리는 입장이 되었다. 당시 좌완 김정수가 이끄는 부산고는 패자준결승전에서 군산상고를 2대1, 패자결승전에서 선린상고를 14대1로 제압한 뒤 결승전에 올랐다. 하지만 경북고의 상대가 되기에는 너무 지쳐 있었다.

5월 11일 열린 결승전에서 호리호리한 몸매의 부산고 좌완 김정수는 역투하면서 경북고 남우식과 맞섰다. 경북고는 3회말 7번 추경덕이 중전 2루타를 치고 나가 8번 최광수, 9번 손상대의 연이은 희생 번트로 결승점을 올렸다. 반면 부산고는 4회초

1번 김기석이 이날 팀의 유일한 안타였던 우익선상 2루타를 치고 나간 뒤 후속 타자의 내야 땅볼로 3루를 밟긴 했으나, 경북고 남우식의 견제구에 걸려 죽고 말았다. 남우식은 투구도 빨랐지만 견제구도 번개 같아서 주자를 심심찮게 잡았다.

경북고 역시 부산고 투수 김정수로부터 2안타 밖에 뽑지 못했을 정도로 양 팀은 팽팽한 투수전을 기록했다. 결국 경북고가 1대0으로 승리했고, 1970년에 이어 2년 연속 대통령배를 가져갔다. 경북고는 이듬해인 1972년에도 대통령배를 우승했으니, 만일 1969년만 우승했더라면 1회부터 6회까지 대통령배를 내리 가져갈 뻔 했다.

최우수선수상은 남우식, 타격상은 5할을 기록한 경북고 4번 타자이자 중견수인 정현발, 감투상은 부산고 김정수가 받았다. 홈런상은 배문고 2루수 신현석과 경북고 좌익수 김철이 수상했다. 감독상은 경북고 박창룡 감독이 받았다.

경북고가 우승하긴 했지만 동창회를 중심으로 요청이 거세져 결국 대통령배가 끝난 뒤 서영무 감독은 경북고로 복귀했다. 대구상고 입장에서는 배신감을 느꼈음은 물론이다. 당시 천하무적 경북고의 타선은 경기마다 조금씩 달라지긴 했지만 대략 이러했다. 1번 천보성千普成, 2번 배대웅裵大雄, 3번 김철金澈, 4번 정현발鄭鉉發, 5번 남우식南宇植, 6번 박용훈朴容勳, 7번 추경덕秋京德, 8번 최광수崔光秀, 9번 손상대孫相大.

제26회 청룡기

6월에 열린 제26회 청룡기 대회는 지역 예선을 거친 12개 팀이 자웅을 겨루었다. 대회가 열리기 직전인 6월 1일. 바로 1년 전에 열린 제25회 청룡기에서 우승을 차지했던 대구상고 정기혁 투수가 한양대에 진학하여 동국대를 상대로 대학야구 사상 처음으로 퍼펙트게임을 기록했다.

당시 고교야구의 인기가 얼마나 대단했던지 주최사인 조선일보는 1971년 6월 3일자 8면에 전년도 우승팀 대구상고 선수들이 서울역에 도착한 모습을 톱뉴스로 보도하면서 출전 팀이 묵을 여관 이름과 전화번호까지 상세하게 안내했다. 가령 경북고는 올림픽여관, 광주상고는 을지여관, 군산상고는 동신여관 등 대부분 서울운동장과 가까운 을지로 5~7가에서 묵었다. 이들이 묵는 여관 정보는 열성 팬인 여고생들 사이에 널리 퍼져 각 여관 앞에는 학교 관계자들이 경비를 서는 일도 벌어졌다.

우승팀 전망도 대체로 경북고에 모아졌고, 실제 결과도 마찬가지였다. 청룡기 역시 패자부활전 제도가 있었다. 경북고는 승자준결승전에서 경남고를 2대1, 승자결승전에서 대구상고를 3대1로 누르고 대통령배 때와 마찬가지로 느긋하게 기다렸다. 생사를 건 패자부활전에서는 경남고가 분전했다. 패자준결승전에서 배재고를 2대1로, 패자결승전에서 대구상고를 6대2로 누르고 결승전에 올랐다.

정말 당시 패자부활전에서 다시 올라오는 과정은 암벽을 타고 등산하듯 천신만고였다. 지친 경남고는 역시 경북고의 상대가 되지 못했다. 6월 9일 열린 결승전에서 경남고 김성관은 분투했지만, 결과는 1대0으로 경북고의 승리였다. 대통령배 대회 결승전과 마찬가지로 남우식이 완투하면서 두 경기 모두 1대0으로 끝냈다.

경남고는 패자결승전에서 동문인 김영삼 국회의원이, 경북고는 결승전 당일에 동문인 김수한 국회의원이 나타나 응원을 하면서 눈길을 끌었다. 나중에 각각 대통령과 국회의장을 지낸 사람들이 모교의 응원을 왔을 정도로 당시 고교야구 열기는 뜨거웠다.

그날 경남고는 결승전까지 4게임을 내리 던지느라 지친 에이스 김성관 대신 뜻밖에 2학년 황귀량을 선발로 내세웠다. 일방적인 열세라고 예상됐던 경남고는 남우식을 열심히 공략했다. 1회초에 3번 박굉용이 우중간 2루타를 기록했고, 3회와 4회에도 안타가 터져 관중석의 갈채를 받았다. 하지만 경남고는 4회초에 1사 1-3루의 찬스를 놓쳤고, 6회에는 역시 2루타로 나간 4번 김성관을 두고 히트앤드런 작전을 펼쳤는데 김성관이 3루에서 아웃되고 말았다. 이렇게 번번이 득점 기회를 놓치다가 불운이 다가왔다.

경북고는 8회말에 8번 손상대가 볼넷으로 나간 뒤 9번 최광수의 번트로 2루까지 갔고, 이어 포수 박굉용의 패스트볼로 3루까지 진출했다. 다음 1번 천보성의 1루쪽 타구를 경남고 수비가 정확하게 처리하지 못하면서 손상대가 홈인, 귀중한 1점을 얻었다. 결국 이것이 결승점이 되고 말았다. 이날 경남고는 경북고보다 2개 많은 7안타를 기록했으나 결정적인 순간에 6개의 삼진을 당하거나 에러를 범하는 등 찬스를 놓치고 말았다.

인상적인 것은 이 대회 최우수선수상을 준우승팀 투수인 김성관이 받았다는 점이다. 흔치 않은 사례였다. 우수투수상은 경북고 남우식, 타격상은 5할을 기록한 선린상고 유격수 정연식이 받았다. 홈런상은 선린상고 이해창과 경남고 김성관(2개)이 받았다. 지도상은 대구상고에서 경북고로 복귀한 서영무 감독에게 돌아갔다.

당시 경북고 멤버들과 경남고 김성관, 부산고 김정수 등은 나이가 들어서도 친구 사이로 지냈다. 하지만 김정수는 한양대를 거쳐 롯데와 삼미 등에서 뛰다가 2014년 심근경색으로 세상을 떠났고, 고려대를 졸업한 뒤 롯데자이언츠에서 오래 뛰었던 김성관도 2020년 지병으로 세상을 떠나 친구들의 마음을 아프게 했다.

제11회 문교부장관기 & 제23회 쌍룡기

경북고는 청룡기 우승 직후 쉴 틈도 없이 곧장 대구에서 열린 매일신문사 주최 제11회 문교부장관기 전국4도시야구대회에 출전했다. 단 6개 팀이 참가한 이 대회에서 경북고는 준결승전에서 4번 정현발의 홈런 등으로 부산고를 6대0으로 제압한

데 이어, 6월 20일 결승전에서 인천 동산고를 6대1로 누르고 우승했다. 소규모 대회였지만 경북고는 여전히 남우식 혼자 던지면서 우승을 차지했다. 우수선수상을 남우식이 받았음은 물론이다. 감투상은 동산고 투수 최문준, 타격상은 경북고 좌익수 2학년 구영석(0.571)이 수상했다.

"경북중 시절은 물론이고 경북고 1~2학년 때도 거의 모든 게임을 던진 남우식이 너무 과로한다"는 우려가 일부에서 나왔지만, 대회 우승을 최고의 영예로 여기는 경북고나 서영무 감독이나 남우식 본인에게 그런 얘기는 한가하게 들릴 뿐이었다.

남우식의, 남우식에 의한, 남우식을 위한 1971년 경북고는 7월 28일 개막된 제23회 쌍룡기 대회에서 아주 살짝 상처를 입었다. 부산 국제신보사 주최로 열린 그 대회는 1974년부터 화랑기로 이름을 바꾸었지만, 당시는 쌍룡기로 불렸다. 가장 큰 대회인 봉황대기 직전에 열리는 경우가 많고 부산에서 열린다는 제약도 있어 서울의 메이저 4개 대회와는 비교할 수 없지만, 나름 전통 있는 전국대회였다.

당시에는 패자부활전도 있었다. 경북고는 8월 1일 부산 구덕운동장에서 열린 승자준결승전에서 경남고에게 10회 연장 끝에 4대5로 패배했다. 경북고는 3번 김철의 솔로 홈런을 비롯해 4대0으로 앞서다가 역전패하고 말았다. 대통령배와 청룡기를 우승했던 경북고의 패배는 당시로선 충격이었다. "천하무적 경북고도 질 수 있구나"라는 말이 나왔다. 하지만 당시 경북고 멤버들의 증언을 들어보면, 4강에 부산팀 3곳과 경북고가 올라갔는데 심판들이 경북고를 탈락시키려고 했는지 스트라이크 판정이 노골적으로 편파적이었다고 한다. 물론 경북고 멤버들의 증언이니 100% 곧이곧대로 들을 일은 아니지만, 당시 판정에 상당한 의문이 있었음을 짐작하게 한다.

어쨌든 그렇다고 물러설 경북고가 아니었다. 잠시 혼쭐이 났던 경북고는 패자준결승전에서 부산고, 패자결승전에서 경남고를 차례로 격파하고 최종결승전에 올라 부산상고와 일전을 겨루게 되었다. 한 번도 패하지 않은 부산상고는 한 번만 이겨도 우승하지만, 경북고는 두 번 연속 이겨야 우승을 차지한다. 드디어 8월 6일 열린 1차 결승전에서 경북고는 부산상고를 10회 연장 끝에 2대0으로 물리쳤다. 이제 경북고와 부산상고 모두 1패씩을 기록했기에 최종 승자를 가려야 했다. 경북고는 8월 7일 열린 최종결승전에서 6대1로 다시 부산상고를 꺾고 우승을 차지했다.

남우식의 연투를 우려하여 2학년 황규봉이 종종 등판하면서 우수투수상은 경북고 2학년 황규봉, 최우수선수상은 경북고 정현발이 받았다. 감투상은 부산상고 투수 최옥규가 받았는데, 그는 고려대 시절 강속구 투수로 이름을 날렸으며 롯데자이언츠에서도 활약했다. 경북고로서는 식겁한 대회였다.

제1회 봉황대기

쌍룡기 대회가 끝난 8월 7일, 한국일보사 주최로 전국 모든 고교가 참가하는 제1회 봉황대기 대회가 개막했다. 지역 예선 이 필요 없고 모든 팀에 출전 기회를 주기에 전국에서 37개 팀 이 참가했다.

강력한 우승후보인 경북고는 쌍룡기 결승전을 치르느라 봉황 대기 개막식에 참석하지 못했다. 경북고 야구팀은 부산 쌍룡기 우승 직후 곧장 서울 봉황대기 대회에 참가해야 했다. 부산역 에서 기차를 타고 올라오다가 대구역 플랫폼에 잠시 내렸다. 마중 나온 학교 관계자에게 우승기를 전달하는 등 간단한 축하

1971년 부산 쌍룡기 대회에서 우승한 경북고 선수들이 곧장 봉황대기 대회에 참석하느라 서울로 올 라가다가 대구역 플랫폼에 잠시 내려 쌍룡기 우승기를 전달하려고 도열해 있다. 오른쪽부터 황규봉, 구영석, 배대웅 그리고 두 사람 건너서 남우식, 손상대 등이 보인다 〈사진제공=배대웅〉

행사를 대구역에서 즉석으로 가진 뒤 곧장 서울로 올라갔다.

봉황대기는 청량공고와 철도고 등 올드팬 기억에 남아 있는 팀들이 모두 출전한 가운데 매 경기마다 학교 교가를 연주한다든지, 매 경기마다 추첨을 해서 대진표를 결정하는 등 대회운영도 이색적이었다. 경기 전에 관중들이 콧등 찡하게 모교 교가를 부르는 광경은 고교야구에서나 볼 수 있는 정취였다.

경북고는 부산에서 올라오자마자 철도고를 5대0, 인천고를 2대1로 제압했다. 문제는 3차전이었다. 경북고는 호남의 신생팀인 군산상고를 맞아 연장 14회까지 가면서 1대0으로 겨우 이겼다. 8월 14일 밤에 열린 경기에서 경북고는 남우식, 군산상고는 훗날 해태타이거즈 홈런왕 김봉연이 각각 완투했다. 안타는 경북고가 11개를 쳤으나, 군산상고는 고작 3개에 그쳤다. 삼진도 경북고는 2개뿐이었으나, 군산상고는 10개나 당했다. 그만큼 남우식의 위력이 대단했음을 보여준다.

군산은 중소도시였지만 고향팀에 대한 응원 열정은 대단했다. 지역 인사들이 고속버스를 전세 내어 상경해 서울운동장 외야석을 차지했다. 경북고는 매회 김봉연을 공략해 주자를 내보냈지만 군산상고 수비진의 투지에 막혀 고전했다. 당시에는 통행금지가 있던 시기라 밤 10시 30분이 지나면 다음 날로 경기가 넘어갈 수밖에 없던 상황이었다. 경북고는 밤 10시 10분쯤이던 14회초에 4번 정현발이 좌전안타로 나가고 6번 박용훈이 에러로 진출, 원아웃에 1-3루를 만들었다. 주장이자 7번 추경덕은 천금 같은 좌전안타를 때려 결승점을 올렸다. 당시 2만 여 관중은 약자를 응원하는 분위기여서 군산상고의 석패를 아쉬워했다.

남우식은 그날 경기를 잊지 못한다. 이제 칠순에 접어든 그는 "경기를 마쳤는데 한국일보 장기영 사주가 오셔서 등을 두드리며 '자네는 철완鐵腕이야'라고 말씀하는 바람에 그때부터 내 별명이 됐다"면서 "5~6회쯤인가 지금 군산 시내가 적막한 가운데 모든 시민이 TV나 라디오로 중계에 집중하고 있다는 말을 들으니까 이상하게 더욱 신이 났다"고 회고했다.

당시 2학년이었던 김봉연 전前 극동대 교수 역시 그날 경기를 잊지 않고 있다. "남우식은 한국 고교야구 역사에서 전설의 투수예요. 공이 빠르고 컨트롤도 완벽한데, 특히 유인구를 던지며 타자를 갖고 놀 줄 아는 대단한 투수였지요. 많은 투수를 상대해봤는데 최동원이나 선동열도 남우식보다는 한 수 아래입니다. 그렇게 대단한 투수가 중학교부터 고등학교까지 예선부터 결선까지 혼자서 다 던졌으니 한양대

1971년 봉황대기 군산상고 전에서 14이닝 완봉승을 거둔 경북고 남우식의 투구 모습 〈사진 제공=한국일보〉

학교 입학하자마자 탈이 안 날 수가 있나요. 한양대 시절의 남우식 공은 완전히 중학생 수준으로 전락했어요. 그래서 팬들의 기억에서 일찍 잊힌 겁니다. 그렇게 혹사당하지 않았다면 최동원이나 선동열도 남우식을 따라가진 못했을 겁니다."

경북고는 준준결승전에서 동향 대건고를 2대1, 준결승전에서 다시 동향 대구상고를 3대1로 제압하고 결승전에 올랐다. 대구상고와의 준결승전에서는 1회에 2학년 황규봉을 선발로 내세웠다가 대구상고에 1점을 주자마자 2회부터는 즉각 남우식으로 교체했다.

경북고가 결승전에 오르는 동안 반대쪽에서는 서울의 신생팀 대광고가 승승장구했다. 대광고는 대회 1년 6개월 전에 창단했으니 모두에게 낯설었다. 훗날 1981년 시즌을 끝으로 야구부를 해체한 대광고였지만, 1971년 당시 분위기는 고무적이었다. 일사불란한 팀워크로 강호들의 허를 찌르면서 돌풍을 일으켰다.

대광고는 1회전에서 세광고에 11회 연장 끝에 2대1로 이겼다. 이 1실점이 결승전까지 오르면서 허용한 유일한 실점일 정도로 대광고의 이동한-김광득 계투 마운드는 탄탄했다. 대광고는 인천 동산고도 1대0으로 제압한 데 이어, 당시로는 전국구 에이스급인 김정수가 던지는 강호 부산고를 격파했고, 준결승전에서는 계형철과 윤몽룡 같은 스타가 즐비한 중앙고를 3대0으로 꺾고 결승전에 올랐다.

드디어 8월 17일 오후 6시 30분에 열린 결승전은 관록(경북고)

과 기교(대광고)의 대결이었으며, [技巧(기교)가 못뚫은 '貫祿(관록)장벽']이라고 주최사인 한국일보는 지면 제목을 뽑았다. 결과는 경북고의 1대0 신승이었다. 경북고가 압승하리라던 세간의 예상을 깼다. 마치 여학생이 마운드에 오른 듯 얌전한 피칭폼으로 타자의 몸쪽과 바깥쪽을 슬로커브로 휘감아내는 대광고 이동한 투수의 공은 일품이었다.

실제로 경북고는 이동한의 공에 쩔쩔매면서 5회까지 겨우 볼넷 1개만 얻었을 뿐이다. 반면 대광고는 남우식이 지친 틈을 타 매회 찬스를 마련했다. 방망이를 짧게 잡고 딱딱 맞혀 나가는 이른바 '저스트 미팅' 전략으로 남우식의 불같은 강속구에 대응했다. 특히 5회말 찬스에서 2루 주자 5번 김창수가 8번 서승대의 텍사스안타로 홈까지 질주했다가 아웃되는 순간, 3만여 관중석에서는 탄식과 환호가 동시에 터져 나왔다.

드디어 마의 6회초. 경북고 8번 남우식이 땅볼을 쳤는데 대광고 2루수 김재박의 글러브를 맞고 튀어 나가는 실책성 안타가 되었다. 곧 이어 남우식은 2루 도루에 성공했다. 9번 타자가 아웃된 뒤 등장한 1번 천보성이 중전안타를 때려 남우식이 홈인했다. 대광고 중견수 김정택이 잠시 공을 저글링하면서 남우식이 슬라이딩하지 않고도 홈에 들어왔다. 결국 이것이 결승점이 되고 말았다.

최우수선수상은 남우식, 감투상은 대광고 투수 이동한, 수훈상은 경북고 포수 박용훈, 타격상(0.462)과 타점상(5점)은 대구상고 중견수 도유성, 최다안타상은 경북고 정현발(10안타)이 받았다. 장려상은 최관수 군산상고 감독에게 주어졌다.

그 시기에는 눈에 띄지 않았지만, 당시 대광고 2루수는 훗날 국가대표 유격수로 아마추어와 프로야구에서 이름을 날린 2학년 김재박이었다. 김재박은 당시만 해도 160cm 남짓한 키와 자그마한 체구로 가녀린 느낌을 줄 정도였다. 타고난 야구 감각은 있어 2번 타자로 출전했지만, 팬들의 뇌리에 각인될 기록은 남기지 못했다.

김재박은 1975년 영남대학교 3학년 때 국가대표에 선발된 것을 시작으로 대학야구, 실업야구, 아마추어 국제대회, 프로야구에서 한국을 대표하는 전설적인 스타가 되었지만 고교 시절에는 참 무명의 선수였다.

김재박은 토박이 대구 출신으로 경북중학교를 졸업했다. 남우식-천보성-정현발 등이 경북중 1년 선배이고 이선희-구영석-함학수 등이 경북중 동기였다. 중학교 때도 '여시(여우)'라고 불릴 정도로 야구 센스는 뛰어났지만, 키가 작고 힘도 없고 발도 느려 동기들이 모두 경북고로 진학할 때 당시 경북고 감독이던 서영무로부터 퇴짜를 맞았다. 때마침 가족이 모두 서울 종암동으로 이사하면서 서울로 올라와 여러 학교 야구부에 지원했으나 모두 같은 이유로 거절당하고 말았다. 마지막으로, 집에서 가까운 신설동의 대광고가 야구부를 창설한다는 말을 듣고 입학을 했다.

대광고를 졸업한 김재박은 한양대와 중앙대 등을 두드렸으나 다시 퇴짜를 맞았다. 그는 신생팀 영남대가 야구부를 창단한다는 말을 듣고 야간열차를 타고 대구로 내려가면서 첫째, 서울에 있는 대학 팀들은 꼭 이기겠다 둘째, 반드시 국가대표 선수가 되겠다는 2가지 결심을 했고 기어이 이를 이루고야 말았다.

봉황대기가 끝나고, 우승팀 경북고와 연장 14회까지 가는 혈투를 벌였던 군산상고가 있는 군산에서는 난리가 났다. 최강팀을 상대로 아슬아슬하게 물고 늘어진 군산상고의 자부심은 한껏 높았다. 이에 따라 군산시체육회에서는 봉황대기 우승팀 경북고와 준우승팀 대광고를 직접 초청, 군산상고와 친선경기를 치르도록 했다. 지금과 달리 비포장도로가 많았던 군산이지만, 경북고를 환영한다는 플래카드가 곳곳에 내걸렸다. 경북고 선수단을 태운 전세버스가 군산상고 운동장에 도착하자 "남우식이 누구냐"며 시민들이 몰려들기도 했다. 경북고는 9월 4일, 대광고는 9월 5일 각각 친선경기를 치렀는데 관중이 학교 주변에 넘쳐났다고 한다.

제25회 황금사자기

이제 마지막 남은 전국대회인 황금사자기에 관심이 쏠렸다. 역대로 황금사자기 대회는 패자부활전을 채택하고 있었는데 1967, 1968, 1969, 1970년 모두 패자부활전을 거친 팀이 승자결승전에서 이긴 팀을 제치고 우승하는 '전통'을 기록했다.

1971년의 경북고는 전력으로 보아 직통 우승할 것으로 예상됐지만, 황금사자기 대회가 지닌 마법에서 자유롭지 못했다.

전국 17개 팀이 참가한 가운데 9월 27일 개막된 제25회 황금사자기 대회는 열전을 거듭하여 드디어 경북고와 중앙고가 승자결승전에서 만났다. 그런데 경북고가 중앙고에 1대2로 역전패하는 대이변이 벌어졌다. 신문에서는 헤드라인으로 제목을 뽑고 난리가 났다. 그나저나 경북고는 앞으로 내리 3경기를 계속 이겨야 우승할 수 있는 패자부활전으로 내려가고 말았다.

경북고는 승자결승전에서 연투에 지친 남우식 대신 2학년 황규봉을 선발로 내세워 7이닝까지 단 1안타만 허용하며 무실점으로 막았다. 그리고 7회말에 힘들게 1점을 뽑아 승리를 굳히는 듯했다. 하지만 8회에 구원으로 등판한 남우식이 연속 볼넷을 허용한데 이어 2번 한경수에게 주자 일소 좌중간 2루타를 맞으면서 경기가 뒤집혔다. 경북고는 중앙고 2학년 사이드암 윤몽룡을 상대로 6안타를 치면서 몇 번의 찬스를 가졌으나 결국 석패하고 말았다.

경북고가 충격의 1패를 당하자, 세간에서는 과연 경북고의 우승 행진이 여기에서 끝나는가 주목했다. 하지만 경북고는 무적함대였다. 충격의 패배를 당한 경북고는 10월 4일 열린 선린상고와 패자결승전에서 박용훈과 정현발이 각각 홈런을 치며 4대0으로 승리하면서 일단 한숨을 돌렸다. 중앙고 입장에서는 패자부활전으로 내려간 경북고가 선린상고에 패하기만을 학수

그 시절 우리는 미쳤다 1970년대 고교야구

고대했으나 뜻은 이루어지지 않았다.

이제 1차 결승전. 중앙고가 이기면 대회는 완전히 끝나고, 경북고가 이기면 2차 결승전, 즉 최종결승전을 치러야 했다. 잔뜩 화가 난 경북고는 10월 5일 열린 1차 결승전을 쉽게 가져갔다. 1회말 내야 에러 2개로 1실점을 했지만, 3회초 1번 천보성의 내야안타와 2번 배대웅의 3루타로 1대1 동점을 만들었다. 7회에는 마운드를 지키던 8번 남우식의 중전안타를 시작으로, 윤몽룡과 교체된 중앙고 투수 계형철을 상대로 천보성과 정현발이 연속 안타로 공략하여 3점을 추가했다. 결국 4대1로 경북고의 승리. 한 번 허를 찔렸던 남우식은 보란 듯이 패자결승전에 이어 1차 결승전도 완투하며 위력을 과시했다.

이제 남은 것은 최종결승전. 10월 6일 오후 6시에 열린 이날 경기에서 남우식은 연투 피로는 아랑곳없이 포효하는 사자처럼 150km/h대의 강속구를 던지며 중앙고 타선을 3안타로 꽁꽁 묶었다. 반대로, 경북고는 계형철과 윤몽룡을 상대로 장단 14안타를 터트리며 6대0으로 가볍게 이기고 우승을 차지했다. 경북고는 선발 9명이 모두 안타를 쳤는데 배대웅-김철-정현발-박용훈 등 4명은 각각 2안타를 때렸다. 중앙고로서는 승자결승전에서 무적함대를 꺾는 기쁨을 잠시 맛보았지만, 이는 경북고의 코털을 건드리는 결과를 낳았고, 분노한 경북고 투타에 의해 무너지고 말았다.

최우수선수상과 타격상(0.417)은 경북고 정현발, 우수투수상은 남우식, 감투상은 중앙고 윤몽룡, 수훈상은 중앙고 좌익수 한경수, 미기상은 경북고 2루수 배대웅, 지도상은 경북고 서영무 감독이 받았다.

한 번 '실수'를 저지른 경북고가 분노의 복수전을 펼치면서 황금사자기까지 우승함으로써 1971년 전국 규모 5개 대회는 모두 경북고가 차지하는 전무후무한 기록이 한국 야구사에 남게 되었다.

경북고가 메이저 대회를 싹쓸이한 뒤 여타 대회에 대한 관심을 포기한 상태에서 다른 팀들이 맹활약을 펼쳤다. 사자가 빠진 무대에 치타가 왕 노릇을 하기 시작했다. 10월 13일 열린 제52회 전국체전 야구 고등부 결승전에서는 김봉연이 호투한 군산상고(전북)가 배재고(서울)를 1대0으로 누르고 금메달을 차지했다. 또 10월 19일 벌어진 제6회 국회의장배 전국6도시야구대회 결승전에서는 배문고가 인천고를 3대1로 누르고 우승의 기쁨을 안았다.

일본 원정 한국 고교야구

이후에 황금사자기 우승팀을 주축으로 일본 원정 한국 고교 야구 대표팀이 구성됐다. 경북고의 주전 멤버들에다 경남고 투수 김성관, 중앙고 투수 윤몽룡, 배문고 포수 예형수, 중앙고 내야수 홍재진, 성남고 내야수 전상순, 중앙고 외야수 임건호 등이 추가된 대표팀이었다. 이들은 일본 규슈九州에서 6차전을 치르기 위해 일본으로 건너갔다.

11월 11일 열린 오노다小野田·우베宇部 선발팀과의 1차전에서 남우식은 6회까지 일본 타선을 0점으로 틀어막고 타석에서도 4타수3안타를 치는 등 투타에 걸친 맹활약으로 7대0 승리했다. 남우식의 묵직하고 빠른 공에 일본 타자들은 "한국 야구가 이정도일 줄은 몰랐다"는 반응이었다. 황규봉은 7회부터 등장해 상대방 타선을 틀어막았다.

이튿날인 11월 12일 기타규슈北九州 선발팀과의 2차전도 역시 5대1로 이겼다. 1차전처럼 남우식과 황규봉(7회)이 이어 던지면서 7회 에러로만 1점을 주었다. 이날 경기에서는 4번 윤몽룡이 6회초 공격에서 손가락에 중상을 입기도 했다.

3차전에선 오이타大分 선발을 6대0, 4차전은 미야자키宮崎 선발을 1대0, 5차전은 가고시마鹿兒島 선발을 4대0으로 계속 눌렀다. 물론 마운드는 계속 남우식이 3분의 2, 황규봉이 3분의 1을 던지는 시스템이었다. 피被안타가 경기마다 5개도 안 될 정도로 두 투수는 위력을 발휘했다. 서영무 감독 입장에서는 이제 곧 졸업할 남우식보다는 내년에 3학년이 되는 황규봉의 성장에 더 주목해야 할 입장이었다. 이에 부응하듯 황규봉도 남우식에 뒤지지 않는 활약을 보였다. 5차전에는 3번 김철이 첫 홈런을 날리기도 했다.

11월 18일 열린 마지막 6차전은 구마모토熊本 시市 우승팀인 진사이鎭西 선발과의 경기였는데 역시 7대3으로 승리하면서 토탈 6전 전승을 기록했다. 남우식과 황규봉이 절반씩 던졌다. 김철은 5차전에 이어 다시 홈런을 날렸는데, 후지사키다이 구장이 생긴 이래 고교생으로는 첫 홈런을 기록했다고 한다.

당시 경북고 멤버들은 외모도 출중했는데, 그중에도 꽃미남으로 불렸던 김철은 경북고를 졸업한 뒤 고려대에 진학했으나 뜻하지 않은 부상으로 선수생활을 일찍 접고 말았다.

한국에게 6연패 당하면서 충격을 받은 일본 측은 매년 한일고교야구 정기전을 갖자고 제안했다. 애당초 고시엔 대회 우승팀 정도가 나와야 상대할 수 있는 경북고 전력을 일본이 무시했다가 큰 코 다친 셈이다.

경북고가 1971년에 예선과 본선을 모두 합쳐 거둔 전적은 62전54승2무6패였다. 그 대부분을 남우식이란 투수 한 명이 던졌으니 대략 남우식 혼자서 45승 이상은 거두었으리라는 추정이다. 남우식은 중학교 2학년부터 고등학교 3학년까지 예선부터 결선까지 거의 혼자서 완투하면서 '철완'을 자랑했다.

하지만 스포츠 의학이란 개념이 부족하고 과학적인 투수 관리 노하우가 전혀 없는 상태에서, 남우식은 경북고를 졸업할 무렵 이미 어깨와 팔꿈치가 돌이킬 수 없을 정도로 치명적인 상태가 되었다. 남우식은 한양대학교에 들어가서는 불같은 강속구가 아니라 평범한 직구를 던지는 보통 투수가 되었고, 팬들의 뇌리에서도 서서히 사라졌다. 경북고 동기들은 "고교 시절에는 시속 150km가 넘는 불같은 강속구를 던졌는데 대학에 들어오자마자 포수 미트에 직선으로 날아가는 공을 보기 힘들 정도였다"고 아쉬워했다. 군산상고 출신의 김봉연은 "결국 경북고의 영광은 남우식이란 희대의 스타 한 사람을 끝까지 죽이면서 달성했던 결과"라고 지적했다.

남우식이 대학 시절에 받은 거의 유일한 상은 4학년 때인 1975년 제9회 대통령기 쟁탈 전국대학초청대회였다. 당시 11개 대학이 출전한 가운데 서울운동장에서 열렸는데, 10월 6일 벌어진 결승전에서 한양대는 13회 연장전 끝에 연세대를 3대2로 제치고 우승했다. 남우식은 5회에 등판하여 9이닝 동안 30타자를 상대로 단 1안타만 내주고 무실점으로 팀의 승리를 지켰다. 그래서 받은 상이 바로 수훈상. 고교 시절의 영광을 잠시나마 되새긴 순간이었다. 최우수선수상은 경북고 동기인 정현발이 받았다.

남우식은 28세인 1980년 아마추어 실업팀 롯데자이언트를 끝으로 야구계를 완전히 떠났고, 이후 경영계에서 화려하게 부활했다. 불굴의 노력과 의지로 푸르밀(롯데햄우유)에서 신입사원부터 CEO(최고경영자)까지 올라가는 인간승리를 보여주었다. 1971년의 신화 남우식은 그렇게 우리에게 기억되고 있다.

■ 1971년 제14회 이영민 타격상은 5개 전국 규모 대회에서 타율 4할1푼 2리를 기록한 경북고 중견수 겸 4번 타자인 정현발鄭鉉發이 수상했다.

■ 진로 – 1971년의 고3 스타들은 대학 진학 쪽이 많아졌다. 남우식南宇植은 극진한 환영 속에 직접 고려대 총장실에 가서 인사했을 정도로 고려대 진학이 유력했으나, 나중에 한양대로 선회했다. 천보성千普成, 정현발鄭鉉發, 손상대孫相大 등의 주전 멤버들도 대거 한양대로 진학했다. 이때부터 한양대는 완전히 '대구 출신 스타들의 집합소'로 통하게 되었다. 김철金澈은 고려대로 진학했는데, 부상으로 선수 생활을 일찍 접었다. 반면 배대웅裵大雄은 당시 김성근 감독이 직접 스카우트에 나서면서 기업은행을 선택했고, 포수 박용훈朴容勳은 농협으로 갔다. 박용훈은 농협 근무가 인연이 되어 지금 제주도에 살고 있다. 대구상고 도유성都有成도 배대웅과 함께 기업은행에 들어갔다. 부산에서는 경남고의 김성관金成瑄과 박굉용朴宏庸, 그리고 부산상고 최옥규崔玉圭가 모두 고려대로 입학했다. 부산고 투수 김정수金貞洙는 한양대를 선택했다. 서울에서는 성남고 강타자 전상순全相純과 배문고 포수 예형수芮馨洙가 고려대로 갔다. 중앙고 투수 계형철桂瀅鐵과 동대문상고 김인식金仁植은 성균관대, 선린상고 이해창李海昌은 건국대로 입학했다. 군산상고 교타자에 발이 빠른 나창기羅昌起는 제일은행, 가끔씩 마운드에도 올랐던 김용배金容培는 한국전력을 선택했다. 한일은행은 영남고 투수 박형돌朴亨乭을 데려갔다.

그 시절 우리는 미쳤다 1970년대 고교야구

1952년생. 남우식은 한국 고교 야구사에서 가장 먼저 언급되는 인물이다. 경북중학교 2학년부터 경북고등학교 3학년까지 5년간 거의 모든 경기를 혼자서 던졌고, 특히 1971년 고3 때는 전국 6개 대회를 죄다 우승하면서 고교야구의 최고 전설로 남아 있다. 고교 시절만 놓고 보면 최동원, 선동열, 박찬호, 류현진 등 그 누구도 감히 남우식을 따라가지 못한다. 2016년 동아일

1971년 무적의 에이스였던 경북고 남우식 〈사진제공=남우식〉

보에서 황금사자기 대회 70주년 기념 올스타 투표를 했는데 오른손 투수 부문에 남우식이 꼽힐 정도였다(왼손투수는 세광고 송진우).

남우식에 대한 다른 선수들의 평가를 보자. 아마추어 시절 국가대표 에이스였던 이선희는 "남우식 선배는 한국 고교야구 역사에서 단연 최고 투수였다"고 말했다. 해태타이거즈 홈런타자 김봉연은 "공이 빠르고 컨트롤이 뛰어났으며 타자를 갖고 노는 유일한 투수

로, 최동원이나 선동열도 남우식에게는 어림도 없다"면서 "어린 나이에 예선부터 본선까지 수십 개 대회를 혼자서 다 던졌으니 대학 시절부터는 공이 중학생 수준으로 떨어져 마음 아팠다"고 말했다. 경북고 동기인 천보성 전前 LG트윈스 감독은 "당시 150km/h 대의 공을 던졌는데 제대로 치는 타자가 없어 수비는 별로 할 일이 없었다"며 "지금까지 선수생활하면서 본 가장 독보적 투수였는데 엄청난 혹사로 야구 인생이 일찍 끝나 아쉬웠다"고 말했다.

남우식은 중-고교 시절 수십 차례의 우승과 준우승을 하면서, 거의 혼자서 던졌다. 제1회 봉황대기 대회에서는 54이닝을 던져 단 2실점만 했다. 하지만 체계적인 관리도 없이 상상을 초월하는 혹사를 하면서 어깨와 팔꿈치는 뿌리 깊게 망가졌다. 이후 한양대, 공군, 실업팀 롯데자이언트 시절에는 그냥 무난하게 잘 던지는 투수로 전락하고 말았다. 물론 대학교 2학년때인 1973년 5월 14일 연세대를 상대로 9회말 투아웃까지 노히트노런을 기록하면서 5대0 완봉승을 거두기도 했고, 제대한 뒤 롯데자이언트로 복귀해 1980년 3월 16일 열린 경기에서 포철을 상대로 완봉승을 거두는 등 준수한 성적을 보였으나 고교 시절과 같은 압도적인 느낌은 주지 못했다.

남우식은 1980년 과감히 야구계를 떠나 롯데햄우유 말단 영업사원으로 들어갔다. 불굴의 노력으로 온갖 수모와 난관을 이겨내고 입사 27년 만에 푸르밀(롯데햄우유의 새 이름)의 CEO가 되어 10년간 근무했다. 야구에서 정상에 오른 사람이 경영에서도 또다시 정상에 등극해 매우 감동적인 인생 스토리를 보여주었다.

경북고 시절 가장 잊을 수 없는 경기는.

"아무래도 제1회 봉황대기 3회전 군산상고와의 연장 14회 대결이다. 그 경기를 마치고 나니 주최 측인 한국일보 장기영 사주께서 오셔서 '당신은 철완이야'라고 하셔서 그때부터 '철완'이란 별명을 갖게 됐다. 또 당시는 기자들이 더그아웃에도 들어왔는데 5회쯤인가, 지금 군산은 모든 시민들이 야구중계를 보느라 도시가 조용하다는 말을 전해주었다. 그 말을 들으니 이상하게 더 신이 났다. 혼자서 14이닝을 던졌는데 안타는 3개만 맞았고, 우리가 1대0으로 이겼다. 군산상고로서는 최강팀과 접전을 치렀기에 군산의 반응이 열광적이었다고 들었다. 봉황대기가 끝난 뒤 경북고가 직접 군산상고를 방문해 엄청난 환영 행렬 속에 친선경기도 가졌다.

또 경북고가 1970년과 1971년 대통령배를 2년 연속 우승했는데, 내가 최우수선수상을 2년 연속 받은 것도 기억난다. 우리나라에서 임신근, 김동수, 추신수 정도가 2년 연속 받았다고 알고 있다."

중학교와 고등학교 시절에 매우 빠른 공을 던진 비결은.

"대구 명덕초등학교 시절에는 포수를 했는데 중학교 때 투수로 전향했다. 어깨가 넓고 타고난 골격이 좋았던 것 같다. 어릴 때부터 곤봉을 자주했는데 투수가 근육을 키우기에는 참 좋았다. 중학교 때는 벤치프레스도 종종 했다.

경북중 3학년 때였다. 일본 요미우리자이언츠에서 최초로 퍼펙트게임을 기록한 후지모토 히데오라는 분이 대한야구협회 초청으로 와서 전국을 돌며 강습회를 가졌다. 그때 나를 보더니 '폼이 좋고 공이 굉장히 빨라 일본에 데려 가고 싶다'고 말했다. 옆에서 임신근을 비롯한 경북고 선배들도 던졌는데 내게만 관심을 보였다. 경북중 3학년 때가 피칭 폼이든, 공 스피드든 최고였던 것 같다.

경북고에 진학해 1학년 때 피칭 폼을 약간 바꾸었다. 최동원과 비슷한 느낌을 주는데 다이내믹하고 빠른 폼이었다. 번개 같은 견제구로 주자도 많이 잡았다."

중—고교 시절 거의 혼자서 완투를 했는데 아무렇지도 않았나.

"9이닝을 완투하고 숙소에 돌아오면 팔과 어깨가 무너지는 느낌이었다. 그러면 1~2학년 후배들이 안티푸라민을 발라주고, 신신파스도 붙여주었다. 아침에 일어나면 어깨와 팔꿈치가 뻐근했다. 낮에 러닝을 해서 몸을 데우면 조금 나아졌다. 그날 오후나 저녁에 다시 9이닝을 완투했다. 숙소로 돌아오면 같은 과정의 반복이었다. 이튿날 아침이 되면 몸이 천근만근이라 손을 들기조차 어려웠다. 올라가지 않았다. 하지만 역시 뛰면서 서서히 몸을 풀었고, 그러면 저녁에 다시 9이닝을 완투할 수 있었다. 그때는 그렇게 말도 안 되는 혹사를 견뎌냈다. 훗날 탈이 날지 안 날지 생각할 여유가 없었다. 내가 만일 요즘같은 체계적인 투수 관리만 받았어도 고교 시절 같은 강속구를 대학과 실업에서도 계속 던졌을 것이다."

1년 후배인 황규봉과 이선희를 평가하면.

"황규봉은 공이 묵직하고 빨랐다. 각도도 좋았다. 1971년말에 일본 원정 갔을 때부터 서영무 감독이 많이 등판시켰다. 이선희는 투수를 할까 말까 고민할 무렵 내가 적극적으로 권유했다. 이선희의 공은 각도가 참 좋아서 타자들이 치기가 쉽지 않았다. 황규봉이 1973

그 시절 우리는 미쳤다 1970년대 고교야구

년 마닐라에서 부상 당한 뒤 힘겹게 재기했고 그 후 세상도 일찍 떠나서 마음이 아프다. 참 내성적인 후배였다."

최동원이나 박철순과도 인연이 있다는데.

"부산 쌍룡기 대회에서 경기를 마치고 나오는데 어떤 신사분이 어린 친구를 데리고 와 인사를 시켜 주었다. '우리 아들도 야구하는데 잘 가르쳐 달라'고 하셨다. 알고 보니 최윤식씨께서 아들 최동원과 경기를 본 뒤 내게 인사를 시킨 것이다. 나중에 최동원이 롯데에 들어왔을 때 물었더니 그 순간을 기억한다고 하더라. 최동원 아버지의 열정이 대단했다.

또 내가 공군에 입대했을 때 키 큰 상병이 와서 인사를 하길래 놀랐다. 박철순이었다. 내가 나이는 많지만 계급은 낮으니까, 투구 지도를 해달라는 그의 부탁을 거절할 수 없었다. 같은 강속구 투수로서 열심히 조언을 해주었다. 프로 원년 스타 박철순을 만드는데 약간은 도움을 준 것 같았다. 박철순과는 지금도 친하게 지내고 있다."

야구를 그만 두고 갑자기 영업사원으로 입사한 이유와 CEO까지 된 비결은 무엇인가.

"1980년 아마추어 롯데자이언트에 있다가 더 이상 야구에 목매달 수 없다고 판단해서 결단을 내렸다. 롯데햄우유의 말단 영업사원으로 입사했다. 처음에는 영업이 뭔지, 재무제표가 어떤 건지 하나도 몰랐다. 하지만 시장 바닥을 돌아다니며 상인들과 같이 부대꼈고, 어떤 아파트에서는 물건 팔러 갔다가 경비원에게 넥타이를 붙잡혀 끌려 나오기도 했다. '진짜 경북고의 그 남우식 맞나'라는 주변의 비아냥도 들었다. 무척 서러웠지만 묵묵히 배워나갔다.

1982년 프로야구가 출범하면서 고교 시절 은사인 서영무 감독께서 삼성라이온즈 투수 코치를 제안했지만 거절했다. 지금 생각해도 잘한 판단이었다. 영업부서에서 13년을 지냈고, 관리부서로 옮겨 14년을 근무한 뒤 드디어 푸르밀의 CEO가 되었다. 적자로 어려웠던 회사를 호전시키면서 경영 능력도 발휘했다.

그 무렵 야구계 선후배들이 찾아와 '어떻게 야구만 했는데 CEO까지 되었나'라고 묻기에 화를 냈다. 어떻게 내가 야구만 했단 말인가. 난 영업의 밑바닥부터 배우면서 컸다고 당당하게 말해주었다. 은퇴 후에 어려운 야구인들이 나를 찾아오면 '선수 시절의 명성이나 체면은 싹 잊되 힘든 훈련을 견뎌낸 능력을 바탕으로 밑바닥에서부터 다시 일어서라'고 조언했다. 물론 그 말을 제대로 듣는 사람은 많지 않았다. 세상에 저절로 얻어지는 일은 없다. 야구든, 경영이든 마찬가지다."

지금 고교야구 선수들에게 조언을 해준다면.

"평생 야구만 할 수는 없다. 30대가 되면 은퇴를 준비해야 하는 게 운동선수의 숙명이다. 문제는 사회에 적응할 준비가 별로 안 되어 있다는 점이다. 운동을 하면서도 그에 대한 대비를 해야 한다. 내가 아들이 둘 있는데, 둘째가 야구에 소질을 보였으나 시키지 않았다. 쉽지 않은 길이기 때문이다.

운동을 한다고 해서 수업을 소홀히 하면 안 된다. 경북고 시절 서영무 감독은 꼭 4교시 수업은 듣도록 했다. 수업을 멋대로 빼먹거나 학과 선생님 말씀을 안 들으면 즉각 당신에게 연락되도록 하고 훈련에도 참가시키지 않았다. 운동보다 인성을 먼저 강조하셨기에 지금도 그분께 감사드린다. OB베어스에 근무하던 시절 대구 수성관광호텔에서 뇌졸중으로 쓰러지셨다가 1987년 작고하셨는데, 사회생활 하면서 그분의 가르침을 늘 되새겼다.

보통 야구부라면 수업을 아예 들어가지 않고, 일반 학생들과는 사귀지 않는 경우가 많은데 그러면 안 된다. 나는 공부 잘하는 경북고의 일반 학생들과도 친분이 깊었다.

요즘은 고교야구가 주말 리그 체제로 운영되고, 투구제한도 한다고 들었다. 수업권도 중요시하는 방향으로 가고 있다. 오래 전부터 내가 주장했던 내용이다."

인터뷰 **1971년 경북고 3학년 천보성**千普成 **& 배대웅**裵大雄

둘 다 1953년생이다. 천보성과 배대웅은 1971년 경북고 무적함대 시절에 각각 유격수와 2루수, 즉 키스톤Keystone 콤비를 맡았고, 타격 에서도 1번과 2번을 치면서 테이블세터 역할을 성공적으로 해냈다. 고교 졸업 후 천보성은 한양대, 배대웅은 기업은행으로 진출했다. 두 사람은 대학야구와 실업야구에서 스타로 활약했고, 국가대표에

1992년 미국 연수중일 때 현지를 방문한 삼성 선수들을 지도하는 천보성 〈사진제공=삼성라 이온즈〉

삼성라이온즈 시절의 배대웅 〈사진제공=삼성 라이온즈〉

그 시절 우리는 미쳤다 1970년대 고교야구

도 선발되어 국위선양에 기여했다. 1977년 니카라과 슈퍼월드컵 대회 우승 당시 두 사람은 빼어난 활약을 했다. 천보성은 1978년 성인야구 최고 권위였던 백호기 대회에서 최우수선수상도 받았다. 배대웅은 1975년부터 1981년까지 국가대표에서 고정 2루수와 고정 2번 타자를 맡았다. 이후 두 사람은 1982년 삼성라이온즈 창단 멤버로 참여했다. 천보성은 한양대 감독과 LG트윈스 감독을 지냈고, 배대웅은 여러 구단에서 코칭스태프를 지낸 뒤 지금은 대구에서 개인사업을 하고 있다.

1971년 경북고 멤버들은 야구광인 윤석열 대통령과도 에피소드를 갖고 있다. 윤 대통령의 외할머니 동생이 바로 한양대 사무처장으로 야구부에 관여했던 이봉모 전 의원이었고, 윤 대통령은 당시 남우식-천보성-정현발이 활약하던 한양대 야구부를 가끔씩 찾았다고 한다. 기업은행 소속이던 배대웅도 한양대 훈련장에 자주 합류했었다. 대구고검에 근무할 때는 함께 식사도 했다고 한다. 윤 대통령은 1971년 경북고 야구부의 진성 팬이었던 셈이다.

천보성은 경북중, 배대웅은 경상중 출신인데 경북고는 어떻게 갔나.
"당시 경북중과 경북고는 자동으로 올라가는 동계同系 진학이었다. 경북중이 6학급, 경북고가 8학급이니 2개 학급, 즉 120명 정도를 외부에서 새로 뽑았다. 보통 대구중 출신이 60%, 경상중이 10~15%, 나머지는 지방에서 왔다. 그 120명 중에 야구 특기자가 3명 정도였는데 배대웅이 거기에 포함됐다.

경상중 시절에 배대웅은 경북중 남우식과 자주 대결했는데 감히 칠 생각을 못했다. 다리를 들고 치려 하면 공이 이미 들어와 있었기 때문이다. 정말 중학교 시절부터 남우식은 언터처블이었다."

그러면 1971년 당시 경북고는 남우식 혼자 한 것인가.

"경북중 3학년 때 일본의 후지모토 히데오가 와서 남우식이 왼팔을 높이 들었다가 글러브를 확 내리면서 빠르고 묵직하게 공을 던지는 모습을 보고 격찬을 했다. 당시 우리는 그렇게까지 대단한가 싶었는데, 나중에 알고 보니 정말 일본에 데려가려 했고 여러 가지 장벽으로 막혔다더라. 남우식은 날씬한 겉모습과 달리 힘이 장사였다.

원래 고교야구는 기초만 하는 야구라서 힘이 안 붙는 시절이다. 그런데 남우식은 당시 경북고 전력이 10이라면 8을 해주었다. 독보적인 존재였다. 대략 시속 150km 이상 공을 쉽게 던진 것 같다.

우리는 최동원과 선동열도 모두 상대해 보았다. 최동원과 선동열은 고교 때가 상上이었고 대학이나 프로 때가 특상特上이었다. 남우식의 고교 시절은 최동원-선동열이 특상일 때와 비슷하다고 생각하면 된다. 그만큼 대단했다.

그런데 한양대학교 입학하면서 볼이 안 날아가 안타까웠다. 우리 같은 야수들은 야구에 눈 뜨는 시기인데, 남우식은 그때부터 어깨와 팔꿈치에 탈이 나서 스피드가 날 수 없었다. '보성아, 포수에게 공이 직선으로 안 날아간다'고 호소하더라. 우리는 고교 때 남우식만 철벽처럼 믿었는데, 그제서야 그 친구가 지나치게 혹사당했다는 걸 알고 마음이 아팠다. 당시에 재활이 있었나, 트레이너가 있었나. 하루에 120~130개, 어떤 때는 200개를 던졌는데 중2~고3까지 매일 그렇게 했다. 한참 성장할 나이에 그랬으니 남우식이 고교 졸업 후 고장이 안 나면 이상했지.

그 시절 우리는 미쳤다 1970년대 고교야구

물론 관록과 경험이 있어서 한양대, 성무(공군), 롯데자이언트에서 그런대로 던지기는 했지만, 경북고 시절의 남우식과는 완전히 다른 남우식이었다."

남우식을 제외한 당시 경북고 전력은.
"당시 경북고는 천보성, 배대웅, 정현발, 김철, 손상대, 추경덕 등 고만고만한 전력으로 많은 우승을 했다. 김철은 3번 타자를 쳤는데 고려대에 가서 부상으로 선수생활을 그만두었다. 강력한 홈런타자도 없었고 웨이트 트레이닝도 안 하던 시절이지만, 남우식이라는 철벽 투수가 있으니 공격에서 1~2점만 내면 이겼다. 대통령배, 청룡기, 봉황대기 결승전을 모두 1대0으로 이긴 것만 봐도 알 수 있다. 그리고 무엇보다 서영무라는 좋은 감독을 만나서 작전도 좋았던 것 같다. 그때는 코치도 없어서 대부분 우리 스스로 했다. 서영무 감독이 기분 좋으면 펑고 해주는 게 전부였다.

당시 경북고와 대진표가 정해진 팀은 그날 저녁 기차표를 미리 예매했다고 들었다. 어차피 질 건데 서울에 하루 더 묵으면 비용만 들어가서였다고 한다.

또 우리가 우승하면 대구 2군사령부에서 카퍼레이드를 위해 지프 차량 15대를 늘 제공해주는데, 너무 자주 우승하니까 난색을 표했다는 말도 들었다.

당시에는 지방 경기에서 이기면 짜장면을 얻어먹고, 서울에서 우승이나 준우승을 하면 불고기를 먹거나 뷔페를 가기도 했다. 정계, 법조계, 재계의 경북고 선배들이 골고루 사주었다."

서영무 감독의 리더십에 대해 더 설명해 달라.

"우리에게는 아버지와도 같은 은사였다. 고등학교 내내 야구는 물론이고, 공부와 인성까지 그분에게 배웠다. 학생 신분에 어긋나는 행동을 하면 아예 출전 자체를 시키지 않으셨다.

당시 야구부 문을 활짝 열어 놓고 대구 출신 국가대표나 유명선수를 자주 초청해서 가르침을 받도록 했다. 임신근, 강문길, 조창수 등 경북고 선배들도 종종 방문했다. 외부 인사들이 올 때면 미리 청소해놓고 줄을 맞춰 인사하곤 했다. 그들로부터 많이 배웠다. 그래서 경북고가 우승을 많이 하면서 그라운드 매너도 가장 좋았다고 언론에서는 평가했다.

서영무 감독은 무엇보다 기본을 중시했고, 특히 러닝을 강조하여 달리기 15위 안에 들지 않으면 출전 기회를 주지 않았다. 그래서 포수든 외야수든 모두 발이 빨랐고, 경기 운용이 쉬웠다.

그러면서도 오전 수업은 무조건 4시간씩 참석하도록 했고, 담당 선생님 확인을 받아오도록 하는 경우도 있었다. 또 대학노트 한 페이지에다 신문 사설이든, 영어 문법이든, 수필이든 간에 무엇이든 가득 적어서 매일 제출하도록 했다. 당시에는 그런 지시를 이해하지 못했지만, 사회에 나와 보니 서영무 감독의 뜻을 알겠더라. 덕분에 필체도 많이 좋아졌다. 야구부원은 머리를 반드시 깎고, 교복도 입고, 담배 같은 건 피지도 않았다."

당시 고2 멤버(황규봉, 이선희, 구영석, 함학수, 정구왕, 박찬)들이 훗날 프로 야구나 실업야구에서 당시 고3들 못지않게 스타급이었는데, 1971년에는 별로 출전하지 못했다.

"서영무 감독이 당시로는 3학년을 많이 신뢰했다. 2학년 황규봉도 공이 묵직하고 좋았는데 아주 가끔씩 등판했다. 다만 연말에 일본 원정 갔을 때는 이듬해 시즌을 걱정해서인지 6게임 모두 남우식과 황규봉을 나누어 던지게 하더라. 황규봉은 내성적이고 혼자 있기 좋아하는 성격이라 야구계를 떠난 뒤 연락이 거의 없었고, 2016년 1월 사망한 것도 나중에야 알았다. 그 밖에 이선희가 약체 팀을 만날 때 가끔 던졌고 구영석, 정구왕 정도가 출전했다."

1971년 경북고의 라이벌은.

"경남고 김성관, 부산고 김정수가 모두 투타에 능했고, 고교 졸업 이후에도 친분을 이어왔다. 중앙고 윤몽룡은 1년 아래인데, 힘이 좋아 공도 잘 던지고 타격도 좋았다. 윤몽룡은 약간 사이드암 투수로, 당시 그런 유형의 투수가 드물어서 치기 어려웠다. 3명 모두 지금은 세상을 떠났다. 그 밖에 성남고 전상순도 강타자였다. 대략 이들이 그나마 당시 남우식의 공을 칠 수 있는 선수들이었다.

당시 쌍룡기에서 경남고에게 한 번, 황금사자기에서 중앙고에게 한 번 패배한 적이 있다. 쌍룡기의 경우 4강에 부산 3개 학교와 경북고만 남았다. 당시 심판이 너무도 편파적이어서 우리가 분노했고, 그 분노의 힘으로 패자부활전에 내려가 연속 4게임을 이기면서 결국 쌍룡기를 우승했다. 황금사자기에서도 승자결승전에서 중앙고에 실수로 패배한 뒤 정신을 바짝 차리고 패자부활전에서 올라와 다시 중앙고를 두 번 연속 꺾고 우승했다.”

당시 원정경기가 많았는데 잠자리나 빨래는.

“빨래는 대부분 우리가 직접 했다. 잘사는 선수 부모님은 따라와 해
주시는 경우도 있었지만, 가정형편이 어려운 선수는 그런 걸 기대
하지 못했다.

서울에 오면 보통 을지로 6가 여관에 묵었는데 한 방에 1학년은
4~5명, 2학년은 2~3명, 3학년은 2명씩 숙박했던 것 같다. 부산에
서 시합할 때는 1~2학년들은 큰 방에서 10명이 자기도 했고, 포항
에 전지훈련 갔을 때는 교실에서 자기도 했다.”

요즘 고교야구 선수들에게 해주고 싶은 조언은.

“고교 졸업하고 나면 프로 진출은 극소수이고 그렇다고 실업팀도
없는 상황인데, 선수들이 장래를 위해 삶에 필요한 기본적인 공부
는 했으면 한다. 프로에 들어갔다 해도 얼마 지나지 않아 도태되는
선수가 얼마나 많은가. 그런데도 어떤 선수 학부모들은 ‘우리 아이
를 박지성처럼, 추신수처럼 키워달라’고 요구하면서, 선수들이 수
업에 들어가는 것조차 싫어하고 운동에만 전념토록 하길 원한다고
한다. 바람직하지 않다. 인생은 길게 내다봐야 한다.”

1972년 :
경북고-중앙고-군산상고-배명고의
우승 4중주

서울세와 영남세가 일방적으로 주도하던 고교야구 판도에 1972년부터 호남세가 합류하면서 고교야구 인기가 전국적으로 확대되어 나갔다. 군산상고는 '역전의 명수'라는 애칭을 얻으며 고교야구의 춘추전국시대를 연 주인공이자 호남 야구의 기수가 되었다.

1972년이 되어 첫 대회인 대통령배를 경북고가 가져가자 "또 경북고냐"라는 짜증이 들릴 정도였다. 1971년에 이어 경북고 천하가 재연되는 게 아니냐는 관측이 나왔다. 그도 그럴 것이 남우식, 천보성, 배대웅, 정현발, 김철 등 스타들이 모두 졸업했지만 황규봉, 이선희, 구영석, 함학수, 정구왕 등 선배들에게 별로 뒤지지 않는 탄탄한 진용이 고3 주전으로 등장했기 때문이다.

황규봉은 고2 때 선배인 남우식의 그늘에 가려 있긴 했지만

'황소'라는 별명에 걸맞게 묵직하고 빠른 강속구를 자랑하면서 매스컴의 주목을 받았다. 당시 언론에서는 '초고교급 정통파 투수'라고 황규봉을 불렀다. 좌완투수 이선희는 황규봉의 보조 역할을 맡긴 했지만, 다른 팀이었다면 당연히 에이스 급이었다. 당시 경북고 1학년으로 교내 연습 때 황규봉과 이선희의 공을 자주 받아보았던 정진호 전前 연세대 감독은 "그 당시 황규봉 선배의 공은 쇠뭉치 같이 묵직하고 빨랐으며, 이선희 선배도 공이 빠른 데다 들어오는 각도가 예리했다"며 "경북고 피칭 연습 장소에 나무가 있어 그늘이라도 지면 두 선배들 공이 아예

1972년 경북고 우완 황규봉 투수 〈사진제공＝한국일보〉

1972년 경북고 좌완 이선희 투수 〈사진제공＝한국일보〉

그 시절 우리는 미쳤다 1970년대 고교야구

보이지 않아 혼났다"고 기억했다.

사실 고교 시절 이런저런 이유로 혹사를 당하지 않은 투수들이 대학-실업-프로야구에서 빛을 발한 경우가 많았다. 이선희도 당연히 그런 케이스에 포함된다. 훗날 한국 야구의 국제대회 에이스로서, 최동원과 김시진이 못하던 역할을 이선희는 든든하게 해냈다.

제6회 대통령배

16개 팀이 참가한 가운데 4월 25일부터 열린 제6회 대통령배 대회는 '당연히' 경북고가 가져갔다. 준결승전에서 충암고가 철도고를 1대0으로, 경북고는 경남고를 6대0으로 각각 완봉하고 결승전에서 만났다.

5월 1일 월요일 밤에 열린 결승전에서 경북고는 충암고를 8대0으로 대파했다. 1967년 시작된 대통령배 대회는 1967, 1968, 1970, 1971, 1972년을 모두 경북고가 가져가 일각에서는 "경북고를 위해 만든 대회"라는 농담이 오갔다. 경북고는 황규봉과 이선희가 이어 던지면서 충암고 타선을 산발 4안타, 삼진 11개로 묶었다. 공격에서는 1회초 1번 정구왕이 초구를 때려 우중간 3루타를 기록하는 등 모두 10안타를 퍼부었다. 그날 충암고 투수는 훗날 한양대와 MBC청룡에서 주축 투수로 활약한 정순명이었다. 강속구의 정순명은 연투에 지쳐서 많은 안타를 맞기는 했지만, 13개의 삼진을 뽑아내면서 공의 위력을 과시했다. 충암고로서는 4개의 실책을 범한 것도 큰 패인이 되었다. 충암고 입장에서는 충청도 부잣집 출신으로 서대전중을 졸업한 정순명을 스카우트하는데 많은 공을 들였고, 준우승은 했으니 어느 정도 효과는 본 셈이었다.

우수선수상과 홈런상은 경북고 3루수이자 4번 타자인 구영석이 받았다. 구영석은 경북중학교 시절에는 투수로서 당시 결승전에서 경상중학교 황규봉 투수와 겨뤄 승리를 거두기도 했다. 구영석은 호타준족으로 훗날 국가대표팀에도 자주 뽑혔으나, 끝내 프로행을 거부하고 실업팀 상업은행에서 야구 인생을 마쳤다. 우수투수상은 황규봉, 감투상은 정순명, 타격상은 5할을 기록한 철도고 좌완투수 황태환이 받았다.

경북고가 계속 패권을 잡으면서, 초등학생이었던 필자는 '황규범(황규봉)'과 '이선휘(이선희)'가 주인공으로 나오는 어린이신문의 연재만화를 보면서 즐거워했다.

제27회 청룡기

하지만 더 이상 경북고의 천하제패를 두고 볼 수 없다는 학교가 속속 늘어났다. 특히 서울 중앙고는 1971년 황금사자기 승자결승전에서 막강 경북고를 한 번 꺾은 점을 자랑으로 삼고 있었다. 패자부활전 제도 때문에 결국 경북고가 우승하긴 했지만, 1971년의 언터처블이었던 경북고를 메이저 대회에서 한 번 KO시킨 자부심은 이루 말할 수 없었다.

그런 자신감 덕분일까. 6월 8일에 열린 제27회 청룡기 결승전에서 기어코 뜻을 이루었다. 중앙고는 준결승전에서 투수이자 4번 타자인 윤몽룡의 홈런으로 대전고와 1대1 동점을 지속하다가, 9회 들어 대전고 이영국 투수의 컨트롤 난조를 놓치지 않았다. 이영국은 9회초 원아웃 이후 몸에 맞는 볼 1개, 볼넷 2개로 만루를 허용했고 6번 선우영수에게 다시 볼넷을 내주면서 밀어내기 1점, 손원진에게 좌전안타를 맞아 다시 1점을 추가로 허용했다. 결국 중앙고가 3대1로 승리했다.

경북고는 준결승전에서 동대문상고 사이드암 박상열의 호투에 말려 고전하다가 연장 12회말 7번 황규봉이 좌중간 굿바이 적시타를 날려 1대0으로 신승했다. 당시 CBS 라디오는 경북고와 동대문상고의 준결승전을 중계하면서 25세의 한영호 여성 아나운서를 기용해 화제를 모았다.

전문가들은 힘들게 준결승전을 치르고 올라온 경북고와 중앙고의 우승 확률을 반반으로 보았다. 황규봉은 청룡기 결승전까지 전국대회 7경기에 등판해 72이닝을 던지면서 무실점을 기록 중이었다. 고교 1~2학년 때는 선배 남우식이 다 던진 덕분에 어깨를 혹사하지 않았고, 고3이 되어 자기 세상을 만난 듯했다.

그런 황규봉은 1973년 고려대 1학년 때 아시아야구선수권대회 국가대표로 선발되어 필리핀에 갔을 때, 숙소 화재로 3층에서 뛰어내리다가 크게 다쳤다. 그 사태로 늑막염과 고소공포증을 얻게 되었는데, 이후 재기했다가 다시 고소공포증이 재발되었다. 온갖 난관 속에서도 고려대, 한국화장품, 삼성라이온즈를 거치면서 뛰어난 성적을 기록했던 그는 1989년 삼성라이온즈 코치를 끝으로 야구계를 떠났다. 이후 개인사업에 실패하면서 어려움을 겪다가 2016년 63세의 나이에 대장암으로 쓸쓸히 세상을 떠났다. 가장 가까웠던 이선희조차 나중에 그 사실을 알았을 정도로 황규봉은 야구계와 연락을 끊고 지냈다고 한다.

황규봉의 라이벌이었던 윤몽룡은 여학생들에게 아이돌급 인기를 모았다. 대전동중 1학년 때 아버지를 따라 서울로 온 그는 중앙고 1학년 때부터 마운드를 맡았다. 고교 졸업 후 건국대와 한일은행을 거쳤는데, OB베어스 코치로 활동하던 1984년 31세의 너무도 젊은 나이에 백혈병으로 세상을 떠났다. 황규봉과 윤몽룡, 1972년의 두 스타는 그렇게 우리 곁에서 사라졌다.

어쨌든 당시 경북고와 중앙고의 결승전은 비상한 관심을 모았다. 6월 8일 3만5천여 명이 서울운동장 스탠드를 가득 메운 가운데 시작된 결승전 경기는 1회말 경북고 황규봉이 의외의 난조를 보이면서 쉽게 승부가 갈렸다. 중앙고는 1회말 1번 박종회, 2번 홍재진이 연속으로 볼넷을 얻고, 원아웃에 4번 윤몽룡이 우전안타를 날려 만루가 되었다. 스탠드는 숨을 죽였다. 국가대표 포수 출신의 야구계 원로인 김영조의 아들로 '초고교급 대형 포수'라는 말을 듣던 5번 김승수가 친 공이 2루수와 유격수 사이를 빠져나가며 1점을 얻었고, 이어 6번 선우영수와 8번 김종수가 볼넷을 얻어 밀어내기로 2점을 추가로 얻었다.

경북고는 마운드를 이선희로 교체했다. 2회말에도 중앙고는 경북고 1루수 변대창의 에러로 진루한 주자가 5번 김승수의 좌전 2루타 때 홈으로 들어와 1점을 추가했다. 4대0의 상태. 패닉에 빠진 경북고는 4회초 1번 정구왕이 첫 안타를 기록한 뒤 연속 도루에 성공, 이어 2번 이선희의 땅볼로 홈인하여 겨우 1점을 만회하는데 그쳤다.

전체적으로 이날은 투수전이었다. 경북고는 윤몽룡의 다채로운 변화구에 헛스윙을 남발하면서 1번 정구왕 혼자서만 2안타를 때렸을 뿐 8개의 삼진을 당했고, 중앙고도 황규봉과 이선희에게 4안타만 기록하고 삼진은 9개나 당했다. 하지만 초반 황규봉의 컨트롤이 무너져 볼넷을 남발한 것이 결정적 패인이 되고 말았다.

이날 결승전을 위해 서울 시내 7개 TV와 라디오가 정규방송을 뒤로 미루고 중계했는데, 특히 KBS의 TV와 라디오는 이규항 등 중앙고 출신 아나운서들이 중계를 맡아 이채를 띠었다. 중앙고 48회 졸업생인 이규항은 훗날 중앙교우회와 인터뷰에서 "수많은 야구 경기를 중계했지만 그날 경기가 가장 떠오른다"면서 "결승전 라디오 중계를 했는데, 그 중계 전체를 녹음하여 모교에 기증했다"고 말했다. 대한항공 여승무원들은 하와이에서 공수된 꽃목걸이 레이를 우승팀인 중앙고 선수들에게 걸어주기도 했다.

경북고 서영무 감독은 "황규봉이 불면증으로 잠을 자지 못했고, 전날 밤에도 안정제를 먹여 겨우 재웠다"며 "에이스의 문제점이 선수 모두에게 악재가 되었고 타선마저 터지지 않았다"고 아쉬움을 토로했다.

모든 일에는 흐름이란 게 있는데, 막강 경북고도 중앙고에 1패를 당하면서 상당 기간 힘들게 보냈다. 서울팀이 경북고의 전성시대를 마감시켰다는 감격 때문인지, 당시 중앙고 응원단을 중심으로 거리 퍼레이드가 벌어지기도 했다.

최우수선수상은 중앙고 유격수 홍재진, 우수투수상은 윤몽룡, 감투상은 황규봉, 타격상은 10타수5안타를 기록한 대전고 중견수 박상범이 받았다. 감독상은 중앙고 이조영 감독이 수상했다.

작고한 정주영 현대그룹 회장의 아들이며 대한야구협회장을 지낸 정몽윤 현대해상화재 회장은 중앙고 재학 시절, 같은 학년 최고 스타였던 윤몽룡 선수의 플레이에 반해 도시락을 싸들고 야구장을 따라다녔다고 한다.

비록 개인상은 못 받았지만 중앙고 포수 겸 5번 타자 김승수는 윤몽룡과 함께 가장 주목받는 선수였다. 그는 학교에서 프리배팅을 할 때마다 공이 비원 담으로 넘어가 후배들이 공을 찾으러 다니느라 제대로 연습을 못했다거나, 혹은 공이 인근 도서관 2층 유리창을 자주 깼다는 미확인 소문이 들릴 정도로 거포였다. 고려대 진학 이후 기대만큼의 성장을 못 한 것이 아쉬운 선수다.

대회 규모는 작았지만, 경북고는 청룡기에 이어 20일 만에 또다시 설움을 맛보았다. 바로 6월 24일부터 대구에서 열린 제 12회 문교부장관기 전국4도시야구대회였다. 달랑 6개 팀이 출전했지만 그래도 전국대회는 전국대회였다. 준결승전에서 경북고는 동산고를 8대1, 대구상고는 충암고를 3대2로 격파하고 결승전에서 만났다. 이 경기에서 대구상고는 경북고를 3대1로 눌렀다. 대구상고 이삼열 투수가 호투했고, 경북고는 이선희 투수가 역투했으나 찬스를 살리지 못했다. 특히 대구상고에서 경북고로 옮긴 서영무 감독과 경북고에서 대구상고로 옮긴 박창룡 감독의 신경전도 볼 만했었다. 우수선수상은 대구상고 이삼열, 감투상은 경북고 이선희, 타격상은 충암고 임원식(0.667), 감독상은 대구상고 박창룡 감독이 받았다.

제26회 황금사자기

그 해 7월 4일 발표된 7.4 남북공동성명으로 인해 남북관계와 정국은 다소 유화 분위기를 보여주고 있었다. 7월에 18개 학교가 참가한 가운데 동아일보사 주최로 열린 제26회 황금사자기 대회는 앞의 대통령배나 청룡기와는 전혀 다른 분위기가 연출되었다.

청룡기 우승팀 중앙고는 서울 지역 예선에서 탈락해 아예 출전조차 하지 못했다. 대통령배 우승팀 경북고는 부산고와의 준준결승전에서 이선희와 황규봉이 연속으로 던졌으나 6안타를 맞고 2점을 준 반면, 부산고 좌완 편기철의 슬로커브에 농락당하며 3안타로 완봉패하고 말았다. 스코어 2대0. 쇼킹한 뉴스였다. 이 때문에 동아일보 1972년 7월 17일자 8면에는 ['경북高(고) 時代(시대)'는 가는가?]라는 다소 성급해 보이는 제목의 분석 기사가 게재되기도 했다. 역대 황금사자기 대회에서 단골로 채택했던 패자부활전을 1972년에 없앤 점도 탄탄한 전력을 지닌 경북고 입장에서 아쉬운 부분이라고 지적했다. 일각에서는 1971년 황금사자기에서 패자부활전 제도만 없었다면 동아일보와 같은 재단인 중앙고가 경북고를 제치고 우승을 차지할 수 있었기에 1972년부터 패자부활전을 없앴다는 루머도 있었다.

황금사자기 4강전은 항구도시들의 결투장이 되었다. 부산고, 경남고, 마산상고, 군산상고. 3곳의 PK 학교와 1곳의 호남세가 붙었다. 군산상고는 경남고를 3대1로, 부산고는 마산상고를 4대2로 제치고 결승전에 올랐다.

군산상고 송상복 투수는 완투하면서 경남고 32명의 타자에게 단 4안타만 허용하고 삼진 5개를 곁들이며 1점 밖에 주지 않았다. 경남고는 2학년 좌완 천창호가 완투하면서 5피안타에 5탈삼진을 기록하는 호투를 했으나, 찬스 때마다 점수를 내줘 결국 군산상고가 3대1로 승리했다.

부산고는 편기철(32타자)과 조규표(2타자)가 이어 던지며 마산상고에 단 3안타만 허용했다. 마산상고는 1회에 2점을 먼저 내면서 계속 2대0 리드를 지켰다. 하지만 부산고는 6회말 공격에서 3번 김일환의 타구가 마산상고 김덕열 투수의 몸에 맞으면서 김덕열의 컨디션이 흔들린 틈을 놓치지 않고, 결국 4대2로 역전승했다. 김덕열은 졸업 후 제일은행에 들어가 국가대표 4번 타자를 치던 형 김차열과 함께 같은 팀에서 형제 선수로 뛰기도 했다. 둘 다 미남자여서 여성 팬이 많았다.

결승전이 열린 1972년 7월 19일은 군산 시민에게 영원히 잊을 수 없는 날이 되었다. 또한 한국 야구계에 '역전의 명수'라는 표현이 고유명사로 바뀐 날이기도 했다. 당시 호남에는 광주일고와 전주상고 등이 있었으나 군산상고를 제외하면 출전 경기마다 콜드게임 패를 당하고 돌아가는 경우가 많았을 정도로 야구 불모지였다. 1949년 광주서중(광주일고 전신) 김양중 투수가 청룡기 결승전에서 라이벌 경남중(경남고 전신) 장태영 투수와 맞서 연장 11회 끝에 2대1로 승리하며 호남 야구는 기세를 올렸으나, 이후로는 불모지에 가까울 정도로 야구가 침체되었다.

그런 상황에서 군산상고가 호남 야구의 부활에 앞장섰다. 경성고무 창업주 이만수의 아들이며 군산중학교 1학년 때 서울로 올라간 이용일 경성고무 사장은 1960년대 군산 시내 4개 초등학교에 야구팀을 창설하는 것을 시작으로 꾸준히 지원을 했다. 그는 1968년 군산남중과 군산상고에 야구부를 설립한 뒤 두 학교를 궤도에 올려놓았다. 처음에는 군산고교와 접촉했으나 반응이 시원치 않자, 군산상고 쪽으로 돌렸다고 한다. 이용일 사장은 인천 동산고를 졸업한 국가대표 투수 출신인 최관수를 설득해 군산상고 감독에 앉힘으로써 팀을 빠른 시간에 강팀으로 변모시켜 놓았다.

실제 군산상고는 1971년 봉황대기에서 비록 0대1로 패했지만 절대강자 경북고와 연장 14회까지 가는 투지를 과시했고, 1971년 전국체전에서는 비록 강팀들이 많이 출전하지 않았지만 그래도 우승을 하는 기염을 토했다. 따라서 1972년 황금사자기 우승이 전혀 우연은 아니었다.

그렇다 해도 새까만 얼굴에 촌티가 물씬 풍기는 군산상고 멤버들이 우승까지 하리라는 예상을 하는 사람은 거의 없었다. 물론 타임머신이 있어 미래를 내다봤다면 훗날 한국 야구의 거포가 된 김봉연—김준환—김일권 등이 포진한 미사일 타선임을 알았겠지만 말이다.

군산상고와 부산고의 결승전이 시작됐다. 두 학교 모두 황금사자기 우승은 첫 번째 도전이기에 절대 질 수 없다는 각오로 맞섰다. 군산상고 쪽은 '군산시민응원단'이란 머리띠를 두른 군산 시민들이 여러 대의 관광버스를 대절해 올라와 경기 내내 목청을 높였다. 손에는 '스마일 피처 송상복'이라고 적힌 플래카드를 들고 있었다. 거기에 맞서 재경 동창들로 가득 찬 부산고 응원단 역시 기세에서 밀리지 않았다.

군산상고가 1회말 4번 김봉연의 2루타로 1점을 얻자, 부산고도 3회초 1점을 뽑아냈다. 이후 점수를 내지 못한 채 8회까지 팽팽하게 맞섰다. 부산고 투수는 좌완 기교파 편기철. 공은 빠르지 않지만 커브와 슈트 등이 까다로운 투수였다. 군산상고 투수는 송상복. 새까만 얼굴에 가끔씩 드러나는 하얀 이빨로 인해 멀리서 보면 웃는 듯해서 '스마일 투수'라는 별명이 붙여졌다. 사실 군산상고의 에이스는 김봉연인데, 그는 학기 초에 400m 계주에 출전했다가 허리를 다치는 바람에 그냥 1루수로만 뛰었다. 김봉연은 "당시 이상하게 타격을 할 때는 괜찮은데 공만 던지면 허리가 아파서 마운드에는 오르지 못했다"고 설명했다.

부산고는 8회초 균형을 깼다. 1번 전현동의 우전안타, 3번 김일환의 2루타 등 6안타를 퍼부어 3점을 뽑아냈다. 스코어는 4대1. 부산고 김계훈 감독의 얼굴에 잔잔한 미소가 돌았다. 부산고는 8회말을 무실점으로 막았고, 마지막 9회말 한 회만 막으면 승리하게 되었다.

패색이 짙던 9회말 군산상고 타자들은 마음을 비운 듯 편하게 대들었다. 선두 6번 타자 1학년 김우근은 "그가 나가면 행운이 따랐다"는 선배들의 언급처럼 기어코 우전안타를 때려내 벤치 분위기를 바꾸었다. 하지만 7번 조양연은 내야 플라이로 죽었다. 8번은 핀치히터 고병석이었다. 그때 부산고는 편기철을 잠시 내야로 돌리고 조규표를 마운드에 올렸는데 고병석에게 스트레이트 볼넷을 허용했다. 원아웃에 주자 1루와 2루.

다시 마운드에 오른 편기철은 눈앞에 다가온 황금사자기를 너무 의식했는지 평정심을 잃기 시작했다. 9번 송상복이 볼넷으로 나가 원아웃 만루가 됐다. 1번 김일권은 송경섭 야구부장으로부터 "맞고서라도 나가라"는 말을 듣고 타석에 들어섰는데, 진짜로 몸쪽에 오는 볼을 재치 있게 맞고 나가면서 밀어내기 1점을 얻었다. 스코어는 4대2에 원아웃 만루.

군산상고 응원단은 흥분하기 시작했다. 야구장을 나가려던 관중이 발길을 돌리고, TV를 끄려던 사람이 다시 눈길을 모았다. 컨트롤이 빼어나기로 유명한 편기철이었지만 위기를 맞자 많이 흔들렸다. 2번 양기탁은 투스트라이크까지 간 상황에서 편기철의 바깥쪽 높은 볼을 밀어쳐 우중간 적시타를 날렸다. 순식간에 2명의 주자가 홈인하면서 4대4 동점이 되었다. 아버지가 일찍 돌아가시고 어머니가 노점상을 하느라 아침을 굶고 등교하는 날이 잦았지만 늘 성실했던 양기탁이 드디어 일을 낸 것이다.

관중석은 난리가 났고, 승리의 여신은 군산상고 쪽에 윙크를 보냈다. 편기철은 패닉 상태에 빠진 듯했다. 하지만 2루 주자 김일권이 3루를 넘보다가 런다운에 걸려 죽었다. 투아웃. 정말 숨막히는 상황이었다. 여기에 등장한 3번 타자 김준환은 투스트라이크 노볼에서 몸쪽 직구를 끌어당겨 좌전안타를 쳤고, 2루 주자 양기탁은 3루를 돌아 홈으로 돌진했다. 김준환의 안타 타구가 너무 빨라 주자가 홈에서 세이프 될지 불안할 정도였다. 하지만 양기탁이 3루를 도는 과정에서 부산고 3루수 김문희가 너무도 억울했는지 물리적 접촉이 벌어졌다. 이 모습을 놓치지 않은 박상규 주심은 즉각 주루방해를 선언했고, 결국 홈인으로 인정되었다. 5대4로 군산상고의 대역전승이 벌어진 것이다.

양 팀 선수들의 유니폼은 흙과 땀으로 뒤범벅됐고, 기쁨과 슬픔이 밤하늘을 교차했다. 이날 군산상고 투수 송상복은 9이닝을 완투하면서 모두 12개의 안타를 맞고 단 1개의 스트라이크 아웃도 빼앗지 못했으나, 적절하게 부산고 공격을 산발시키면서 승리투수가 됐다.

대회 최우수선수상은 군산상고 포수 양종수, 우수투수상은 송상복, 수훈상은 군산상고 중견수 양기탁, 감투상은 편기철, 타격상은 부산고 중견수 주봉수(15타수8안타 0.533), 미기상은 마산상고 우익수 김용일, 지도상은 군산상고 최관수 감독이 받았다. 훗날 스타가 된 김봉연, 김준환, 김일권, 심재원 등은 개인상을 받지 못했다.

이날 군산상고의 우승으로 서울운동장 맞은편에 있는 동대문시장이나 장충단의 소줏집은 호남 사람들로 밤새 불야성을 이루었다.

군산상고 최관수 감독은 인천 동산고 2학년 때 국가대표에 뽑힐 정도로 위력 있는 강속구를 던졌고, 고3 때는 쌍룡기 결승전에서 노히트노런도 기록했다. 졸업 후에는 김성근과 함께 기업은행 등에서 맹활약했다. 최관수가 현역에서 은퇴할 무렵,

이용일 경성고무 사장은 마산상고로 가려던 최관수를 서울에서 붙잡아 담판을 짓고 1970년 7월 군산상고의 3번째 감독으로 영입하는데 성공했다. 정우창 행장의 명령으로 군산에 발령 내는 형식을 갖춰 중소기업은행 행원직을 겸임했다.

최관수는 직접 위력적인 배팅 볼을 던져 선수들의 타격 실력을 높이고 선구안도 길러주었다. 현역에서 떠난 지 얼마 안 되어 위력이 대단했다. 시골학교 선수들로서는 프리미엄 연습 볼을 접한 셈이다. 커브와 슬라이더도 직접 전해 주었고, 해박한 야구지식으로 수많은 기술을 가르쳐 주었다. 시골 선수들에게 자신감을 심어주기 위해 "걱정 말고 나만 따르라"고 외쳤고, 바닷가 자갈밭에서 펑고 훈련을 시키면서 공에 대한 두려움도 없애주었다. 최관수와 기업은행에서 함께 뛰었던 김성근도 자주 와서 군산상고 선수들을 가르쳤는데, 각도 있는 커브를 직접 던지며 타자들로 하여금 변화구 대처 능력을 키워주었다. 또 당시만 해도 안타 하나 치면 1루만 가는 야구를 했으나, 원히트 투런이란 개념을 심어주었다고 송경섭 전前 야구부장은 회고했다. 선수별로 능력을 따져 포지션 배치를 다시 했다.

하지만 단순히 야구 기술적인 스토리만 있는 것은 아니었다. 1971년의 추석 전날, 군산상고 일부 선수들이 명절 기분에 숙소를 빠져나가 시내에서 막걸리를 마시다가 동네 깡패들과 패싸움을 벌였다. 경찰이 학교를 다녀가는 등 사태가 심상찮게 돌아가자 학교 측은 선수들에게 벌을 내리려고 했다. 그때 최관수 감독은 학교 측에다 "선수들 처리를 맡겨 달라"고 애원했다.

학교 측의 승낙을 받은 최 감독은 선수들을 집합시켰다. 배트를 들어 선수들에게 넘겨주고 자신은 몸통을 뻗쳐 땅에 엎드리고는 선수들에게 때리라고 명령했다. 잘못한 지도자가 받아야 할 벌이라는 설명도 함께 했다. 하지만 누구도 감히 감독을 배트로 때리려고 하지 않았다. 그때 최 감독이 일어나 "너희들이 나를 때리지 않는다면 모두 유니폼을 벗고 야구를 집어치워라. 그리고 나도 이곳을 떠나겠다"고 호통쳤다. 이 말을 들은 선수들은 마지못해 감독을 배트로 때렸다. 다시는 잘못을 저지르지 않겠다고 소리 내어 울었다. 김봉연은 "당시 눈물바다가 되었고, 정말 최관수 감독의 사람됨에 깊이 감동한 날이었다"고 말했다.

이 사건은 1977년 정인엽 감독이 연출하고 하명중과 진유영이 주연했던 영화 〈고교결전 자! 지금부터야〉에서도 재현되었다. 이렇게 선수들과 신뢰를 쌓은 감독이니 1971년 전국체전에서 우승을 했고, 1972년엔 황금사자기 우승도 가능했다는 게 야구인들의 분석이다. 인간미가 있고, 학생들을 아낄 줄 알며, 야구 열정이 대단한 감독이었다.

그런 최관수 감독은 1976년 대통령배에서 우승하고 얼마 지나지 않아 이리 남성고에서 열린 중소기업은행 전남-전북지점 대항 친선축구대회에 참가했다. 그는 선수로 뛰었는데, 앞에 평행봉이 있는 줄 모르고 질주하다가 머리를 세게 부딪치면서 나가떨어졌다. 그때의 충격은 3년 뒤에 파킨슨병으로 나타났고, 운동 능력을 상실한 그는 1979년 군산상고 감독직을 사임했다.

만약 그가 다치지 않고 아프지 않았다면 1982년 프로야구 출범 때 해태타이거즈의 초대감독을 맡았을 것이라고 제자들은 입을 모았다. 최관수 감독의 병세는 갈수록 깊어졌고, 군산 시민과 팬들의 모금으로 미국에서 40여 일 치료도 받았으나 호전될 기미가 없었다. 생계를 위해 1983년 홈런세탁소를 개업하면서 재활에 힘썼지만, 결국 1998년 3월 7일 57세를 일기로 세상을 떠났다. 최관수는 군산상고, 나아가 호남 야구가 눈을 뜨게한 주역으로 지금까지도 야구인들에게 존경받고 있다.

그날 이후 군산상고는 '역전의 명수'라는 일반명사를 자신들의 고유명사로 바꾸었다. 군산상고가 우승하고 돌아올 때 전주와 익산을 거쳐 군산에 들어왔는데, 35사단이 제공한 카퍼레이드 지프차들이 제대로 진입을 못할 정도였다. 12만 시민 중에 7만 명이 거리에 나왔다고 한다. 거리에는 꽃가루가 뿌려졌고, 시민들은 환호했다.

지금도 군산상고 교정에 가보면 '역전의 명수'라고 적힌 입간판, 플래카드, 동상 등을 쉽게 볼 수 있다. 군산상고 출신 스타들의 브로마이드나 핸드프린트도 함께 전시해 놓았다. '역전의 명수' 마케팅을 성공적으로 하고 있고, 거기에 자극받아 후배들도 역시 강한 파이팅 정신을 발휘하고 있다고 봐야 한다. 2022

년에는 역전의 명수 50주년을 맞아 대대적인 기념행사도 치른다. 우승을 많이 해서 무덤덤한 것인지, 경북고-경남고-광주일고 등에서도 군산상고 정도의 열정을 보여주면 어떨까. 다른 지역의 고등학교에서도 배울 만하다. 사실 그 날 경기가 감동적이긴 했지만, 고교야구 역사에서는 훨씬 더 인상적인 역전승

군산시간여행마을에 있는 군산야구부이야기 벽에 붙어있는 1972년 황금사자기 우승 환영식 장면들 〈사진촬영=최홍섭〉

과 우승 사례가 많다. 문제는 그걸 자기화하여 건강한 마케팅 소재로 활용할 줄 아는 학교가 없다는 점이다. 그런 점에서 군산상고는 높이 평가할 만하다.

군산상고 출신으로 1981년 대통령배에서 우승했으며 해태타이거즈에서 '싸움닭'으로 불리던 조계현은 "군산상고는 특별한 파이팅을 자랑하고 선수들 눈빛이 살아 있는 팀이라, 상대방은 일단 기氣 싸움에서 지고 들어가는 경우가 많으며 승부하기를 무척 꺼려했다"고 말했다.

차도에서 군산상고 정문에 이르는 길은 '역전의 명수'를 기념하는 각종 조형물로 가득하다.

한편 황금사자기 결승전 당시 부산고 포수는 훗날 아마추어 국가대표로 세계대회에서 이름을 날린 심재원이었다. 186cm의 큰 키를 자랑하는 심재원은 부산고 졸업 후 성균관대를 거쳐 LG트윈스에서 선수생활을 마치고 4년만인 1994년 41세의 나이에 폐암으로 세상을 떠났다.

포수 심재원에 대해서는, 1977년 니카라과 슈퍼월드컵야구에서 우승 배터리로 유명했던 이선희 투수와 1982년 서울 세계야구선수권대회에서 장단을 맞추었던 선동열 투수가 입을 모아 "투수 리드가 뛰어나고 송구 동작이 무척 빠르며 주자 움직임을 귀신같이 알아채는 포수"라고 극찬했다.

국내 야구계에서 포수의 계보는 백인천→정동진→우용득으로 이어졌는데, 심재원이 그 뒤를 이었다고 봐야 한다. 그 뒤는

군산상고 바로 옆에 조성된 야구의 거리에 있는 조형물과 석판 내용 〈사진촬영=최
홍섭〉

이만수 등으로 계속 이어졌다.

제24회 쌍룡기

황금사자기 대회가 끝난 8일 뒤인 7월 27일부터 부산에서는
국제신보사 주최 제24회 쌍룡기 대회가 열렸다. 전국에서 17개
팀이 참가했다. 준결승전에서 경북고는 경남고를 1대0, 대광고
는 충암고를 3대2로 누르고 결승전에 올랐다. 8월 3일 구덕운

동장에서 열린 결승전은 1971년 봉황대기 결승전의 재판再版이
었다.

경북고는 대광고를 맞아 그때와 똑같은 스코어인 1대0으로
이기고 우승했다. 대광고의 슬로커브 투수 이동한은 고2 때에
이어 고3 때 다시 경북고 때문에 눈물을 삼켰다. 1971년은 남
우식 때문에, 1972년에는 황규봉 때문에 울었다. 대광고 타선
은 황규봉으로부터 단 1안타만 뽑아내는데 그쳤다. 반면 경북
고는 1회말 좌전안타로 나간 2번 이선희가 3번 구영석의 좌중
간 3루타로 홈인해 결승점을 올리고 이를 끝까지 지켰다.

경북고로서는 1970, 1971, 1972년 등 3년 연속 대통령배와
쌍룡기를 동시에 우승하는 대기록을 만들었다. 경북고는 쌍룡
기를 영구 보관하게 되었으며, 쌍룡기 대회는 1973년 경기장
보수 관계로 열리지 않았고, 1974년 제26회 대회부터는 화랑기
라는 이름으로 바뀌었다.

이 대회에서 황규봉은 최우수선수상과 최우수투수상을 모두
받아, 청룡기에서 중앙고에 패배하고 황금사자기에서 부산고
에 졌던 아픔을 조금이나마 위로받았다. 특이한 것은 최우수포
수상이 있었는데 경북고 2학년 권희수가 받았다. 감투상은 이
동한, 타격상은 6할을 기록한 충암고 투수 정순명이 받았다. 다
만 대광고 김재박은 3학년이 되어 2루수로 출전했으나 눈에 띄
는 활약을 보여주지 못한 채 고교생활을 끝냈다.

제2회 봉황대기

다사다난했던 1972년의 고교야구는 이제 모든 학교가 예선전을 치르지 않고 자동 출전하는 8월의 봉황대기로 다시 한 번 불길을 당겼다. 당시 봉황대기는 매 경기 추첨으로 대진표가 정해지기 때문에 계속 긴장 모드였다.

모두를 깜짝 놀라게 한 추첨 결과가 발표되었으니, 바로 대통령배-쌍룡기 우승팀 경북고와 청룡기 우승팀인 중앙고가 2회전에서 맞붙는 것이었다. 둘 중 하나는 초반부터 보따리를 싸야 하는 기구한 대진표였지만, 한편으로 봉황대기만의 매력이 아닐 수 없었다. 사실 중앙고는 1회전에서 대전의 무명 대성고를 맞아 서스펜디드게임 끝에 연장 16회 1대0으로 겨우 승리했다. 팬들은 선전한 대전 대성고를 칭찬하고, 졸전을 치른 중앙고를 비난하는 분위기였다.

어쨌든 청룡기 결승전 이후 두 달 만에 벌어진 최고 강팀 간의 리턴매치는 결승전이나 마찬가지였다. 이미 전날 경기로 지친 윤몽룡에 비해, 황규봉과 이선희라는 좌우 펀치를 갖고 있는 경북고가 청룡기 때의 1대4 패배를 설욕하리라는 관측이 많았다. 오전부터 매진된 상태에서 3만여 관중이 모여 야간경기로 진행되었다.

하지만 중앙고는 경북고를 1대0으로 다시 한 번 꺾으면서 파란을 일으켰다. 청룡기 때와 마찬가지로 경북고 타선은 윤몽룡의 현란한 변화구에 맥을 추지 못하고 산발 7안타에 그쳤다. 윤몽룡은 오른팔이 심하게 굽어 있는데 그것이 오히려 변화구를 잘 던지게 만드는 요인이 됐다고도 전해진다. 이로써 윤몽룡은 무려 25이닝 무실점을 기록했다.

중앙고는 3회초 1번 박종회가 중전안타로 나간 뒤 3번 선우영수가 왼쪽 펜스 상단을 맞고 떨어지는 2루타를 때려 결승점을 얻었다. 중앙고는 황규봉의 강속구에 대비해 방망이를 짧게 쥐고 딱딱 맞춰나가는 전략으로 승기를 잡았다. 황규봉에게 11개의 삼진을 당하기는 했지만, 9개의 안타를 적시에 날렸다. 경북고는 작고한 교장선생님을 추모하는 의미에서 가슴에 상장喪章을 달고 비장한 결의로 나섰으나 다시 한 번 고배를 마셨다.

같은 날 대구상고는 선수가 9명뿐인 서울 성동고에 연장 12회 끝에 0대3으로 패배해 경북고와 함께 '대구 야구의 몰락'을 보여주었다. 성동고 투수 유대성은 대구상고에 10안타를 맞았지만 효율적으로 막았다. 반면 대구상고의 박경룡과 이삼열은 7안타 밖에 맞지 않았지만, 12회초 3연속 안타를 맞으면서 무너지고 말았다. 성동고 2학년 유대성은 이후 중앙고로 전학했고, 1973년 한국을 방문한 일본의 괴물투수 에가와로부터 홈런을 빼앗는 기염을 토하기도 했다.

중앙고는 다음 추첨에서 또 한 번 "서프라이즈"를 외쳤다. 바로 황금사자기 우승팀인 군산상고와 맞붙게 된 것이다. 중앙고로서는 이 무슨 운명의 장난인가 하고 체념했으리라.

오후 1시부터 경기가 열리는데 야구장 입장권은 아침 일찍

1972년 봉황대기에 참석한 군산상고 선수들이 중앙고와 대결을 앞두고 숙소에서 작전회의를 열고 있다. 오른쪽 끝 윗줄부터 아래로 2학년 김일권, 3학년 김봉연-김준환, 2학년 송상복 〈사진제공=한국일보〉

매진되었다. 버스를 대절해서 올라온 호남 팬들은 표를 구하지 못해 발을 동동 굴렀다. 현장에는 기마경찰까지 동원되어 정리를 했지만, 경기 진행 도중 1루와 외야석 사이의 출입문이 밀려드는 관중들로 붕괴되어 잠시 경기가 중단되는 소동도 벌어졌다.

'역전의 명수'라는 별칭을 얻게 된 군산상고이지만 이번에는 역전을 하지 못했다. 중앙고 윤몽룡은 아웃코너로 빠지는 슬라이더와 인코너로 꺾이는 커브를 가지고 군산상고에게 12개의 삼진을 뽑아냈다. 역전승을 기대한 관중들 성원이 무색하게 군산상고는 8회말 김일권의 솔로 홈런 말고는 계속 빈타에 시달렸다. 총 안타 5개. 한편 홈런을 맞는 바람에 윤몽룡의 무실점

행진은 32이닝(대성고 연장 16회, 경북고 9회 포함)에서 그치게 되었다. 군산상고로서는 1회말 1사 2-3루의 찬스에 4번 김봉연의 강공 실패가 아팠다.

반면 중앙고는 군산상고 스마일 투수 송상복을 차근차근 공략해 2회에 1점, 4회에 2점을 얻으며 승세를 굳혔다. 군산상고는 송상복이 4이닝을 던진 뒤 물러나고, 허리 부상에서 회복된 김봉연이 나와 나머지 5이닝을 던졌는데 단 1개의 안타도 허용하지 않고 7개의 삼진을 잡으면서 완벽한 투구를 했다. 군산상고 응원석에서는 "처음부터 김봉연을 낼 것이지"라는 탄식이 나오기도 했다.

1972년 봉황대기에서 군산상고 타선을 산발 5안타로 막은 중앙고 윤몽룡이 3회초 볼넷으로 나갔다가 5번 김승수의 2루타로 두 번째 득점을 올리고 있다 〈사진제공=한국일보〉

그 시절 우리는 미쳤다 1970년대 고교야구

중앙고는 신장 168cm의 4번 타자 겸 투수 윤몽룡과 180cm의 5번 타자 겸 포수 김승수가 이뤄내는 콤비 파워로 찬스마다 점수를 뽑아내는 위력을 과시했다. 스코어 3대1로 중앙고의 승리였다.

대통령배-쌍룡기 우승팀과 황금사자기 우승팀을 2-3회전에서 차례로 격파한 중앙고의 앞길에 거침은 없었다. 준준결승전에서는 5번 포수 김승수가 아버지 김영조 감독이 보는 앞에서 만루 홈런을 터트리면서 부산상고를 6대2로 격파했다.

드디어 8월 17일 서울팀 3곳(배명고-성남고-중앙고)과 대구팀 1곳(대건고)으로 구성된 4강이 준결승전을 가졌다. 대구에서 경북고와 대구상고에 늘 밀리던 대건고가 4강까지 올라온 데는 대진운도 적지 않게 작용했다.

배명고와 대건고는 연장 14회까지 가는 격전을 벌인 끝에 배명고가 2대1로 이겼다. 대건고는 연장 14회초 4번 손진양이 중전안타로 나갔고 3루까지 진출한 뒤 협살에 걸렸으나 배명고 포수의 실수로 홈인해 꿈같은 1점을 얻었다. 대건고 응원단은 떠나갈 듯 함성을 질렀다. 하지만 그것도 잠시. 배명고는 14회 말 3번 남태현이 에러로 진출하고, 4번 김용윤이 볼넷을 얻어 나갔다. 분위기가 묘했다. 이때 5번 박종환이 좌익선상을 따르는 2루타를 날려 1점을 얻었다. 1대1 타이. 여전히 1사 2-3루의 찬스가 계속되었다. 대건고는 배명고 6번 타자를 고의볼넷으로 내보내 만루 작전을 펼쳤다. 하지만 7번 김중근이 천금의 내야안타를 때려 결국 2대1로 대건고를 꺾었다. 혼자서 14이닝을 완투하면서 10개의 삼진을 뽑고 6개의 안타만 허용한 대건고 사이드암 투수 오문현은 통한의 눈물을 흘렸다.

중앙고와 성남고의 준결승전은 윤몽룡이 완투한 중앙고가 4대1로 쉽게 이겼다.

드디어 결승전 날이 밝아왔다. 야구 전문가들은 10명 중 9명이 중앙고의 우세를 점쳤다. 배명고는 김정남을 보조할 마땅한 릴리프 투수가 없다는 점과 앞서 대건고와의 연장 14회 접전으로 지쳐 있다는 점, 중앙고의 상승세가 지속되고 있다는 점 등이 근거로 제시되었다. 하지만 고교야구는 언제나 예상을 깨는 결과가 나온다는 점에서 흥미롭다.

때마침 여름철 집중호우가 내리면서 전국에 물난리가 났다. 서울 시내에도 뗏목 비슷한 걸 만들어 이동하는 웃지 못할 진풍경이 벌어졌다. 전국적으로 이재민이 속출했다. 한강물이 넘쳐 저지대는 거의 잠겨버렸다. 상당수 학교에서는 축대가 무너져 방학인데도 학생들이 복구 작업을 하러 가기도 했다.

그런 상황에서 당초 8월 18일 열릴 예정이던 결승전은 무기연기되었다가 폭우가 갠 8월 20일 오후 4시에서야 플레이볼이 선언됐다. 잠시 비가 개이고 복구 작업과 수재의연금 모금이 한창일 때 기습적으로 당일 개최한다고 통보됐다. 궂은 날씨라 양 팀 응원단은 급격히 줄었지만, 빈자리는 게임이 시작되고 얼마 지나지 않아 꽉 메워졌다.

팽팽하던 양 팀은 배명고가 6회초 4번 김용윤의 희생플라이로 1점을 선취하자, 중앙고도 6회말 즉각 반격에 나섰다. 8번 이성우의 좌전안타를 필두로 2사 만루의 찬스를 잡았다. 이때 등장한 4번 윤몽룡은 레프트 펜스 폴대를 넘어가는 만루 홈런을 쳤다. 점수는 순식간에 4대1로 뒤집혔다. 하지만 문제가 벌어졌다. 윤몽룡의 타구를 놓고 변응원 3루심이 판정을 주저하는 사이에 주심이 홈런 판정을 내렸던 것이다. 그러자 배명고 벤치와 응원단은 거세게 항의했다. 공이 이미 폴대로 오기 이전에 파울볼이었다고 거칠게 항의했다. 그리고 배명고 감독은 항의 표시로 선수들을 모두 더그아웃으로 불러들였다. 요즘 같았으면 간단하게 몰수 패를 선언했을 텐데, 그날 주심들은 고교야구 결승전이란 큰 행사가 주는 위압감 때문인지 이리저리 끌려 다니는 모습을 보였다. 결국 55분이나 지난 끝에 겨우 홈런으로 확정지었다.

문제는 4대1이란 점수 차를 너무 의식했는지, 만루 홈런을 친 사실에 흥분했는지 아니면 한여름이지만 차가운 밤기운에 1시간이나 어깨를 식혀서인지 중앙고 윤몽룡의 피칭이 집중력을 잃기 시작했다. 7회초에 배명고에 4안타를 허용하며 2점을 내줬다. 배명고는 4대3까지 따라붙었다.

배명고는 고삐를 늦추지 않았다. 8회초 공격에서 원아웃 이후 3번 남태현이 중전안타로 포문을 열자, 마치 만화처럼 2루타 3개를 포함한 5안타가 연속으로 터졌다. 순식간에 4득점 하면서 배명고는 스코어를 7대4로 뒤집어 버렸고, 스타 윤몽룡은 망연자실한 표정이었다. 중앙고는 8회말 1점을 추가로 얻는데 그쳤고, 결국 스코어 7대5로 봉황대기는 배명고의 품에 안겼다.

20년만의 전국대회 우승에 배명고 선수단과 응원단은 성동 원두(서울운동장)가 떠나가라 환호를 외쳤다. 황금사자기에서 벌어진 군산상고의 역전승과는 또 다른 재미를 준 역전승이었다. 하지만 이날 중앙고 선수단이 받은 충격은 무엇에 비교할 수 있으랴.

최우수선수상은 배명고 2학년 투수 김정남, 감투상은 윤몽룡, 수훈선수상은 배명고 1루수 김용윤(그는 1983년 MBC청룡 시절에 김바위로 개명했으며, 롯데자이언츠 전준우 선수의 장인이다), 타격상은 9타수5안타(0.556)를 친 휘문고 투수 송범섭, 최다안타상과 최다타점상은 중앙고 김승수, 감독상은 배명고 고재휘 감독과 중앙고 이조영 감독이 받았다.

당시 초등학생인 필자가 TV로 보기에도 그날 결승전은 심판진의 우유부단함이 문제를 키운다는 생각이 들었다. 훗날 이 경기를 계기로 파울볼 폴대는 더욱 높아지고 표시도 선명해졌다고 한다. 어쨌든 경기가 지연되면서 오후 8시15분에야 마쳤는데, 그 때문에 인근 축구장에서 오후 7시 시작된 영등포공고와 일본 고등학교의 한일 고교축구 경기는 상당 시간 어둠 속에서 공을 차는 해프닝이 벌어지기도 했다. 야간 조명을 한 쪽 경기장에서만 사용할 수 있었기 때문이다.

한일고교대회

9월 1일부터 서울운동장에서 열린 한일고교대회에서는 한국 팀이 3전 전패全敗를 당하는 수모를 겪었다. 그것도 1차전 0대1, 2차전 2대3, 3차전 1대2로 모두 1점 차로 패배했다. 1972년 당시 한국 선발팀 멤버는 다음과 같았다.

▶감독＝최관수(군산상고) ▶선수＝황규봉(경북고), 이선희(경북고), 윤몽룡(중앙고), 정순명(충암고), 김승수(중앙고), 황귀양(경남고), 구영석(경북고), 이성득(경남고), 김준환(군산상고), 홍재진(중앙고), 김봉연(군산상고), 김일권(군산상고), 정구왕(경북고), 주봉수(부산고), 도영권(대구상고), 박상범(대전고)

전국 규모 5개 대회가 모두 끝나고, 밤이나 새벽에는 찬바람이 불기 시작하던 9월 8일. 나의 사랑하는 어머니는 대구 아양교에서 교통사고로 세상을 떠나고 말았다. 제대로 효도도 하지 못했는데 돌아가시다니. 초등학생이던 필자는 슬픔보다는 어리벙벙하기만 했다. 그리고 39년이 흐른 2011년 대구상고 출신의 안타제조기 장효조 선수가 하루 앞선 9월 7일 세상을 떠났다. 9월 초는 야구광인 필자에게 여러 가지로 슬픈 날로 남아 있다.

9월 26일 매일신문사 주최로 대구에서 열린 제6회 국회의장배 전국6도시야구대회 결승전에서는 군산상고가 대전고를 4대

1로 격파하고 우승을 차지했다. 9개 팀이 참가한 소규모 대회였지만, 군산상고는 황금사자기에 이어 전국대회 2관왕을 한 셈이었다. 군산상고 김봉연 투수는 1회초 대전고 이은구에게 홈런을 맞고 1실점을 했으나, 이후 타선을 잘 틀어막았다.

우수선수상은 김봉연, 감투상은 대전고 2학년 투수 이영국, 타격상은 군산상고 3루수 정효영(0.444)이 받았다. 감독상은 군산상고 최관수 감독, 지도상은 군산상고 송경섭 야구부장이 수상했다.

군산상고는 여세를 몰아 10월 11일 벌어진 제53회 전국체전 야구 고등부 결승전에서 경남고를 2대1로 꺾고 금메달을 차지했다. 전국체전에서 2년 연속 우승한 것이고, 1972년만 보면 전국 규모 대회에서 3관왕을 차지한 셈이다.

전국우수고교초청야구대회

그 해 시즌이 끝나갈 무렵, 대한야구협회는 이대로 끝나면 너무 허전하다고 판단해서인지 10월 14일부터 6일간 팬을 위한 빅 이벤트를 하나 만들었다. 바로 1972년 전국 6개 대회(대통령배, 청룡기, 황금사자기, 봉황대기, 쌍룡기, 국회의장배)의 우승팀과 준우승팀을 모아 명실상부한 최고 강자를 가리자는 취지였다. 이름하여 제1회 전국우수고교초청야구대회.

특히 1971년 경북고 천하시대가 끝나고 전력 평준화시대가 열린 만큼 진정한 챔피언을 뽑자는 대회 취지는 흥미진진했다.

다만 늦은 가을에 열리는 데다 고3 선수들의 진학이나 취업이 거의 결정된 상태에서 얼마나 집중력 있는 경기가 펼쳐질지가 관건이었다.

참가팀은 경북고, 중앙고, 군산상고, 배명고, 충암고, 부산고, 대광고, 대전고 등 8개 학교였다. 이들은 A조와 B조로 나뉘어 리그전을 벌인 다음 각조 1-2위 팀이 준결승을 겨루는 형식으로 진행됐다.

10월 14일 열린 경기에서 배명고는 충암고를 1대0으로 이겼고, 군산상고는 황금사자기 결승전에 이어 다시 한 번 부산고를 1대0으로 제압했다. 경북고는 전국대회에서 2번이나 패배했던 앙갚음으로 중앙고를 7대1로 대파했다.

각각 배명고와 군산상고를 꺾고 결승전에 오른 경북고와 대전고가 제1회 전국우수고교초청야구대회에서 패권을 놓고 겨루었다. 경북고는 좌완 이선희가 5이닝, 우완 황규봉이 4이닝을 던졌는데 대전고에 단 3안타를 허용하면서 찬스 때마다 적시타를 터트려 3대0으로 승리했다. 3회초 1번 함학수의 중전안타, 2번 이선희의 내야안타, 3번 정구왕의 중전안타가 이어지면서 1점을 선취했다. 6회초에는 4번 구영석이 2루타, 5번 황규봉은 몸에 맞는 볼, 7번 박찬은 볼넷으로 진루한 상태에서 8번 변대창의 좌전 적시타가 터져 2점을 추가했다. 한편 3-4위전에서는 배명고가 군산상고를 4대0으로 꺾고 3위를 차지했다.

이 대회 개인상은 타격상만 주어졌는데 1위가 구영석(0.421), 2위가 정구왕(0.368), 3위가 이선희(0.350) 등 모두 경북고 선수들이었다. 경북고로서는 1971년과 같은 싹쓸이 우승은 하지 못했지만 그래도 대통령배 우승, 청룡기 준우승, 부산 쌍룡기 우승, 우수고교초청대회 우승 등 나름 선방했다.

한편 1971년에도 그랬듯이 황금사자기 우승팀인 군산상고를 주축으로 한국 고교선발팀이 구성되어 일본 간사이關西 지방에 원정 갔다. 최관수 감독과 군산상고 주전 선수들에다 경북고에서 황규봉-이선희-구영석, 중앙고에서 김승수-홍재진-윤몽룡, 충암고에서 정순명이 합류했다. 11월 12일부터 19일까지 벌어진 5차전에서 4승1패의 준수한 성적을 거두고 귀국했다. 1년 전에 경북고 주축 팀이 일본에 가서 6전 전승을 했는데, 이번에도 황규봉과 이선희 등 경북고 투수들이 큰 기여를 했다. 히로시마상고와의 1차전에서는 3번 구영석, 4번 김봉연, 5번 윤몽룡 등 클린업 트리오가 한 방씩 장타를 날려주면서 4대1로 승리를 거두었다.

- 1972년 제15회 이영민 타격상은 전국 3개 대회에서 31타수14안타 (0.452)를 기록한 충암고 투수 정순명鄭淳明이 차지했다.
- 진로 – 경북고 우완 황규봉黃圭奉은 당초 유백만 투수가 감독으로 부임한 상업은행 입행이 유력했으나 우여곡절 끝에 고려대로 진학했다.

좌완 이선희李善熙는 중앙대와 경희대를 희망했고 나중에는 기업은행도 거론됐지만 결국 동기생들과 함께 가는 조건으로 농협을 선택했다. 경북고 야수 중에 4번 타자 구영석具永錫은 상업은행, 함학수咸學洙는 기업은행, 정구왕鄭丘旺은 중앙대, 박찬朴燦은 농협으로 각각 진출했다. 중앙고의 윤몽룡尹夢龍은 건국대, 김승수金承洙는 고려대로 갈라졌다. 홍재진洪在鎮은 한일은행을 선택했다. 경남고 재간둥이 이성득李成得은 고려대로 입학했고, 대구상고 강타자 도영권都榮權은 한양대에서 데려갔다. 군산상고의 경우 김봉연金奉淵이 연세대로 간 반면, 김준환金準桓은 상업은행으로 들어갔다. 충암고 에이스 정순명鄭淳明은 한양대로 입학했다. 부산고 포수 심재원沈載元과 김일환金一煥은 성균관대로 진학했다. 동대문상고 김유동金裕東은 한양대로 들어갔다. 그는 1982년 프로야구 마지막 경기에서 OB베어스 소속으로 삼성라이온즈 이선희 투수로부터 만루 홈런을 치게 된다. 당시만 해도 무명이던 대광고 김재박金在博은 서울 지역 대학들이 받아 주지 않자 고향 대구의 신생팀 영남대로 진학했다.

🎙️ 인터뷰 **1972년 군산상고 3학년 김봉연**金奉淵

해태타이거즈 시절의 김봉연 〈사진제공=기아타이거즈〉

1952년생이다. 김봉연은 지금까지도 한국을 대표하는 홈런 타자로 기억되고 있다. 형제가 많은 집안에서 태어나 남들보다 다소 늦은 10살에 초등학교 입학했고 전주중앙초등학교, 전주북중학교, 군산남중학교, 군산상고를 거쳐 연세대, 육군, 한국화장품, 해태타이거즈에서 뛰는 동안 3연타석 홈런을 비롯해 숱한 홈런 스토리를 만들어냈다. 고교와 대학 시절에는 투수로도 활약했는데, 연세대 1학년 때 라이벌 고려대를 상대로 노히트노런을 수립했다. 학창 시절에는 다재다능한 스포츠맨이었지만 학업에도 꾸준히 정진했다. 대학 시절부터 꾸준히 국가대표 4번 타자로 활약했다. 프로야구에서 그의 기록은 해태타이거즈 선수와 해태타이거즈 코치가 전부다. 그만큼 '해태맨'이었다.

프로야구 통산 7시즌 동안 630경기에 출전해 타율 2할7푼8리, 홈런 110개를 기록했다. 1983년 314바늘을 꿰매는 대형 교통사고를 당했지만 기적적으로 회복했으며, 상처를 숨기기 위해 콧수염을 기른 채 한국시리즈의 주인공이 됐다. 프로야구 원년인 1982년(22개)과 1986년(21개)에 홈런왕을 수상했는데, 당시 경기 숫자도 지금보다 적었지만 공의 반발력이 훨씬 낮던 시절이라 홈런 숫자의 의미가 남다르다. 김봉연은 파워풀한 어퍼스윙으로 유명한데, 헛스윙을 하면 헬멧이 벗겨질 정도로 다이내믹한 타격 폼을 자랑했다. 초등학교 4학년 때 이미 3연타석 홈런을 기록했던 그의 홈런 궤적은 일직선으로 날아 가기보다는 큰 포물선을 그리는 대형이 많았다.

줄곧 해태타이거즈 코치로 지내다가 2000년 기대했던 감독직이 후배 김성한에게 넘어가자 크게 실망해 야구계를 떠나 인생의 전환을 하게 된다. 해태 시절에 석사학위를 받은 경력을 토대로, 충북 음성의 극동대학교 사회체육학과에서 교수로 재직하면서 제2의 삶을 성공적으로 영위하다가 정년퇴임했다.

1971년 8월 14일 경북고와 봉황대기 연장 14회에서 0대1로 패했는데.
"당시 절대강자인 경북고를 이겼더라면 엄청난 기록이 됐을 것이다. 상대방 남우식 투수는 아주 전설적인 선수였다. 중학교 시절부터 예선에서 결선까지 모든 대회를 혼자 던졌다. 볼을 갖고 놀았다. 공도 빠르고, 컨트롤도 절묘했다. 자기 마음대로 던지면서 타자들을 갖고 놀았다. 최동원과 선동열은 비교가 안 된다. 사실 선동열은 연투가 안 되니 최동원보다는 약점이 있는데, 최동원도 남우식보다는 한 수 아래다.

그 경기에서 나도 14회 완투를 하면서 절대 포기하지 않는 의지를 보였다. 그 해 전국체전에서는 군산상고가 우승했는데, 결승전에서 내가 던져 배재고를 1대0으로 꺾고 금메달을 차지했다."

1972년 황금사자기 결승전은 '역전의 명수'가 탄생한 날이다. 그날의 스토리가 많을 텐데.

"솔직히 말하면 운이 좋았다. 사실 부산고등학교는 우리보다 전력이 우위였고, 우리가 어쩌다 역전한 것이다. 편기철 투수는 상당한 기교파로 유인구도 잘 던지고 해서 치기가 까다로웠다. 그런데 9회말 1학년 김우근이 행운의 안타를 치고 나가면서 분위기가 달라졌다. 당시 김우근만 나가면 점수가 되곤 했기 때문이다.

우승하고 나서 군산 시민들 환영이 대단했다. 지금은 4차선 도로가 되었지만 당시에는 1~2차선이고 아스팔트도 아니었다. 전주 35사단에서 오픈카를 빌려줬는데 사람들이 너무 많아 차가 못 들어갔다. 시민 전부가 나온 듯 했고, 그날 밤 소주가 엄청나게 팔렸다고 들었다."

당시 에이스였는데도 대신 스마일 투수 송상복이 완투한 이유는.

"당시 나는 허리 부상으로 1루수만 보았다. 그 해 아마추어 육상대회가 있었는데 내가 야구선수인데도 400m 경기에 선수로 나갔다가 다른 선수와 부닥치면서 넘어졌다. 사실 내가 만능 스포츠맨이었고, 달리기도 무척 잘했다. 몸이 좀 뻣뻣해서 베이스러닝은 잘 못했지만, 직선거리 달리기는 후배 김일권보다 빨랐다. 어쨌든 다치고 나서 그날 이후로 방망이를 치면 괜찮은데 볼을 던지면 허리가 아팠다. 그래서 던지지 못했다.

그 시절 우리는 미쳤다 1970년대 고교야구

송상복은 얼굴 자체가 조금만 표정을 지으면 마치 웃는 것처럼 보여 스마일 투수로 불렸다."

고교나 대학 시절에 투수로서도 유명했는데, 스스로를 평가하면.
"오버핸드 투수였다. 지금 돌아보면 컨디션이 좋고 나쁠 때 차이가 컸다. 컨트롤도 기복이 있었다. 연세대 1학년 때 고려대와 경기에서 노히트노런을 수립했는데(1973년 5월 15일), 그날은 직구와 커브 2가지로만 내가 생각해도 너무 잘 던졌다. 투수로서는 아마 연세대 시절이 최고였다. 2학년 마치고 군대 갔는데 거기서부터 타자 쪽에 집중했다."

군산상고 초창기 멤버로서 다른 에피소드가 많았을 텐데.
"당시 군산상고 앞에 땅이 좀 여유가 있어 운동장을 넓혔다. 학교 운동장이 비가 오면 물이 빠지질 않아서 재학생들이 연탄재를 한두 개씩 들고 와 붓곤 했다. 그 정성에 감동했다. 당시 선수들 중에는 아침은 아예 굶거나 쌀이 없어서 국수만 먹는 경우도 있었다. 군산 이성당 빵집에도 종종 갔다.
1971년 9월에는 봉황대기 우승팀 경북고와 준우승팀 대광고를 초청해서 학교 운동장에서 친선경기를 했는데, 정말 발 디딜 틈 없이 관중이 몰렸다. 그 무렵부터 내가 본격적으로 홈런을 치기 시작한 것 같다.
사실 군산상고의 헝그리 정신이 나중에 해태타이거즈로 연결되었다. 해태 시절에는 같은 팀 멤버끼리 서로 MVP가 되겠다고 경쟁했고, 남에게 뒤지지 않으려고 열심히 했다. 나만 해도 고교 후배 김성한과 연습 장소를 먼저 차지하려고 다투었을 정도로 팀 내 경쟁이 치열했다. 그런 것들이 전부 해태를 강하게 만든 요인이라고 생각한다."

군산상고 하면 최관수 감독을 빼놓을 수 없는데.

"선진 야구기술을 가르쳐 주셨다. 국가대표 출신답게 수준급 투구로 군산상고 타격 수준을 업그레이드 시켜 주셨다.

무엇보다 인격적으로 존경받는 분이셨다. 당시 군산 시내에서 야구부 학생들이 불량배와 시비가 붙어 말썽이 빚어졌다. 학교에서 징계하려는데 최관수 감독이 자신에게 맡겨 달라면서, 우리를 모아놓고 '내가 잘못 가르쳤으니 너희가 나를 때리라'고 했다. 1학년부터 때리라고 했고, 나도 때렸는데 눈물바다였다. 가장 기억에 남는 감독이고, 참 인격적으로 존경하는 분이다."

나중에 교수까지 되셨으면 학창시절에 공부도 꽤 했는지.

"사실 나는 중2 때 영어웅변대회에서 금상 받을 정도로 공부도 꽤 잘했다. 사실 군산남중을 졸업하고 대구상고와 선린상고에서 스카우트 제의가 있었는데, 너무 멀리 떨어져 있다고 부모님이 반대하셨다. 자칫 내가 대구상고 선수가 될 뻔 했다. 어디로 가든 야구와 함께 공부도 열심히 하고 싶었다. 고교 시절에도 최관수 감독에게 '영어수업은 들어가야겠다'고 했더니 허락하셨다. 영어와 한문 정도는 수업을 직접 들으려고 했다.

사실 연세대에 간 것도 체육교사를 하기 위해서였다. 체육과를 다녔는데, 교직과목을 따로 이수했다. 연세대는 운동선수라고 그냥 학점을 주지 않아 나름 열심히 해서 장학생도 되었다. 당시 잠자리에서 일어난 까치머리에 물들인 군복을 입고서 검정고무신을 신고 학교를 다녔는데 대학신문인 '연세춘추'에서 와서 사진을 찍어 가더니 신문에 게재했다. 우리의 영웅 촌놈이라고. 이후 큰형이 자기가 신던 신발을 염색해서 주길래 신고 다녔다. 당시에 학교에서 아주 인물로 통했다.

총장님 권유로 석사 과정도 진학했고, 프로 생활 중에도 경기가 없을 때는 항상 수업에 참여했다. 나의 석사논문은 운동선수가 운동 전후에 술-담배-여자를 가까이 하면 안 된다는 것을 실증적으로 증명하는 내용이었다. 의사 친구들 도움을 많이 받았다. 나중에 교수가 되어 대학에서 그런 내용으로 건강학개론 강의도 많이 했다."

프로야구 최고 스타였고 코치 역할도 잘했다는 평을 들었는데, 2000년 야구계를 떠난 이유가 무엇인가.

"정치적으로 호남의 정서가 어려울 때 해태타이거즈가 잘하면서 많은 용기를 주었다고 본다. 다만 해태왕조 시절에 선수들은 잘 했지만 모기업은 여유가 없어서, 삼성 같이 여건 좋은 곳에서 야구하고 싶은 마음도 있었다. 오죽하면 삼성과 한국시리즈 붙으면 해태 선수들이 농담으로 '우리가 질 테니까 너희들 보너스 받으면 절반은 우리에게 달라'고 했을까.

그 무렵 나는 해태 코치였고, 김응룡 감독이 삼성으로 옮긴다는 말을 듣고 내심 감독직을 기대했다. 해태 원년 멤버로 잔뼈가 굵었고 코치로서 온갖 뒤치다꺼리는 내가 다했기에 당연히 감독이 될 것으로 예상했다. 하지만 군산상고 5년 후배인 김성한을 임명했고, 난

크게 실망했다. 피눈물을 흘릴 정도로 힘든 시간이었다.

다른 구단을 알아보니 '김봉연＝해태'라는 이미지가 너무 강해 난색을 표하더라. 그래서 더 이상 야구할 운명은 아닌가 보다 생각하고 서점에 가서 임용고시 준비를 하려고 했다. 원래 꿈이 교사였으니까. 그때 우연히 극동대 관계자와 만나게 되었고, 겸임교수를 제안받았다. 그러다가 정교수가 되었다. 뜻하지 않게 대학교수가 되었으니 프로야구 감독이 된 것보다 낫지 않겠는가. 지금은 정년퇴임했지만 걱정과 스트레스가 없는 노년을 보내고 있어 좋다. 요즘도 매일 걷기운동을 하고 있고, 사흘에 한 번 정도는 웨이트 트레이닝을 하고 있다. 골프도 자주 나가는데, 스코어도 괜찮고 비거리도 남들보다는 앞서는 편이다."

야구하는 후배들에게 해주고 싶은 말은.

"요즘 수십억, 수백억 FA 소식을 들으면 우리 야구계에 거품이 많이 끼었다는 생각이 든다. 거품이 꺼지면 어떻게 될까 걱정이다. 운동선수들도 공부를 해야 한다. 운동이란 사실 단순노동이다. 선수들이 경기를 안 할 때는 시간이 많다. 영어 테이프 듣고 공부할 시간은 낼 수 있다. 자기가 영원한 스타가 되는 것처럼 알지만, 그만두었을 때를 대비할 줄도 알아야 한다. 어디 가면 사회생활도 제대로 할 줄 모르고, 돈벌이조차 못하는 선수 출신이 많다. 알량한 자존심이 있어서 속된 말로 쪽 팔리는 건 못하겠다는 태도다. 내가 두산, 롯데, 기아 등에 강의하러 가서도 그런 말 했다. 운동선수가 존경 받으려면 남이 소주 사 준다고 끌려가지 말고, 운동 외적으로도 자신의 실력을 쌓아야 한다고 말이다.

예전 방송 해설할 때 어느 퇴역 스타를 종로 공원에서 인터뷰했는데 마치고 돌아가는 뒷모습을 보면서 당대의 스타가 너무 초라해 눈물이 났다. 최동원도 2011년 고교 레전드 대회에서 만났는데 이미 암으로 뼈 밖에 남지 않아 가슴이 아팠다.

물론 반대로 돌연변이 같은 야구인도 있다. 유력인사에게 영합하여 아부를 잘하고 자기 마케팅도 뛰어나 출세한 후배 야구인이 있는데, 보기에 좋지 않았다."

1980년 일본 도쿄에서 열린 세계야구선
수권대회에 출전한 김재박의 타격 모습
〈사진제공=한국일보〉

1954년생. 김재박은 자타가 공인하
는 한국 최고의 유격수다. 그는 투
수, 유격수, 타자, 주자, 감독 등 어
떤 역할이든 최고 수준으로 해내는
올라운드 플레이어였다. 영남대 3학
년인 1975년부터 국가대표가 되어
세계 무대를 주름잡았고, 한국화장품
시절에는 온갖 개인상을 독차지했다.
1977년 슈퍼월드컵 대회에서 우승할
때는 이선희 투수와 둘이서 개인상을
절반씩 나눠 가졌다. 특히 1982년 세
계야구선수권대회 일본과 결승전에
서 아웃코너 높은 공에 몸을 뛰면서
방망이를 갖다 댄 이른바 개구리 번

트는 그의 시그니처가 되었다. 강한 어깨로 내야 깊은 곳에서 1루
를 향해 총알같이 공을 던져 주자를 잡거나, 웬만한 외야 타구를 직
접 가서 잡아 포수에게 빨랫줄 송구하는 모습은 전설로 남아 있다.
프로 통산 11시즌 동안 0.273의 타율에 28개의 홈런, 284개의 도루를 기록했다.

하지만 중-고교 시절 김재박은 초라하기만 했다. 경북중을 졸업한 뒤 원하던 경북고에 입학하지 못했고, 대광고를 졸업하고는 서울 지역 대학들이 모두 거절하는 바람에 신생팀 영남대에 들어갔다. 거기에서 1년간 체력, 체격, 기량 모두 대대적 업그레이드를 하면서 그의 야구 인생도 화려하게 꽃피었다.

왜 경북중에서 경북고로 입학하지 못했고, 대광고에서 서울 소재 대학으로 들어가지 못했나.

"대구초등학교 5학년 때부터 야구를 시작했고, 경북중학교에 입학했다. 하지만 20여 명의 선수 중에서 가장 키가 작았고, 발도 느렸다. 야구 센스는 있어서 포수도 하고, 2루수도 맡았지만 한계가 있었다. 이선희, 구영석, 함학수 등 다른 동기들은 경북고교에 진학하는데 난 서영무 감독으로부터 키도 작고, 힘도 약하고, 발도 느리다는 이유로 거절당했다.

그 무렵 아버지가 사업 관계로 서울 종암동으로 이사를 했고, 집에서 가까운 대광고에 야구부가 생겨 입학했다. 대광고를 졸업할 때 중앙대와 한양대 등을 노크했으나 역시 163cm 밖에 안 되고 발도 느리다는 이유로 거부당했다. 그럴 무렵, 야구부를 창단하는 영남대로 가라는 권유를 받고 밤 기차로 고향 대구로 내려갔다. 창단 팀이라 선수가 부족해 나처럼 실력이 부족한 선수도 받아주었다. 당시 열차 속에서 두 가지 결심을 했다. 나를 거부한 서울의 대학팀들을 반드시 이기겠다. 그리고 반드시 국가대표가 되겠다는 것이었다. 이후 그 목표를 다 이루었지만, 고입과 대입 시절에 겪은 두 번의 좌절이 오히려 큰 힘이 됐다."

대광고에서 야구하던 시절(1970~1972)은 어떠했나.

"당시 대광고 선우종 감독으로부터 열심히 한다는 평가를 받아 2번 타자에 2루수를 주로 맡았다. 대광고는 신생팀이라 첫해인 1970년에는 특별한 성적을 내지 못했다. 하지만 1971년 2학년 때 봉황대기에서 강호 부산고와 중앙고 등을 물리치고 결승전에 올랐다. 특히 전국 제일 남우식 투수가 던지는 경북고와 결승전에서 맞붙어 0대1로 아슬아슬하게 패했다. 슬로커브로 타자들의 타이밍을 뺏는 이동한 투수가 잘했다. 고3 때인 1972년에는 부산 화랑기 대회에서 또 경북고에 0대1로 져서 준우승했다. 그때도 이동한 투수가 분전했지만, 이번에는 황규봉 투수에게 밀렸다."

영남대에 입학해서 어떤 노력을 했기에 3학년 때부터 국가대표에 발탁되었나.

"1학년 때 7월쯤 부임한 배성서 초대감독으로부터 피나는 훈련을 받았다. 우선 힘을 기르는 웨이트 트레이닝을 집중적으로 했다. 주력을 기르기 위해 러닝 훈련도 강도 높게 했다. 앞산 왕복달리기를 거의 매일 했다. 뛰는 방법과 순발력을 기르기 위해 영남대 육상부 친구들에게 열심히 배웠고, 유연성을 키우려고 영남대 체조부와도 시간을 보냈다. 이를 악물고 했다. 나를 거절한 학교들과 사람들이 후회하도록 해주겠다는 결심도 했다. 정말 훈련 강도가 너무 높아 도망쳤다가 혼난 적도 있었지만, 그때마다 스스로를 다독였다. 때마침 고교 시절보다 키가 10cm 이상 자랐다. 배트에 공이 맞아나갈 때 힘이 실리고, 장타도 나오기 시작했다. 베이스러닝도 엄청 빨라졌다.

원래 갖고 있던 야구 센스와 피나는 노력이 합쳐지면서 대학 2학년 때인 1974년부터 대학야구에서 영남대 돌풍을 일으키며 강팀으로 등장했고, 개인상도 많이 받았다. 당시 오문현, 권영호, 석주옥, 권정화 등이 함께 했던 멤버들이다.

1975년 6월 서울에서 열린 제11회 아시아야구선수권대회에 드디어 국가대표로 뽑히게 되었고, 이후 1977년 니카라과 슈퍼월드컵 우승, 1982년 세계야구선수권대회 우승 등 숱한 국제대회에 국가대표로 출전했다. 투수도 하고, 야수도 하면서 만능선수가 되었다."

만약 경북중학교에서 경북고등학교로 순조롭게 진학했더라면 야구 인생이 달라졌을까.

"글쎄. 아마 그랬다면 당시 경북고의 기라성 같은 선수들 사이에 묻혀서 평범한 선수로 남았을지 모르겠다. 좌절이나 자극이 되는 일이 별로 없었으니까. 하지만 기본적인 자질은 있었으니까 못하지는 않았겠지."

아마추어와 프로야구에서 숱한 기록을 남겼다. 하지만 본인에게도 약점이나 고민이 있을 텐데.

"대체로 언더핸드 투수에게 무척 약했던 것 같다. 공이 생소하고, 선수생활 내내 치기 어려웠던 것 같다."

영남대와 국가대표 시절에 가끔씩 마운드에도 올랐는데.

"고교 시절에는 투수를 해본 적이 없다. 영남대 들어가서 1학년 때 피나는 훈련을 했는데, 내가 배팅 볼을 많이 던지면서 스피드와 컨트롤이 좋아졌다. 때마침 키가 크고 힘도 붙으면서 배성서 감독이 보기에 마운드에 올려도 되겠다고 생각한 것 같다. 그렇다고 별도로 투구 연습한 적은 없고 그냥 경기 때 올라와서 던진 것이 전부다.

대학야구에서 좋은 모습을 자주 보인 덕분에 국가대표가 되어서도 마운드에 올랐다. 1975년 아시아대회 호주 전에서 3회에 0대3으로 지고 있는 상황에서 노아웃 만루였다. 김계현 감독께서 나보고 마운드에 올라가라고 해서 잘 막았고, 결국 우리가 4대3으로 역전했던 기억이 난다. 당시 김호중, 이선희, 박상열 등 쟁쟁한 투수를 구원하러 내야수가 등판했던 진기록을 세웠다."

지금 중-고교 선수들에게 해주고 싶은 말이 있다면.

"내가 경북중학교에서 경북고등학교를 못갈 때는 철이 없어서인지 심각하게 고민하지 않았다. 하지만 대학 진학 때 역시 비슷한 과정을 겪으면서 정신이 번쩍 들었다.

보통 초등학교 3~4학년에 야구를 시작하는 경우가 많다. 그 중에는 초등학교 때부터 실력이 올라오는 친구도 있고, 아니면 중학교 때, 늦게는 고등학교 때 올라오는 친구도 있다. 선수 개인마다 체력이나 재능이 다 다르므로 절대 실망하면 안 된다고 강조한다. 내가 그런 과정을 거쳤으므로 후배들에게 내 얘기를 많이 해주고 있다. 고교 졸업 당시만 해도 제대로 하는 것이 없었는데 1년 만에 가장 빨리 달리는 도루왕이 되었던 스토리를 말해준다. 절대로 포기하면

안 되고, 한 번 더 각오와 결심을 갖고 노력하면 분명히 좋은 선수
가 될 것이라고 말한다."

삼성라이온즈 시절의 이선희 〈사진제공=삼성
라이온즈〉

1955년생. 경북중, 경북고, 농
협, 경리단, 삼성라이온즈, MBC
청룡 등을 거쳤으며 한국 야구
역사상 최고의 좌완투수로 꼽힌
다.

이선희는 프로야구 출범 이전
각종 국제대회에서 한국의 우승
이나 준우승을 이끈 수훈선수였
다. 스타 의식이 강했던 최동원
이 정면승부를 걸다가 얻어맞고
나면 이선희가 나가서 장기인
슬라이더를 던져 사태를 수습하
고 한국팀의 승리를 이끌어낸 경우가 많았다. 1976년 네덜란드 할
렘 국제야구대회에서 최우수투수상을 받았다. 한국 야구사에 불멸
의 금자탑이 된 1977년 슈퍼월드컵 우승 당시에는 MVP-최다승투
수-구원투수 등 3개 타이틀을 차지했고, 1978년 4월에는 스포츠맨
최고의 영광이라는 제16회 대한민국체육상(경기상)도 받았다. 1980
년 도쿄 세계야구선수권대회에서는 최다승투수상과 최우수좌左투

수상을 받았다. 육군 경리단 시절에는 2번이나 노히트노런을 기록
했다.

투수로서는 전성기가 지난 1982년 삼성라이온즈에 들어가 개막전
(MBC청룡 이종도)과 최종전(OB베어스 김유동)에서 각각 만루 홈런을
맞아 '비운의 에이스'라는 별명을 듣기도 했지만, 본인은 그만큼 프
로야구 흥행에 기여했다는 소신을 갖고 있다. 최근에는 영남대 야
구부 인스트럭터로 활약하고 있다.

경북고 시절 2번 타자를 쳤는데 투수도 하게 된 계기는.

"경북고 3학년 때 1번이나 2번을 쳤다. 하지만 발은 느렸고, 그래서
황규봉을 도와 투수를 하게 됐다. 주위에서도 권유했다. 내가 경북
중 시절에는 구영석이 혼자 던지고 치고 했기에 난 투수를 하지 않
았다. 구영석은 고교에 와서는 3루수로 전향했고 4번 타자로서 잘
쳤다."

**경북고라면 보통 임신근─남우식─황규봉─이선희 등 투수 4인방을 꼽
는다. 이들에 대해 평가하자면.**

"동기인 황규봉은 별명이 '황소'이고 쇠뭉치처럼 묵직하고 빠르게
잘 던졌다. 나는 고2 때 가끔씩 약한 팀을 만나면 마운드에 올랐다.
고3 때는 황규봉이 주로 던지고 나는 황규봉이 지치거나 약한 팀을
만날 때 주로 던졌다.

전성기를 놓고 비교하면 남우식 선배가 황규봉보다 훨씬 위다. 남
우식 선배는 중─고교 시절 워낙 혹사하는 바람에 어깨와 팔꿈치가
망가져 그렇지 최동원이나 선동열을 능가하는 투수였다. 당시는 토

미 존 수술이란 용어도 몰랐을 때인데, 남우식 선배가 그런 의료적 조치만 받았어도 달라졌을 것이다. 그때는 매스컴이 지금 같지 않아서 그렇지, 정말 대단한 선배다."

1972년 당시 청룡기 결승전에서 중앙고에 패배해 화제가 되었는데.

"초반에 황규봉의 컨트롤이 무너져 내가 릴리프로 조금 던졌다. 우리가 대통령배를 우승하니 '또 경북고냐'라는 분위기가 거셀 때였다. 그런 상황에서 중앙고가 이겼으니 더 화제가 되었다. 중앙고 윤몽룡 투수는 팔꿈치가 많이 휘어져 있다. 사이드암에 공도 빠르고 변화가 심했다. 키가 작지만 힘이 세 타격도 좋았다. 또 포수인 김승수는 당시 야구계 원로 김영조씨의 아들인데 장신에다 장타력이 일품이었다."

동기인 황규봉 투수가 2016년 63세로 작고했는데.

"황규봉은 경북 성주 출신인데 대구 경상중으로 전학 와서는 당시 관행에 따라 1년을 유급했다. 그래서 나이는 나보다 많다. 삼성라이온즈 코치를 지낸 뒤로는 동기들과도 교류를 끊었다. 모임에도 안 나타났다. 건설업 등을 한다고 들었는데 잘 안 된 것 같았다. 황규봉은 외모와는 달리 성격이 내성적이라 남과 잘 어울리는 스타일은 아니었다."

경북고를 졸업하고 농협으로 가게 된 배경은.

"김진영 감독의 중앙대와 신인식 감독의 경희대에서 스카우트 제의가 와서 계약금을 얼마 받느니 하고 교섭 중이었다. 그때 농협 김영조 부장께서 서영무 감독을 찾아와 '은행 못 가는 친구들을 함께 받아줄 테니 이선희를 달라'고 했다. 처음에는 싫다고 했다. 대학 가서 공부하고 운동하고 싶었다. 그런 와중에 기업은행 김성근 감독이 와서 함학수를 데려가고, 상업은행 유백만 감독은 황규봉을 스카우트하려고 했다. 그러자 고려대 측에서 황규봉을 납치하다시피 데려갔다.

그런데 당시 한일고교야구에서 내가 1차전과 2차전을 잘 던지니까 기업은행에서 내가 오면 다른 동료도 더 받아주겠다고 했다. 하지만 김영조 부장은 제자 김성근에게 질 수 없다면서 내게 농협 행을 강력하게 권했다. 그래서 학부형 회의까지 열렸다. 신의를 지키기 위해 동기생 2명과 함께 농협에 가기로 했다.

사실 우리 집안은 할아버지가 계시고 대대로 엄격했다. 집안 어른들 의견을 무시할 수 없었다. 집에서는 왼손으로 식사하거나 글씨 쓰면 큰일 나고 반드시 오른손으로 해야 할 정도로 엄격했다.

물론 당시 대학을 못 가서 아쉬운 점은 있지만, 야구 인생만 보면 결과적으로 농협을 간 게 더 도움이 되었다. 실업야구에서 제대로 던지면서 국가대표 생활도 일찍 하게 됐다. 대학을 갔더라면 동아리 등에 어울려서 야구에 집중하기 어려웠지 않았을까 싶다."

국제대회에서 최동원이 위기를 만들어 놓으면 대신 올라가서 해결하곤 했는데.

"1980년 도쿄대회 당시 일본하고 붙었을 때 최동원의 선친이 일본 프로야구 진출 꿈 때문에 김응룡 감독에게 선발투수를 부탁했다. 그런데 최동원이 홈런 2발을 막고 0대3으로 지고 있을 때 내가 올라가서 6대4로 역전승을 거두었다. 일본에는 훗날 요미우리자이언 츠의 감독이 되었던 하라 다츠노리를 비롯하여 이시게, 모리 등 유명 선수들이 있었다. 나의 장기인 슬라이더와 슈트(역회전 볼)로 일본 타선을 봉쇄했다. 쿠바에 이어 준우승했다.

나는 매스컴 타는 걸 싫어해서 세계대회를 마치고 와도 인터뷰를 거절했다. 술도 전혀 못하는 체질이라 막 어울리지도 않았다."

견제구를 잘 던지기로 유명했는데 비결은 무엇인가.

"1975년 서울에서 열린 아시아야구대회 때 강팀인 자유중국(대만) 전 선발투수를 놓고 고민하다가 당시 최인철 단장께서 김호중이나 강용수 대신 나를 지목했다. 너무 긴장이 되어 점심과 저녁도 제대로 못 먹고 야간경기에 출전했다. 대만에는 왼손투수 고영걸과 포수 이내발이 유명했는데, 둘 다 훗날 난카이호크스 등 일본으로 진출했다.

첫 타자를 볼넷으로 내보냈다. 2번 타자는 투볼까지 갔는데, 타자가 유리한 카운트에는 히트앤드런 작전이 나올 것으로 보았다. 주자를 잡을 수 있다는 자신감이 생겼고, 그래서 일부러 주자를 쳐다보지도 않고 세트포지션을 하는데 주자가 탁 튀어나갔다. 그래서 즉각 1루로 던져서 주자를 잡았다.

3회에도 안타를 맞아 주자를 내보냈다. 일부러 스트라이크가 아닌 볼을 하나 던져 주자가 뛰고 싶은 분위기를 만들어 놓은 뒤 견제구로 다시 잡았다. 단타만 맞으면 견제구로 잡을 수 있으니, 장타만 안 맞으면 된다는 자세로 조심조심 했더니 3대0으로 승리했다. 그 전에도 잘했지만, 그때부터 견제구에 대한 자신감이 더욱 높아졌다."

노히트노런을 몇 번 했는가.

"육군 경리단 시절에만 2번 노히트노런을 기록했다. 1977년 5월 7일 공군 전과 1978년 6월 28일 제일은행 전이었다. 당시 슬라이더와 슈트 2가지 구종만 던져서 대기록을 달성했다. 두 번 모두 유승안이 포수로서 나와 배터리를 이루었다. 유승안이 지금도 자랑스럽게 말한다."

1972년 부산고 포수였던 심재원은 훗날 국가대표에서 오랫동안 배터리를 이루었는데.

"심재원은 재치와 센스가 있고, 배짱도 대단했다. 세계대회 나가면 외국팀은 2루 주자가 포수의 사인을 훔쳐서 자기 팀에 알려 주곤 했다. 심재원은 눈치가 빨라 임기응변을 잘했다. 엉터리 사인을 주고 나서 우리말로 '선희야 돌리라 돌리라' 하면 커브, '휘는거 휘는거' 하면 슬라이더 등으로 약속을 했다. 상대팀 타자들이 직구를 기다리다가 변화구에 속고 나면 자기 팀 2루 주자를 보고 성질내곤 했다. 그렇게 투수 리드가 뛰어났고, 주자가 도루할 때 공을 미트에서 빼서 던지는 게 엄청 빨랐다. 1994년 5월 폐암으로 일찍 세상을 떠나 너무 마음이 아팠다."

요즘 고교나 대학 선수를 위한 조언을 한다면.

"요즘 젊은 선수들은 유튜브 등을 보면서 스스로 연구하다 보니 예전처럼 지도자에 대해 별로 순종하지 않는 편이다. 참을성도 부족하다. 대학팀을 가르치는데, 1학년 들어와서 연습이 고되면 공부한다고 가버린다. 프로팀 갈 가능성 없으면 공부 쪽으로 많이 돌아선다. 대학야구팀은 우후죽순 생기는데 프로 아니면 갈 곳이 없다. 예전처럼 실업야구팀을 만들려는 노력이 있었지만, 쉽지 않은 것 같다. 프로의 문이 너무 좁으니 무슨 목적의식으로 선수들을 지도할지 고민이 많다. 아르바이트로 골프 캐디를 나가는 선수도 많다. 야구가 엘리트 스포츠와 생활 스포츠 사이에서 방향 설정을 잘 해야 하는 시기이다. 개인적 생각으로는, 우리가 미국이나 일본과 전혀 다른 여건인데 프로야구 일부 선수의 FA 등에 거액이 오가는 것보다는 전체 선수들의 최저연봉을 올려주는 방향으로 가는 것이 바람직하지 않을까 생각한다."

4

1973년 :
기동력으로 서울운동장을 휩쓴
대구상고 전성시대

　2021년 12월 12일. 원로 야구인 강태정 님이 향년 76세로 세상을 떠났다. 대구상고 출신으로 제일은행과 한국전력에서 선수생활을 했던 그는 1973년 고교야구의 최고 스타였다. 변변한 투수도 없던 대구상고 감독으로 부임해 독특한 훈련과 전략을 통해 팀을 전국대회 3관왕으로 만든 주인공이기 때문이다. 그렇게 딱 1년을 맡고 건국대로 옮기면서 그는 고교야구를 떠났다. 강태정의 죽음으로 우리 곁에서 1973년의 추억도 아련히 사라지는 듯했다.

　경북고의 위세가 갈수록 시들어가면서 1973년에는 과연 어느 학교가 챔피언에 오를지 야구팬들은 궁금했다. 아나나 다를까, 시즌 초인 3월 24일 놀라운 기록이 나왔다. 바로 서울시 춘계리그 겸 대통령배 서울 예선에서 배명고 3학년 김정남 투수가 배재고를 상대로 2대0 퍼펙트게임을 수립했다. 김정남은

1972년 봉황대기에서 강호 중앙고에 7대5 역전승을 거둘 때 주역으로, 1973년에도 만만치 않을 활약을 예고했다.

하지만 1973년 고교야구의 결론부터 말하자면, 경북고와 동향이면서도 전혀 다른 팀 컬러를 내세운 대구상고가 전국 메이저 3개 대회를 휩쓸었다는 점이다. 대다수 전문가들도 미처 예상하지 못했다.

사실 경북고 야구는 교과서적인 측면이 강했다. 강력한 마운드, 기본기로 다져진 수비, 정석을 기본으로 하는 작전이 경북고 신화의 바탕이었다. 그에 비해, 1973년 대구상고는 모교 출신의 28세 강태정 감독이 새로 부임하면서 기존의 고교야구 스타일을 확 바꾸어 버렸다. 그는 실업야구에서 운용하던 프리미엄 전략을 고교야구에 그대로 적용했다. 매 경기마다 수비와 타순을 바꾸는 전천후 다이내믹 야구를 추진했다. 4번 타자는 신춘식-유기봉-김한근 등으로, 1번 타자도 신승식-이승후-장효조 등으로 수시로 바뀌었다.

그는 부임하자마자 선수들에게 웨이트 트레이닝과 러닝을 강조하면서 동계훈련 내내 파워와 기동력을 집중적으로 키웠다. 당시만 해도 순발력을 중시하는 야구선수가 웨이트 트레이닝을 해야 하느냐 마느냐 의견이 맞서던 시기였다. 결과적으로 대구상고 선수들은 1루만 나가면 자동으로 2루 도루를 감행할 정도로 순발력을 키웠다. 강태정 감독은 신승식-장효조-이승후-김한근 등 발 빠른 선수들이 주자로 나가면 자기 판단에 따라

도루를 결정하는 '그린 라이트'를 적용했다.

대구상고는 1973년 전국대회 3관왕을 차지하면서 단 1개의 홈런도 기록하지 못했다. 장타자가 없었다는 증빙이기도 하지만, 반대로 생각하면 그만큼 짧게 방망이를 쥐고 기동력 있는 야구를 했다는 의미가 된다.

제7회 대통령배

5월 8일 저녁 제7회 대통령배 결승전이 열린 서울운동장. 3만여 관중이 빽빽하게 들어선 가운데 경기 시작을 알리는 사이렌이 울렸다. 준결승전에서 좌완 김한용이 역투한 인천고를 3대1로 꺾고 올라온 대구상고와, 배문고를 1대0으로 누르고 올라온 경남고가 맞붙었다.

대구상고가 1회말 경남고 선발 좌완 천창호에게 볼넷 1개와 내야안타 1개를 뽑자 경남고는 즉각 투수를 교체했다. 하지만 릴리프로 나온 강속구의 김영춘은 투수 앞 땅볼을 주춤거리다가 노아웃 만루의 위기를 맞았다. 한 명을 잡기는 했지만, 5번 서윤택에게 볼넷을 허용하면서 밀어내기 1점을 주고, 6번 이승후에게 좌익수를 넘어가는 2루타를 맞아 2점을 더 주고 말았다. 순식간에 3대0.

대구상고의 좌완 기교파 석주옥은 발레 선수처럼 왼발을 가볍게 뛰는 듯 반동을 주며 던지는 스타일인데, 타자 앞에서 뚝 떨어지는 슬로커브가 기막히게 들어가면서 경남고는 6회까지 안타 하나 치지 못했다.

경남고는 9회초 유격수 에러로 나간 3번 소유남을 5번 타자 박학성이 2루타로 불러들여 완봉패를 면했다. 최종 스코어 4대 1. 대구상고로서는 첫 번째 대통령배 우승이었다.

우수선수상은 대구상고 투수 석주옥, 감투상은 경남고 투수 김영춘, 타격상은 대구상고 2루수 허욱(0.600), 감독상은 강태정 감독, 지도상은 대구상고 손만호 교장이 받았다. 준준결승전에서 대구상고에 아깝게 패한 세광고가 장려상을 받았다.

비록 메이저 대회는 아니었지만 꾸준히 진행되던 제13회 문교부장관기 전국4도시야구대회가 5월 26일부터 대구시민운동장에서 열렸다. 서울 배명고, 인천 동산고, 부산 경남고, 대구의 경북고-대건고-대구상고 등 6개 학교가 출전했다. 6월 2일 열린 결승전에서 대건고가 강호 대구상고를 3대1로 꺾고 우승했다. 대건고 좌완 권영호가 우수선수상을 받았다. 타격상은 6할을 기록한 대구상고 3루수 신춘식이 받았다.

권영호는 훗날 영남대로 진학하여 김재박과 더불어 '영남대 신화'를 만드는데 주역을 했고, 삼성라이온즈에 입단해서는 마무리 '소방수' 구원투수로 인정을 받았다. 1982년 5월 19일 해태와 홈경기에서 프로 첫 세이브를 기록한 그는 1989년 10월 2일 프로야구 사상 첫 100세이브를 기록하면서 소방복을 입고 기념촬영을 하기도 했다. 당시 대건고는 2학년인 신준옥, 허규

그 시절 우리는 미쳤다 1970년대 고교야구

옥 등도 주력과 타력으로 주목받는 선수였다.

제28회 청룡기

대통령배 대회가 비교적 건조하게 끝났다면, 패자부활전을 도입한 청룡기 대회에서는 보다 다채로운 볼거리가 마련되었다. 하지만 대구상고는 경북 예선에서 대건고에 패배, 아예 본선에 진출조차 하지 못했다. 당시 강태정 감독은 "최고 권위의 선수권 대회인 청룡기에 진출조차 하지 못한 것이 너무 아쉽다"고 밝혔다.

늘 그러하듯 청룡기에서도 서울운동장은 만원사례가 계속되었다. 패자부활전 제도를 도입한 가운데 총 12개 팀이 경기를 벌인 제28회 청룡기 대회의 첫 돌풍은 하기룡-이광은-신언호가 활약한 배재고였다. 이들 트리오는 훗날 프로야구 MBC청룡에서도 3총사로 활약하게 된다.

하지만 부산고에서 전학 온 초고교급 투수 하기룡은 첫 경기를 치르고 학적처리 규정 위반으로 출장금지가 됐다. 사연인즉, 6월 14일 배재고는 호남의 신예 광주상고를 만났다. 하기룡은 마운드에 올라 역투하고 홈런도 치면서 펄펄 날았다. 배재고에 쉽게 승리를 안겨주는 듯했다. 그런데 의외의 상황이 벌어졌다. 광주상고가 하기룡을 부정선수로 물고 늘어졌다. 사실 부산 출신으로 대신중학교를 졸업하고 부산고에 입학했던 하기룡은 선배들과의 갈등으로 학교를 옮기기 원했고, 그 목적지가 배재고였다. 하지만 부산고에서 순순히 놓아줄 리가 없다. 결국 그런 갈등이 겹치면서 하기룡의 배재고 학적 등록이 늦어진 것이 패착이었다. 하기룡이 배재고 학적을 완전히 얻은 지 얼마 되지 않아 청룡기에 출전했고, 광주상고는 '전학생은 등록 후 석 달이 지나야 자격이 주어진다'는 규정을 보여주었고, 결국 하기룡은 경기장에서 사라졌다. 동아일보 1973년 6월 19일자 기사는 '부정선수 낙인도 아리송한 채 배재고 하기룡 홈런 친 뒤 잠적'이란 제목을 달았다.

급해진 배재고는 3루수와 투수를 번갈아가며 맡던 이광은을 등판시켰다. 이광은은 광주상고 전에서 나머지 3이닝을 던졌다. 이어 6월 15일 대건고와의 대결에서 9이닝 무실점으로 호투했지만 0대0 무승부를 기록, 6월 16일 오전 열린 서스펜디드 게임에서 3이닝을 더 던져 총 12이닝 완봉승을 엮어냈다. 이광은의 비인간적 기록은 여기서 끝나지 않았다. 오후에 곧바로 열린 승자준결승전 중앙고와의 대결에서 연장 13회를 무실점으로 버텼지만 0대0을 기록했고, 6월 17일 오전 재개된 경기에서 연장 20회에 4점을 내주면서 0대4 패배를 당했다. 이어 오후에 치른 대건고와의 패자준준결승전에서는 9이닝 완투로 1대0 승리를 끌어냈다. 이광은은 6월 18일 군산상고와의 패자준결승전에서 연장 15회 동안 2점만 내줬으나 완투패를 당하고 말았다.

이로써 이광은은 5일 동안 5경기에서 59이닝 223명의 타자

그 시절 우리는 미쳤다 1970년대 고교야구

를 맞아 공 697개를 던졌고, 32안타를 맞아 7점을 내줬다. 방어율은 1.07을 기록했다. 매일 연장전에다 서스펜디드 게임까지 겹친 결과였다. 이로 인해 이광은은 '고무팔 투수'라는 별명을 얻었다. 당시 국가대표 여자 농구선수 이옥자가 이광은의 누나여서 더 화제를 모았다. 이광은은 강속구는 아니었지만 정확한 제구력에 다양한 변화구가 좋았고, 무엇보다 투수로서 배짱이 두둑했다. 팀이 결승전에 오르진 못했지만 청룡기 역사상, 아니 한국 야구역사상 가장 값진 감투상을 받았다.

한편 중앙고는 승자준결승전에서 배재고를 4대0, 승자결승전에서 경남고를 2대1로 누르고 다소 느긋한 입장이 되었다. 이에 비해 경남고는 패자결승전에서 군산상고를 3대1로 격파하고 올라왔는데, 중앙고와의 1차 결승전을 2대1 승리로 가져갔다. 이제 남은 최종결승전. 양 팀 모두 절대 물러설 수 없었다. 6월 21일 서울운동장에서 열린 최종결승전에서 2년 연속 우승을 노리는 중앙고와 25년 만에 우승에 도전하는 경남고가 정면대결을 벌였다.

양 팀은 1회부터 불이 붙었다. 중앙고는 1회초 1번 김종수가 좌전안타로 나간 뒤 투수 김영춘의 견제 악송구로 2루로 진출했고, 2번 송연종의 번트를 경남고 김영춘이 선행 주자를 잡으려고 3루로 던졌는데 모두 살려주었다. 이른바 야수선택Fielder's choice이었다. 노아웃에 1-3루. 그때 3번 유대성이 유격수를 넘어가는 안타를 치면서 2점을 얻었다.

1973년 청룡기 출전에 앞서 모교에서 기념사진을 찍은 경남고 야구부. 맨 왼쪽이 4
번 타자 김용희 〈사진제공=김용희〉

　그러자 경남고는 김영춘 대신 좌완 천창호를 올렸다. 천창호
의 공은 빠르지 않았지만, 변화구가 좋고 컨트롤이 뛰어나 치
기는 쉽지 않았다. 경남고 야구부 학생들끼리 여름방학 때 캠
핑을 가면 천창호는 철로 위에 돌을 얹어 놓고 멀리서도 백발
백중 맞추는가 하면, 낚시 가서도 물오리를 정확하게 맞출 정
도로 컨트롤이 뛰어났다고 한다.

　경남고는 곧바로 1회말에 반격을 시작했다. 1번 정기조는 2
루앞 땅볼을 쳤는데 송구를 1루수가 놓치는 바람에 실책성 내
야안타로 출루했고, 2번 김동규와 3번 소유남은 연속으로 볼넷
을 얻었다. 중앙고는 소유남이 스리볼일 때 투수를 선우영수에

서 문복기로 교체했다. 노아웃 만루의 황금 찬스였다. 4번을 치는 189cm의 장신 김용희는 깨끗한 중전안타로 2점을 얻었고, 이후 찬스가 끝나는 듯 했으나 8번 포수 차동열이 다시 안타를 날려 1점을 추가했다.

양 팀 모두 1회를 끝내는 데만 45분이나 걸렸다. 중앙고는 2회초 공격에서 7번과 8번이 연속 안타로 원아웃 1-3루를 만들었는데, 3루 주자 문복기가 사인 미스로 협살 당하는 사이에 1루 주자가 3루까지 진출했다. 이어 9번 박영인의 타구를 경남고 유격수가 빠트리는 틈을 타 3루 주자가 홈인했다. 이제 3대3 동점.

하지만 경남고는 즉각 반격에 나섰다. 2회말 원아웃 이후에 1번 정기조가 좌전안타로 나가면서 실마리를 풀었고, 결국 3번 소유남의 안타로 홈인해 기어코 4대3으로 리드했다. 이후 양 팀은 여러 번 찬스를 맞았으나 그때마다 운이 없든지, 호수비가 나왔다든지 하면서 점수가 나지 않았다. 양 팀 경기가 너무 치열해서였을까, 외야 조명등 A타워에 있는 퓨즈가 과열로 끊어지면서 수리를 위해 15분간 경기가 중단되기도 했다.

경남고 천창호는 중앙고 9회초 공격에 나온 5번 손원진을 삼진으로 돌려세우면서 경기를 끝냈고, 경남고 멤버들은 응원단과 함께 얼싸안았다. 이날 경남고는 7안타를 효율적으로 활용한 반면, 중앙고는 12안타를 치면서도 대부분 산발시키고 말았다.

시상식에는 대한항공 스튜어디스들이 하와이에서 직접 공수해온 레이 목걸이를 경남고 선수들에게 걸어주었다. 선수들에게 아버지와 같은 존재였던 어우홍 경남고 감독은 예선 때부터 선수들 부상이 많아 우승까지 기대하지는 않았으나 시합 운이 좋았다고 소감을 밝혔다.

경남고 유격수 김용희는 최우수선수상, 타격상(22타수12안타 0.545), 타점상(7점)을 받아 최고 스타가 됐다. 군산상고 김일권은 20타수8안타(4할)로 타격 2위를 기록했다. 우수투수상은 경남고 천창호, 감투상은 준우승팀인 중앙고의 투수가 아니라 혼자서 59이닝을 역투한 배재고 이광은이 받았다. 감독상은 경남고 어우홍 감독이 수상했다.

한편 7월 6일에는 비록 대구 지역 예선전이긴 했지만 대건고의 좌완 권영호 투수가 경북고를 상대로 퍼펙트게임을 수립했다. 권영호는 제25회 쌍룡기 경북 예선 겸 제6차 대구 4고교 리그전에서 경북고 27타자를 상대로 무안타, 무실점, 무실책 끝에 2대0 퍼펙트게임을 기록했다. 매년 우승을 휩쓸다가 1973년에는 무관왕無冠王이었던 경북고로서는 치욕의 순간이었다.

제3회 봉황대기

8월에는 전국에 야구부가 있는 모든 고교가 출전하는 제3회 봉황대기 대회가 열렸다. 참가 팀만 42개교. 매 경기가 추첨에 의해 대진 팀이 정해지는 시스템을 유지했다. 경남고와 중앙고 등 강팀들이 1회전에 탈락하는 이변이 속출했다. 그런 가운데 결국 4강은 대구상고, 재일동포, 배재고, 동대문상고로 모아졌다.

대구상고는 경남상고를 5대3, 대광고를 1대0, 경북고를 5대3으로 꺾고 4강에 도착했다. 배재고 역시 진흥종고를 9대0, 부산고를 5대0, 장충고를 3대1로 격파하고 4강에 진입했다.

준결승전에서 대구상고는 박기수 투수의 활약으로 재일동포를 8대0으로 격파하고, 배재고는 고무팔 이광은의 투혼으로 동대문상고에 3대0 완봉승을 거두고 각각 결승전에 올랐다.

4강에 오른 팀들은 이미 중학 시절부터 이름을 날리던 투수들이 던졌다. 1970년 10월 제17회 전국중학야구선수권대회에서는 대구 대건중이 대전중을 1대0으로 제치고 우승했는데, 당시 대건중 투수가 대구상고 석주옥, 대전중 투수가 동대문상고 박상열이었다. 또 1970년 7월에 열린 제13회 문교부장관기 전국중학초청대회에서는 부산 대신중이 대전 대성중과 0대0으로 비기면서 공동우승을 했는데, 당시 대신중의 에이스가 바로 배재고의 초고교급 투수 하기룡이었다.

당초 부산고에 입학했던 하기룡은 6개월 만에 선배 선수들과의 불화로 혼자서 상경해 서울 배재고를 찾아갔다. 당시로서는 보기 드문 배짱이었다. 제 발로 찾아온 인재를 환영했지만, 문제는 간단치 않았다. 아무리 선배들과 불화를 빚었다 해도 부산고가 순순히 에이스급 선수를 넘겨줄 리가 없었다. 학적이 완전히 정리되지 않은 가운데, 배재고에서는 하기룡을 경주 소재 학교로 전학시켰다가 다시 배재고로 옮기는 복잡한 과정을 통해 마침내 선수 명단에 넣는데 성공하고 1973년에 출전시키게 된다.

청룡기 1차전에서 배재고는 광주상고와 붙었는데, 그날 잘 던진 하기룡에 대해 광주상고 측이 부정선수로 몰아갔다. 부산고와의 실랑이, 그리고 경주 소재 학교를 통한 이중전학의 과정 속에 학적 등록이 늦어졌던 것이다. 광주상고 측은 '전학생은 등록 후 석 달이 지나야 출전 자격이 주어진다'는 규정을 내밀었고, 결국 하기룡은 그라운드에서 사라지게 되었다.

그런 은둔의 시간을 가진 뒤에야 하기룡은 봉황대기 결승전의 선발투수로 나설 수 있었다. 물론 거기에는 상대 팀인 대구상고 손만호 교장의 용단이 있었다. "아직 석 달이 지나지 않았지만 야구 발전을 위해 우리 학교가 져도 좋으니 하기룡을 출전토록 하자"고 말이다.

우여곡절 끝에 봉황대기 결승전 마운드에 오른 하기룡에 대한 관심은 어마어마했다. 당시 KBS-TV의 고故 이호헌 해설위원은 "고교생이 변화구 던지는 데만 주력한다면 투수 안 하는 게 낫다. 고교생이라면 직구를 힘 있게 던지는데 주력해야지. 일본을 봐라. 그런 점에서 하기룡은 제대로 된 정통파, 본격파 투수"라며 그를 높이 평가했다.

이호헌은 마산상고와 서울상대를 졸업한 뒤 1963년 대한야구협회 공식기록원이 되었는데, 한국 고교야구 역사의 산 증인

1973년 봉황대기 결승전에 등판한 배재고 초고교급 투수 하기룡의 모습. 징계에서 풀려 마운드에 올랐지만 초반 대구상고의 공격을 막아내지 못했다 〈사진제공=한국일보〉

이며 프로야구 도입에도 주도적 역할을 했다는 평가를 받고 있다. 2012년 81세로 작고한 그는 경상도 사투리 톤이 섞인 구수한 음색으로 능숙한 해설을 했는데, 이쪽저쪽 눈치를 보는 것이 아니라 자신의 선호는 확실하게 표현했다.

드디어 8월 19일 야간경기로 열린 봉황대기 결승전. 대구상고의 신출귀몰한 기동력 야구는 결승전에서도 예외가 아니었다. 대구상고는 1회말에 1점, 5회말에 2점, 6회말에 1점을 얻었는데 그때마다 배재고 마운드는 하기룡-이광은(5회)-하기룡(6회)으로 계속 바뀌었다. 대구상고는 특유의 저스트 미팅 타격 방법으로 하기룡의 강속구에 전혀 굴하지 않았다. 특히 고교 국가대표 포수였던 배재고 신언호를 상대로 6개의 도루를 성공시켰으니, 가히 그 기동력을 짐작할 만했다.

대구상고는 마운드를 김한근-석주옥(3회)-박기수(6회)-김한근(7회) 등으로 계속 바꿔가며 배재고 타선을 혼란시켰다. 결국 대구상고는 4대3으로 이겼다.

최우수선수상은 대구상고 투수 박기수, 수훈상은 배재고 투수 이광은, 감투상은 동대문상고 사이드암 투수 박상열, 타격상(0.563)과 최다안타상(9안타)은 대구상고 우익수 장효조가 받았다. 장효조는 이 대회를 시작으로 '안타제조기'라는 별명과 함께 본격적인 스타로 주목을 받게 된다. 장효조는 당시 중계방송에서는 1학년으로 소개되었으나, 나중에 2학년으로 정정하게 된다.

제3회 봉황대기 대회에는 연인원 18만여 명이 관람해 한국 스포츠 사상 최다기록을 세웠다. 입장수입도 3400여만원으로 제2회 대회 때의 2700여만원보다 25% 정도 늘어났다고 한다.

1973년 한일고교야구 정기전

한일고교야구 정기전이 9월초에 열리면서 당시 일본에서 괴물투수로 불리던 에가와 스구루江川 卓가 한국에서 어떤 공을 던질지 관심이 모아졌다. 일본 대표팀은 고시엔 대회 준결승전 진출 4개 팀에서 선발한 A급들이었다. 훗날 에가와는 요미우리 자이언츠의 에이스가 되어 일본 프로야구계에서 한 시대를 풍

미했던 투수다. 몸을 곧게 세워 반동을 주며 뛰는 듯한 폼으로 고교 시절에 이미 150km/h가 넘는 공을 던졌고, 노히트노런 9번, 퍼펙트게임 2번, 고시엔 대회 통산 탈삼진 최다기록 등을 세운 어마어마한 투수였다.

이에 맞서는 한국 대표팀은 명장인 서영무 경북고 감독이 지휘봉을 잡고 ▶ 투수＝하기룡(배재고), 이광은(배재고), 권영호(대건고), 박상열(동대문상고), 김한용(인천고) ▶ 포수＝신언호(배재고), 양종수(군산상고) ▶ 내야수＝선우영수(중앙고), 김일권(군산상고), 이은구(대전고), 변대창(경북고), 김용희(경남고) ▶ 외야수＝이승후(대구상고), 유대성(중앙고), 양기탁(군산상고), 장효조(대구상고) 등 16명의 선수로 구성됐다.

한국 대표팀은 에가와를 상대로 선전했다. 당시 한국팀은 에가와의 빠른 공에 대비해 투수와 타자의 거리인 18.44m가 아니라 12m 거리에서 공을 던지는 방식으로 빠른 공에 대응하는 훈련을 했다고 한다.

다만 일반 국민은 에가와의 공 던지는 모습을 볼 수 없었다. 문제는 TV 중계료를 둘러싼 갈등 때문이었다. 세간에는 주최 측인 대한야구협회가 3개 TV 방송사마다 60만원씩 총 180만원을 중계료로 요구했으나 방송국 측이 절반으로 깎자고 요구하면서 틀어졌다는 얘기를 비롯, 각종 루머가 난무했다. 국내 고교야구 대회는 3개 TV가 정규방송까지 중단하면서 중계하는 반면, 일본의 괴물투수 에가와와 맞싸우는 경기는 직접 서울운동장을 가지 않는 한 볼 수가 없었다. 다만 라디오 중계를 통해 에가와의 파워를 느낄 수 있었다.

9월 1일 열린 1차전은 일본팀이 선제점을 올렸다. 2회초 5번 시라도리가 2루타로 나간 뒤 8번 에가와의 적시타로 1점을 먼저 얻었다. 하지만 여기는 한국이요, 서울이 아닌가. 5회말 한국팀 6번 타자 유대성(중앙고)이 에가와의 약간 높은 직구를 그대로 때려 우월 솔로 홈런을 기록했다. 1대1 동점 상황이 됐다. 유대성은 원래 홈런타자가 아니었다. 당시 일본에서도 노히트 노런을 밥 먹듯이 한다는 에가와의 충격이 어땠을까. 한국팀은 6회말 1번 이승후(대구상고)가 볼넷을 고른 뒤 도루까지 성공했고, 이후 4번 김용희(경남고)가 좌중간 2루타를 날려 결승점을 올렸다. 에가와에 맞서 한국은 하기룡(배재고)이 완투하며 일본 타선을 5안타로 묶었고, 한국은 에가와에게 4안타만 뽑아내고 무려 14개의 삼진을 당했다. 당시 한국팀 1번 타자였던 이승후(대구상고)는 "지금 생각하면 에가와의 공은 국내에서 볼 수 없는 빠르기를 지녀서 배트를 짧게 쥐고 휘두른 기억이 난다"고 말했다.

9월 2일 열린 2차전은 양 팀이 2대2로 비겼고, 9월 3일의 3차전에서는 하기룡(배재고)이 일본 타선을 다시 한 번 5안타로 막고 6회말 투아웃 만루 찬스에서 대타로 나온 김일권(군산상고)이 끈질긴 승부 끝에 에가와로부터 밀어내기 1점을 얻어내 결국 1대0으로 승리했다.

그 시절 우리는 미쳤다 1970년대 고교야구

제27회 황금사자기

이제 1973년의 고교야구는 마지막으로 황금사자기가 기다리고 있었다. 그런데 황금사자기 충남 예선전에서 특이한 일이 벌어졌다. 바로 1971년 야구부를 창단했던 대전 대성고가 3년 만에 야구부를 해체한 것이다. 대성고는 대전고를 꺾고 청룡기 본선에 올라갈 정도로 전력이 탄탄했다.

문제의 발단이 된 황금사자기 충남 예선에서도 대전고는 대성고의 좌완 강속구 투수 정성만에게 밀려 7회까지 1안타도 때리지 못했다. 이제 2이닝 밖에 남지 않았다. 그때부터 심판의 편파 판정이 노골적으로 시작돼 정성만이 한가운데로 공을 던져도 볼로 선언했다고 대성고 측은 주장했다. 대회 운영진이나 심판진이 대부분 대전고 출신이어서 그랬다는 주장도 나왔다. 결국 대성고는 3대0으로 앞서다가 3대4로 역전패했다.

경기가 끝나자 심판 판정에 흥분한 일부 대성고 선수가 심판을 밀친 것을 시작으로, 사상초유의 심판 집단폭행 사건이 벌어졌다. 이 여파로 대성고 야구부는 창단 3년 차에 해체되는 비극을 맞았다. 당시 3학년 선수들 중에 에이스 정성만과 주장 유상호 정도만 이후 야구를 계속했다. 저학년은 대부분 전학을 갔는데, 그중에는 부산고에서 전학 왔던 2학년 박철순이 있었다. 박철순은 그 난리통에 다시 서울 배명고로 전학을 가야만 했다. 박철순은 이듬해인 1974년 배명고의 전력이 약해 뛰어난 성적을 기록하진 못했지만, 개인적으로는 당당한 체구와 구속을 인정받아 연세대학교로 진학하게 된다. 어쨌든 당시 허술한 기준과 관리 속에 편파판정 시비가 고교야구 곳곳에서 벌어진 것은 사실이다.

대구상고는 제27회 황금사자기 대회에서 드디어 3관왕에 도전했다. 결승전 상대는 서울의 야구 명문 배명고. 바로 1년 전인 1972년 봉황대기 결승전에서 중앙고 윤몽룡에게 만루 홈런을 맞았는데도 절대 굴하지 않고 7대5로 역전한 팀이 아닌가. 그때 주역인 김정남이 이제 고3이 되었다. 대구상고로서도 쉽지 않은 상대였다. 김정남은 대단한 강속구 투수는 아니지만, 컨트롤과 변화구와 담력이 뛰어나 만만한 투수가 아니었다.

더구나 김정남은 1973년 3월 대통령배 예선전에서 배재고를 상대로 퍼펙트게임을 기록한 주인공이기도 했다. 당시 고교야구 기준으론 1958년 휘문고 강남규, 1967년 인천고 김영찬, 1967년 성남고 한장철, 1972년 휘문고 송범섭에 이은 5번째 대기록이었다. 김정남은 훗날 프로야구로 진출하지 않고 골프 선수로 전향했다.

9월 13일 열린 양 팀의 결승전 경기는 대구상고가 6회초 3번 이승후의 우월 3루타 등으로 3점을 먼저 뽑았다. 이승후는 김정남의 한가운데 커브를 밀어 쳤는데 공은 우익수 쪽으로 힘 있게 날아갔다. 배명고 우익수 고광갑은 공을 향해 달려가는 듯하다가 잠시 주춤했다. 공은 그의 글러브를 맞고 뒤로 흘렀다. 요즘 프로야구에서도 종종 나오는 현상이지만, 대낮같이

그 시절 우리는 미쳤다 1970년대 고교야구

밝은 외야 조명 속으로 공이 들어가 버린 것. 1루 주자 김종구와 2루 주자 장효조가 편하게 홈으로 질주했다. 다음 타자 김승수가 볼넷으로 나가 주자는 1-3루. 이때 강태정 감독의 지시였는지 몰라도 김승수가 견제구에 걸려 1루와 2루 사이를 오락가락했고, 그 틈을 타 3루 주자 이승후가 재빠르게 홈을 훔쳤다. 스코어 3대0. 대구상고의 기동력 야구를 상징적으로 보여주는 점수였다.

하지만 그 해의 마지막 대회 결승전은 그리 쉽게 끝나지 않았다. 대구상고 두 번째 투수인 김한근에게 2안타로 침묵하던 배명고 타선은 8회말에 터졌다. 안타로 나간 유태형, 볼넷으로 나간 김성열을 두고 3번 김중근이 좌중간 2루타를 날려 2점을 얻었다. 이어서 5번 이교준의 내야안타와 대구상고 3루수의 에러를 묶어 다시 1점을 추가했다. 스코어는 3대3. 서울운동장의 밤하늘은 완전히 흥분에 휩싸였다.

배명고는 9회말에 원아웃 만루라는 결정적인 찬스를 맞았다. 배명고 응원단은 숨을 죽였다. 드디어 서울운동장에서 대구상고가 1패를 당할 수 있는 위기의 순간이었다. 하지만 2번 김성열은 맥없이 투수 앞 땅볼을 쳐서 3루 주자가 홈에서 죽고 말았다. 3번 김중근 역시 평범한 외야플라이로 물러났다. 승리의 여신이 외면하는 순간이었다.

경기는 연장전으로 들어갔고 연장 14회나 15회까지 가지 않을까 하는 우려도 있었지만, 일찍 판가름이 났다. 대구상고는

10회초 2번 장효조가 내야안타로 나간 뒤 수비진의 실수로 2루까지 진출했고, 이어 3번 이승후의 중전 적시타로 결승점을 뽑아냈다. 당시 필사적으로 뛰어 홈에서 헤드슬라이딩 하던 장효조가 잠시 기절하는 일이 벌어지기도 했다. 3시간 20분에 걸친 승부는 막을 내렸고, 관중석은 열광의 도가니였다.

　최우수선수상은 대구상고 2학년 김한근이 받았다. 원래 내야를 주로 맡던 그는 3학년 투수인 박기수와 석주옥이 팔이 아프다고 하면 마운드에 올라가 고군분투했다. 우수선수상은 장효조, 수훈선수상은 이승후, 감투상은 김정남, 타격상은 이번에

1973년 황금사자기에 우승하고 대구에서 카퍼레이드를 벌이는 대구상고 선수단 〈사진제공=김한근〉

　　　　　그 시절 우리는 미쳤다 **1970년대 고교야구**

도 역시 14타수6안타(0.428)를 기록한 '안타제조기' 장효조가 받았다. 장효조는 봉황대기─한일고교야구전─황금사자기를 거치면서 '타격 천재' 또는 '타격 신동' 같은 소리를 나올 때마다 들었다.

한편 대구상고의 신승식은 100m를 11초대에 주파하는 빠른 발과 센스로 대구상고의 리드오프가 되어 팀을 이끌었다. 강태정 감독은 신승식의 능력을 인정하여 도루 여부를 일임했고, 신승식은 수시로 3루까지 훔치는 대도大盜 역량을 유감없이 과시했다. 신승식이 한양대 시절에 고교 때만큼만 활약했어도 이후 프로에 이르기까지 김일권 못지않은 도루 성적을 기록했을 것으로 상상해본다.

국회의장배 & 전국우수고교초청야구대회 & 전국체전

황금사자기가 끝나면서 고교야구도 파장 분위기로 들어갔다. 다만 9월 21일부터 대구에서 열린 제8회 국회의장배 전국6도시야구대회는 6개 도시에서 8개 학교가 참가해 아쉬운 대로 고교야구 팬들의 마음을 달래주었다. 하지만 강호 대구상고와 경남고가 빠진 상태라 조금 김이 샌 상태였다. 준결승전에서 영남고는 강호 배재고를 3대2로, 대건고는 배명고를 3대0으로 누르고 결승전에서 만났다. 대구에서 늘 경북고와 대구상고에게 뒷전으로 밀려나 있던 대건고와 영남고가 우승 다툼을 하는 진풍경이 벌어졌다.

9월 24일 열린 결승전에서 대건고는 에이스 권영호가 호투하면서 영남고에 4대3으로 신승했다. 우수선수상은 권영호, 감투상은 영남고 투수 박형진, 타격상은 6할6푼7리를 기록한 대건고 우익수 허규옥이 받았다.

1973년의 고교야구는 이제 막바지로 치달아 9월 29일부터 제2회 전국우수고교초청야구대회가 열렸다. 특이하게도, 대통령배가 시작된 1967년 이후 그리고 봉황대기가 시작된 1971년 이후 경북고가 우승이나 준우승을 차지하지 않은 적이 없었지만 1973년에는 결승전 근처에도 가지 못했다. 하지만 명불허전名不虛傳. 경북고는 역시 경북고였다.

경북고는 우수고교초청야구대회에 전년도 우승팀 자격으로 출전해 10월 3일 열린 결승전에서 강호 배재고를 10회 연장 끝에 1대0으로 제치고 우승했다. 배재고의 초고교급 투수 하기룡은 9회까지 단 1개의 안타만 맞고 10개의 삼진을 빼앗았다. 경북고 역시 박명수와 이동수가 계투했는데, 배재고는 8회초와 9회초에 연속으로 노아웃 만루를 맞았으나 두 번 모두 더블플레이 등으로 점수를 내지 못했다. 바보 역할을 자청했다. 당시 신문들은 '배재고의 작전 부재'라고 비판했다. 예나 지금이나 결정적인 기회를 두 번이나 놓치면 이길 수가 없다. 경북고는 연장 10회말 투아웃에 7번 김대진이 좌전 굿바이 2루타를 날리면서 1루에 있던 장정호가 홈인해 결승점을 기록했다. 하기룡은 개인적으로는 15타수5안타로 타격상을 받긴 했지만, 봉황대기 결승전에 이어 다시 한 번 준우승에 머무르면서 눈물을 삼켰다. 한편 3-4위전에서는 황금사자기 대회에서 맞붙었던 대구상고와 배명고가 다시 대결했는데, 대구상고가 5대2로 또 승리했다.

뜨거웠던 1973년의 고교야구는 10월 17일 부산 구덕운동장에서 열린 제54회 전국체전 야구 고등부 결승전에서 대전고(충남)가 경남고(부산)를 3대1로 누르고 금메달을 차지하면서 대단원의 막을 내렸다. 경남고(부산)의 정통파 투수 김영춘은 세광고(충북)와의 준결승전에서 1대0으로 노히트노런 대기록을 수립하기도 했다.

한편 1973년에는 매년 부산에서 열리던 쌍룡기 대회가 아예 열리지 않았고, 이듬해인 1974년부터 화랑기라는 새로운 이름으로 대회는 계속되었다.

■ 1973년 제16회 이영민 타격상은 전국 4개 대회에서 타율 4할1푼5리를 기록한 군산상고 좌익수 김일권金─權이 수상했다.

■ 진로 – 1973년 고3들부터 대학 쪽으로 진학하는 비율이 확연히 높아졌다. 대구상고의 경우 투수 석주옥石柱玉과 허욱許旭은 영남대, 3루수 신춘식申春湜은 고려대를 선택했다. 경남고에서는 김용희金用熙가 고려대로, 천창호千昌浩와 박학성朴學星은 경희대로 진학했다. 에가와에게 홈런을 친 중앙고 유대성兪大成은 고려대로 들어갔고, 대구 대건고 권영호權永浩는 신생팀 영남대로 진학했다. 훗날 해태타이거즈 유격수로 활

약했던 경북고 서정환徐定煥은 건국대로 입학했다. 1972년 황금사자기에서 군산상고에게 역전승을 허용했던 부산고 편기철片奇哲과 경북고 박명수朴明守는 건국대 마운드에서 뛰게 되었다. 경북고 변대창邊大昌은 한양대로 진학했다. 배재고의 삼총사는 진로가 엇갈렸다. 하기룡河基龍은 상업은행을 선택한 반면, 이광은李光殷과 신언호申彦皓 배터리는 연세대로 진학했다. 군산상고 포수 양종수楊宗秀는 한국전력으로 갔다. 군산상고 김일권金一權은 훗날 한양대로 입학하긴 했지만 고교 졸업 당시에는 상업은행을 택했다. 김일권은 당시 고려대 입학 제의도 받은 상태였으나 학교와 아버지의 반대에 부딪혀 결국 양기탁梁基鐸과 함께 상업은행으로 갔다. 군산상고 1년 선배인 상업은행 소속 김준환의 설득도 큰 역할을 했다고 한다. 1973년 고3들 중에는 유독 상업은행에 많이 들어갔는데 경남고 김영춘金永春 투수와 배명고 김정남金政男 투수도 포함된다. 동대문상고 사이드암 투수 박상열朴相悅은 기업은행으로 입행했다.

그 시절 우리는 미쳤다 1970년대 고교야구

1955년생. 김용희는 경남중, 경남고, 고려대를 졸업하고 포항제철과 프로야구 롯데자이언츠에서 선수생활을 했다. 190cm의 큰 키에 정교함과 장타력을 겸비하면서 4번 타자를 도맡았다. 1973년 고3 때 일본의 괴물투수 에가와가 방한했을 때도 전혀 굴하지 않고 뛰어난 타격을 기록했다. 1984년 롯데가 한국시리즈 7차전에서 삼성을 꺾고 우승할 때도 4번을 맡았다.

경남고 교정에서 포즈를 취한 3학년 김용희
〈사진제공=김용희〉

프로생활 8년 동안 0.270의 타율에 61개의 홈런을 쳤다.

하지만 지병인 허리 디스크로 힘든 선수생활을 하기도 했다. 은퇴 이후에는 롯데-삼성-SK 등에서 지도자 생활을 했고, KBO에서는 경기운영위원회 위원장 등을 지냈다.

고3 때 대통령배와 청룡기에서 모두 결승전에 올랐는데.

"대통령배에서는 대구상고에 1대4로 졌다. 슬로커브의 석주옥 투수가 잘 던졌다. 청룡기에서는 중앙고를 꺾고 우승했다. 패자부활전이 있었는데 승자결승전에서는 중앙고에 졌으나 패자부활전에서 살아 돌아왔다. 마지막에 중앙고와 2번을 더 싸워 모두 이겼다. 당시 중앙고에는 유대성과 선우영수가 잘했다. 경남고는 정기조, 이충원, 소유남, 박학성, 홍종진, 차동열 등의 타선으로 구성됐다. 강타자였던 박학성은 경희대를 나오고 의령에서 교편을 잡다가 세상을 떠났다."

당시 경남고에는 우완 김영춘, 좌완 천창호가 있었는데.

"우완 김영춘은 공이 상당히 빨랐다. 컨트롤도 좋았고. 전국적으로 보면 배재고 하기룡에 버금가는 톱클래스 투수였다.
하지만 실제 경기에서는 좌완 천창호가 많이 던졌다. 공이 지저분하고 제구력이 탁월했다. 여름방학 때 야구부가 단체로 캠핑을 가면, 요즘과 달리 기차가 가다 쉬고 하니까 철로 위에다 돌을 얹어 놓고 멀리서 그걸 정확하게 맞출 정도였다. 낚시를 가면 물오리도 딱 맞출 정도였다."

키가 너무 커서 유격수로 불리하지는 않았나.

"고3 때는 189cm였고, 고려대 1학년 때는 190cm를 넘었다. 키가 크니 허리가 높아 수비에는 불리했다. 그래서 대학 들어가서는 유격수보다는 3루도 보고 했다."

1973년 방한했던 일본 괴물투수 에가와하고 대결해본 느낌은.

"당시 나는 한국팀 4번 타자로서 에가와를 맞아 두 경기에서 단타와 2루타를 치면서 분전했다. 에가와는 키가 크고 덩치도 거구여서 상당히 위압감이 있었다. 처음 보는 빠른 볼이었는데 그거 하나로만 승부해도 될 듯 싶었다. 우리가 다 놀랐다.

하지만 어린 마음에도 절대 일본에는 지면 안 된다는 생각에 독하게 맞붙었다. 인프라가 일본보다 형편없던 시절이지만 오기로 싸웠다. 그래서 중앙고 유대성이 에가와에게 홈런을 치기도 하고, 괜찮은 기록을 남겼다."

당시 경남고 어우홍 감독의 리더십은.

"그 시절 부산 야구계에서 원로급이셨다. 그래서 우리들은 아버지로 생각하고 그런 느낌으로 시합했다. 선수들이 믿고 의지했다.

당시 강압적인 기합이나 구타 문화가 보편화되었는데 경남고는 상대적으로 적은 편이었고, 내가 고3 때 주장을 맡으면서 그런 문화를 없애려고 많은 노력을 했다(고려대 출신의 어느 야구선수는 김용희가 4학년이 되면서 고려대 야구부의 구타 문화가 크게 개선되었다고 증언했다)."

경남고 3년 후배인 고故 최동원과의 인연도 남다른데.

"최동원은 아버지 최윤식씨께서 철저하게 관리를 해주었다. 중학교 때 어깨보험을 들기도 했다.

내가 고3이고 최동원이 토성중 3학년일 때 최동원 아버지가 오셔서 '요즘 애들이 운동하는 게 시원찮은데 네가 선배니까 내려가서 한마디 해줘라'라고 하셔서 두 번인가 가서 대화를 했다. 고려대 다닐 때는 경남고에 내려가서 또 그랬다. 롯데자이언츠에서 오래 같이 있다 보니 최동원과 직접 맞대결한 적은 거의 없다.

최동원은 사석에서는 굉장히 예의 바르고 순한데 마운드에만 서면 특유의 카리스마가 나왔다. 그의 강점은 팀의 나머지 선수들에게 강력한 에너지를 준다는 점이다. 1984년 롯데가 한국시리즈에서 4승3패로 우승한 것도 최동원이 마운드에 서면 반드시 이긴다는 믿음이 강했기 때문이다."

경남고 야구의 전통이나 컬러는 무엇인가.

"경남고 야구는 1947년부터 1949년까지 맹활약한 장태영 투수부터 시작한다. 그때부터 모든 면에서 기본을 강조했다. 요즘 고교야구에서는 수업을 잘 참석하지 않는 것 같은데, 우리는 당시 무조건 4시간 수업을 했다. 일반 친구들과 교우관계도 좋았다."

요즘 고교야구 후배들에게 조언을 해준다면.

"실제 시합장에 가지는 못하고 TV로 보는데 기술적 측면은 우리 때보다 좋아졌다. 체격도 크고, 투수들 구종도 다양화됐다.

문제는 기본이 튼튼해야 좋은 선수가 된다는 점이다. 아직 나이가 어려서인지 플레이의 일관성이 떨어져 보인다. 언제든 기본기와 정석을 몸에 잘 익히는 것이 고교야구에서 가장 중요하다고 본다."

1974년 : 대구 동향의 자존심 결투

1973년 대구상고가 전국대회 3관왕을 차지할 때 주축 멤버는 2학년이었다. 투수 겸 3루수로 전천후 플레이어인 김한근, 안타제조기라는 장효조, 찬스 때마다 적시타를 쳐내는 강타자 이승후, 발 빠른 포수 신승식 등이다. 그래서 1974년에도 당연히 대구상고가 휩쓸 것으로 예측됐다.

하지만 변수가 발생했다. 1973년에 대구상고를 맡았던 강태정 감독이 건국대 감독으로 옮긴다는 뉴스가 나왔다. 당시 김한근-장효조-신승식-이승후 등은 대구 삼덕동에 있는 강 감독의 집을 찾아가 통사정했다. 그때 강태정 감독의 어머니는 "건국대학교에서 너무도 좋은 조건을 제시했다. 기회가 아닌가. 아들이 모교인 대구상고에서는 할 만큼 했다. 너희들이 이해해 달라"며 선수들에게 양해를 구했다. 결국 선수들은 상황을 받아들일 수밖에 없었다.

1974년 대구상고의 황금 멤버들. 왼쪽부터 김한근, 장효조, 하광희, 신승식, 이승후
〈사진제공＝김한근〉

아마 강태정 감독이 그대로 있었다면 대구상고는 1974년에
도 3관왕 또는 전관왕全冠王을 차지하지 않았을까 추측해본다.
그만큼 대구상고에게는 안타까운 해였고, 반면 1973년에 잠시
침묵하던 경북고가 다시 챔피언 자리를 노린 한 해였다.

전국 메이저 대회에 앞서 부산일보사 주최로 4월 19일부터
제17회 전국4도시야구대회가 열렸다. 준결승전에서 인천고는
부산고를 2대0으로, 중앙고는 경남상고를 6대3으로 격파했다.
4월 21일 열린 결승전에서 중앙고는 인천고를 4대0으로 누르
고 우승을 차지했다. 중앙고 문복기 투수가 우수선수상을, 훗

날 국가대표 두뇌파 투수로 이름을 날린 인천고 임호균이 감투
상을 받았다. 타격상은 경남상고 유격수 김재상(5할), 감독상은
중앙고 하갑득 감독이 수상했다.

　이번에는 매일신문 주최로 5월 3일부터 대구시민운동장에
서 제14회 문교부장관기 전국4도시야구대회가 열렸다. 달랑 6
개 팀이 출전했지만 결승전에서 의외의 사태가 벌어졌다. 경북
고를 4대3으로 누른 대건고, 동산고를 9대4로 대파한 대구상고
가 맞붙었다. 9회초 대구상고가 3대5로 지고 있는 상태였다. 1
사 만루에서 장효조의 내야땅볼로 1점을 얻은데 이어 2루 주자
하광희마저 홈에 질주했으나 이근우 주심은 터치아웃을 선언했
다. 대구상고 선수들과 벤치는 명백한 오심이라고 거칠게 항의
하면서 불복을 선언, 결국 심판은 몰수게임을 선언하고 규정에
따라 대건고의 9대0 승리를 선언했다. 대건고가 2년 연속 우승
을 차지했는데, 대구상고로서는 1974년에 펼쳐질 험난한 길을
예고하는 빨간 시그널이 되었다.
　우수선수상에는 대건고 투수 신준옥, 타격상은 대구상고 중
견수 하광희(0.667), 감독상은 대건고 홍성덕 감독이 받았다.
1955년생인 신준옥은 고교 시절 주목받는 에이스였으나, 제일
은행을 거쳐 삼성라이온즈에서 1년만 뛰고 은퇴했으며 기록원
으로 활동했다.

제8회 대통령배

대구상고는 연초 2개 소규모 대회에서 우승을 하지 못했지만 별 대수롭게 여기지 않았다. 어차피 전력을 탐색하는 의미가 많아서다.

드디어 5월 18일 전국 21개 팀이 참가한 가운데 첫 번째 메이저 전국대회인 제8회 대통령배 대회가 열렸다. 준결승전에서 대구상고는 광주일고 2학년 강만식의 강속구에 진땀을 흘리다가 1대0으로 겨우 이겼고, 경북고는 휘문고를 4대2로 제압하고 결승전에 올랐다.

5월 27일 결승전에서 동향의 경북고와 대구상고가 만났다. 두 학교가 전국 무대 결승전에서 만나기는 1968년 청룡기 결승전 이후 2번째였다(당시는 경북고가 3대0으로 승리). 대구상고의 승리를 예측하는 전문가가 훨씬 많았다. 특히 1974년 들어 대구에서 맞붙은 각종 경기에서 대구상고가 경북고에 4승1무로 압도적 우위를 기록했기에 그런 전망은 더욱 힘을 얻었다.

하지만 뚜껑을 열어보니 얘기가 달라졌다. 2년 연속 우승을 노리던 대구상고의 1회초 수비는 기나긴 악몽의 터널에서 헤맸다. 1회초를 마치는데 걸린 시간만 33분. 경북고는 타순을 한 바퀴 돌고서도 다시 5번 타자에 이르기까지 모두 14타자가 7안타를 기록하면서 무려 10점이나 내고 말았다.

대구상고의 선발 투수는 1학년 송진호. 대구중학교 시절 '에가와'란 별명을 들을 정도로 위력 있는 공을 던졌다. 하지만 경험은 부족했다. 2회전 마산상고와 경기에서도 등판했는데 4명의 타자와 맞서 2안타와 1볼넷을 기록했다. 그런 애송이를 가장 큰 경기에 세운 백대삼 감독의 전략은 처음부터 삐걱거렸다. 경북고 1번 박해성이 내야안타를 치고 나간 뒤 2번 박병만은 투수 앞 땅볼을 쳤는데, 송진호는 앞선 주자를 잡으려 하다가 모두 살려주었다. 3번 정진호는 1루 앞 땅볼을 쳤는데, 대구상고 1루수가 앞선 주자 박해성을 잡으려 3루로 던진 것이 엄청나게 높아 뒤로 빠지면서 주자 2명이 모두 홈인했다.

그러자 대구상고는 역시 1학년 김시진을 마운드에 올렸다. 훗날 한국 야구의 에이스급 투수가 되었지만, 1974년만 해도 포항중학교를 갓 졸업한 1학년이었다. 물론 실력을 인정받아 마운드에서 종종 호투했지만 아직은 미완성 시기였다. 김시진은 4번 장정호를 볼넷으로 내보내더니 이어 연속 2안타를 맞았다. 급해진 대구상고는 마운드에 김한근과

대구상고 투수 김시진의 고1 때 모습 〈사진제공=김시진〉

나인호를 차례로 등판시켰으나 엎질러진 물은 수습이 불가능했다. 결국 10점을 주는 망신을 당했다.

이에 대해 대구상고 3루수 겸 투수였던 김한근은 감독의 작전 탓이었다고 회고했다. 1회초 수비에서 점수를 주지 않겠다는 욕심에 내야로 하여금 전진수비를 시켰고, 그러다 보니 원래 위치에 있었다면 평범한 내야땅볼이나 더블플레이 시킬 수 있는 공들이 죄다 빠져 나갔다는 설명이다. 김한근은 "당시 대구상고가 5~6점을 빼낼 수 있는 공격력이 있으므로 1~2점 주는 것을 대범하게 넘어갔다면 벌어지지 않았을 참사"라고 말했다.

이런 견해에 대해 상대방인 경북고 유격수이자 3번 타자인 정진호도 동의했다. "대구상고가 이상하게 긴장해 있더라구요. 저 정도 막강 타력이면 4~5점은 쉽게 뺄 수 있는데 이상하게 1점도 주지 않으려고 하다가 대량 실점을 하고 만 것이지요. 경기가 금방 기울어버리자, 서영무 감독께서 '대구 내려가면 낚시나 가자'라고 하시더군요."

당시만 해도 결승전에서 한 이닝 10점을 내줬다는 것은 대구상고 입장에서 치욕이었다. 대구상고가 얼떨떨한 사이에 경북고의 파상 공세는 2회초에도 이어졌다. 투아웃 뒤에 8번 오태섭의 3루타 등 3안타를 퍼부어 3점을 더 뽑아 대구상고를 멘탈붕괴 상태로 몰아갔다.

대구상고는 뒤늦게 추격전을 벌였으나 너무 늦었다. 7회말에는 3번 이승후가 좌월 솔로 홈런을 때리기도 했으나 역부족이었다. 결국 경북고가 13대4로 압승했다. 전문가들의 예상을 완전히 뒤엎는 결과였다.

그 시절 우리는 미쳤다 1970년대 고교야구

대통령배 대회에서는 특이하게도 우승팀이 아니라 4강에 머문 광주일고의 2학년 정통파 투수 강만식이 우수선수상을 받았고, 경북고 오태섭이 우수투수상, 대구상고 김시진이 감투상을 받았다. 수훈선수상은 경북고 유격수 정진호가 받았다. 오늘날 중앙일보의 대통령배 홈페이지에는 당시 MVP가 '정진호'라고 밝히고 있다. 타격상은 이미 1973년에 안타제조기라는 명성을 확인한 대구상고 장효조가 다시 16타수8안타(0.500)를 기록하면서 수상했다. 이제 '타격상=장효조'는 고교야구의 공식이 되었다.

제29회 청룡기

경북고는 전통과 저력이 있는 팀이었다. 대통령배에서 대구상고를 격파한 여세를 몰아 곧 이어 벌어진 제29회 청룡기 대회도 그대로 가져가 버렸다.

준결승전에서 경북고는 대광고를 5대1, 군산상고는 휘문고를 7대5로 격파했다. 6월 28일 초여름 밤의 서울운동장은 3만5천여 관중이 모여 빈틈을 찾기 힘들었다. 흔히 '입추立錐의 여지가 없다'는 표현을 쓰는데, 길고 뾰족한 송곳조차 세울 자리가 없을 정도로 관중이 꽉 들어찼다는 뜻이다. 바로 영남을 대표하는 경북고와 호남을 대표하는 군산상고의 대결이었기 때문이다.

이날 경기에서 경북고가 5회말 2점을 먼저 얻자 군산상고도 6회초 2점을 추격했고, 경북고가 다시 6회말 1점을 추가하자 군산상고도 8회초 1점을 더하여 결국 3대3 상태에서 연장전에

1974년 청룡기 대회 결승전에서 마주 선 경북고와 군산상고 선수들 〈사진제공=정진호〉

들어갔다. 11회말 경북고 공격에서 5번 김대진과 6번 손상득이 각각 1루쪽 불규칙 바운드와 실책성 안타로 살아나갔다. 노아웃에 1-2루. 당연히 보내기 번트를 예상했는데 7번 임종호가 과감히 강공으로 돌아서 중전안타를 치면서 노아웃 만루가 되었다. 절대절명의 찬스에서 9번 이동수가 안타를 치면서 3시간 15분의 경기는 끝났다. 군산상고 선수들은 너무 억울했는지 그라운드에 모여 응원기를 불태우면서 통한의 눈물을 흘렸다.

경북고는 명장 서영무 감독이 이끄는 조직력은 탄탄했지만 투수진이 허약했기에 마운드에서 대규모 물량 공세를 펼쳤다. 김무균이 선발 투수로 나섰고, 3회에 오태섭, 6회에 성낙수 그리고 연장 10회부터는 이동수가 마운드에 올랐다. 이동수는 대

그 시절 우리는 미쳤다 1970년대 고교야구

구 경상중학교 시절인 1970년 5월 19일 서울 배문중 운동장에서 열린 제1회 조서희기 쟁탈 전국중학연식야구대회에서 선린중을 상대로 1대0 퍼펙트게임이란 대기록을 수립한 투수이지만, 경북고 시절에는 공의 위력이 그리 압도적이진 않았다. 이에 대해선 "이동수가 또래보다 다소 나이가 많아, 1년 차이로 체격과 체력 차이가 두드러졌던 중학야구에서 압도적 위력을 보였던 것"이라는 얘기도 있다. 어쨌든 경북고의 투수 물량 전술이 들어 먹혔는지 군산상고가 친 안타는 6개뿐. 대신 군산상고는 7개의 볼넷을 얻었다. 반면 군산상고는 주목받는 1학년 대형 정통파 김용남이 던지다가 6회부터 노련한 진종인이 마운드에 올랐다. 군산상고 포수에는 훗날 심판으로 활약하다가 별세한 조종규가 자리 잡았다.

이날 눈길을 끈 상황이 있었다. 1회말 2루타를 친 경북고의 외다리 타법 강타자 2번 장성규가 2회말에 즉각 교체되었다. 그는 2루에 주자로 서 있다가 김용남의 견제구에 죽었는데, 서영무 감독이 문책 차원에서 교체했다는 게 야구인들의 관측이었다. 늘 학생 야구의 원칙을 강조했던 서영무 감독의 판단이었기에 경북고 응원단도 수긍하는 분위기였다.

청룡기 대회 최우수선수상은 경북고 4번 타자이자 좌익수인 장정호가 받았다. 장정호는 힘과 선구안이 좋아 동기들과는 스윙 폼이 차별화됐다는 평가를 받았으나, 이후 한양대−롯데자이언트−한국화장품 등을 거치면서 고교 시절만큼의 기량은 발휘하지 못한 채 선수생활을 끝내고 말았다. 수훈상은 경북고 투수 이동수, 타격상(0.562)은 대광고 좌익수 배태욱이 받았다. 감투상을 받은 군산상고 조종규는 훗날 해태타이거즈와 OB베어스에서 선수로 뛰다가 심판으로 변신, KBO(한국야구위원회) 심판위원장까지 맡았으나 2019년 12월 64세 나이에 심장마비로 세상을 떠나고 말았다.

금테 안경을 끼고 탄탄한 유격수 수비와 정교한 타격을 자랑했던 경북고 3번 정진호는 연세대와 실업야구에서 교타자로 이름을 날렸는데, 이후 삼성라이온즈 등에서 프로 선수로 뛰면서 본인이 체력의 한계를 느껴 결국 선수생활을 그만두었다. 대신 연세대 감독 등으로 활약했다.

제28회 황금사자기

계속 대구팀들만 우승하는 것이 미안했는지, 7월에 열린 제28회 황금사자기는 경남고의 품에 안겼다. 준결승전에서 경남고가 광주일고를 6대1, 대구상고가 부산상고를 3대0으로 꺾고 결승전에 진출했다.

7월 21일 일요일에 열린 결승전에는 예외 없이 3만5천여 명의 관중이 빽빽하게 들어와 분위기는 절정으로 치달았다. 외야 스탠드를 점령한 양교 응원단은 "엣센세, 연만세, 연만사(아니 아니 그녀는 아직 외톨이)"를 외치며 운동장을 달구었다. 인도네시아 민요에서 따온 응원가이지만, 내용이 중요한 게 아니라 리듬과 함성으로 상대의 기백을 꺾는 것이 목적이었다.

대통령배에 이어 이번에도 비극의 주인공은 대구상고였다. 대통령배 결승전 이후 대구상고는 백대삼 감독이 퇴진하고 김광웅 감독이 새로 취임하면서 분위기 일신을 시도했다. 그 효과 때문인지 황금사자기에서는 연전연승을 하면서 결승전까지 올랐다. 하지만 경남고에 연장 10회까지 가는 접전을 벌였으나 결국 1대3으로 고배를 마시고 말았다.

대구상고의 타선은 전국 최강이었다. 1번 포수 신승식, 2번 1루수 장효조, 3번 좌익수 이승후, 4번 투수 김한근, 5번 중견수 하광희, 6번 우익수 최문호, 7번 3루수 서영태, 8번 유격수 우주환, 9번 2루수 김형무로 이어진 타선은 막강 그 자체였다. 빠른 발을 내세운 기동력도 탁월했다. 그럼에도 다시 한 번 결승전에서 고배를 마셨다.

여기에 맞선 경남고는 정기조(2루수)와 차동열(포수) 정도가 전년도 청룡기 우승 멤버로 활약했다. 유격수 우경하가 중장거리 타자로 다른 팀에는 공포의 대상이었으나, 김희련 경남고 감독의 자체 판단처럼 기동력 없는 것이 약점으로 지적되었다.

이날 결승전은 치열한 투수전과 신경전이었다. 경남고가 대구상고에 앞섰던 것은 투수진. 당시 경남고에는 정춘섭과 배경환이라는 고교 제일의 원투펀치가 있었다. 정춘섭은 재일교포 아버지를 둔 정통파 강속구 투수였고, 눈에 띄는 투수가 별로 없던 1974년의 최고 에이스로 꼽아도 틀린 평가가 아니다. 필자도 당시 TV에서 발을 높이 들던 정춘섭의 다이내믹한 투구 모션이 기억에 선하다. 결승전에서도 배경환이 먼저 3과 1/3이닝을 투구해 3안타 무실점을 기록했고, 이후 정춘섭이 6과 2/3이닝을 던져 3안타 1실점으로 막았다. 두 투수 모두 단 1개의 볼넷을 허용하지 않을 정도로 제구력이 뛰어났다.

경남고는 1973년에도 김영춘과 천창호라는 수준급 두 투수를 갖고 있었는데 1974년 역시 괜찮은 2명의 에이스를 보유하고 있었다. 훗날 한국 야구의 마운드를 대표하는 최동원은 토성중을 졸업한 1학년 학생으로 벤치에 있었는데, 우승 기념사진에는 그의 앳된 모습이 나오고 있다.

어쨌든 그날 경남고는 연장 10회초 투아웃에서 4번 홍종진과 5번 우경하가 연속 안타로 나갔고, 6번 차동열이 우전 적시타를 때렸다. 홍종진이 홈으로 질주했는데 대구상고 우익수 최문호의 송구가 홈플레이트 부근에서 불규칙 바운드를 일으키며 포수 신승식의 키를 넘어 백네트까지 굴러갔고, 결국 우경하 마저 홈인했다. 경남고는 이렇게 연장 10회초에 2점을 획득하면서 결국 3대1로 대구상고를 물리쳤다.

대구상고의 김한근은 혼자서 10이닝을 던졌다. 42타자에게 9안타를 허용하며 자책점 2점에 불과한 호투를 했지만, 행운의 여신은 대구상고를 외면하고 말았다. 특히 원칙적으로 번트를 대지 않는다는 김광웅 감독의 전략에 따라 6회와 7회에 온 찬스를 강공 일변도로 나갔다가 무위로 돌아가고 만 것이 치명적이었다. '만약 강태정 감독이 계속 있었다면 어땠을까'라는 지적이 나오는 대목이었다. 경기가 끝나고 한동안 망연자실하던 대구상고 선수단은 그래도 경남고 응원단 앞에까지 가서 인사하는 매너를 보여 박수를 받았다.

최우수선수상은 경남고 포수 차동열, 우수투수상은 정춘섭, 수훈상은 배경환, 감투상과 타점상은 김한근, 타격상은 부산상고 포수 김동원이 받았다. 타격 1위 김동원은 9타수5안타(0.556)를 기록해 17타수9안타(0.529)를 친 타격 2위 김한근을 근소한 차이로 제쳤다. 타율은 김동원이 높았지만 질적인 측면을 고려하면 김한근이 사실상의 타격왕일지 모른다. 지도상은 김희련 경남고 감독에게 돌아갔다.

제26회 화랑기

7월 28일부터는 부산에서 국제신보사 주최로 제26회 화랑기 쟁탈 전국고교야구대회가 열렸다. 당초 쌍룡기란 이름이었으나, 1972년에 경북고가 3년 연속 우승으로 우승기를 영구 보관하면서 새로운 이름은 화랑기로 정해졌다. 당초 1973년에 열렸어야 할 제25회 화랑기 대회는 야구장 보수 관계로 열리지 않았다.

2년 만에 열린 제26회 대회는 전국에서 22개 학교가 참가한 가운데 접전을 벌였다. 준결승전에서는 대광고가 인천고를 4대3, 부산상고가 충암고를 3대0으로 누르고 결승전에 올랐다. 결승전에서 부산상고는 최영명 투수가 역투하면서 좌완 선우대영이 던진 대광고를 4대2로 격파하고 우승을 차지했다.

최우수선수상은 부산상고 투수 최영명, 최우수투수상은 대광고 투수 선우대영이 받았다. 포수상도 있어서, 2021년 삼성라이온즈의 타격코치였던 김용달 대광고 포수가 상을 받았다. 타격상은 선린상고 유격수 이창재(0.545)에게 돌아갔다.

화랑기 대회에서는 또 인천고의 두뇌파 투수 임호균이 준준결승전에서 휘문고를 상대로 볼넷 1개만을 허용하면서 노히트노런을 기록했다. 임호균은 '컨트롤 아티스트'라는 별명을 갖고 있었는데, 부산 동아대를 거쳐 아마추어 국가대표로 활약했고, 삼미슈퍼스타즈와 롯데자이언츠 등에서 프로 생활을 했다. 1984년 최동원이 한국시리즈 4승이란 대기록을 작성했을 때 롯데 마운드의 2인자였다.

한일친선고교대회

1974년에도 역시 한일친선고교대회는 열렸다. 일본고교야구연맹 초청으로, 황금사자기 우승팀(경남고)과 준우승팀(대구상고)을 주축으로 구성된 한국고교 선발은 8월 5일부터 15일까지 간사이關西 지방에서 5차전을 가진 끝에 3승2패를 기록했다.

당시 한국 대표님은 김희련 경남고 감독이 지휘봉을 잡았고, ▶투수＝정춘섭-배경환(이상 경남고), 강만식(광주일고), 김운룡(대구상고) ▶포수＝차동열(경남고), 김동원(부산상고) ▶내야수＝

홍종진-정기조-우경하(이상 경남고), 김한근-우주환(이상 대구상고) ▶ 외야수＝이충원(경남고), 이승후-장효조(이상 대구상고) 등으로 구성됐다.

특히 투수진에 초고교급 강속구 투수인 광주일고 2학년 강만식이 포함됐는데, 구석구석을 찌르는 예리한 강속구를 선보이면서 일본 원정에서도 두각을 나타냈다. 1949년 광주서중(광주일고 전신)을 청룡기 정상에 올린 김양중 이후로 광주일고 전성시대를 알리는 강만식의 등장이었다.

제4회 봉황대기

하지만 전년도 3관왕인 대구상고가 단 1개의 타이틀도 가져가지 못한다는 건 말이 안 되는 일이었다. 8월 12일부터 전국 47개 고교가 참가하면서 시작된 제4회 봉황대기 대회에서 대구상고는 드디어 재일동포팀을 누르고 꿈을 이루었다. 만약 대통령배에서 경북고를, 황금사자기에서 경남고를 각각 제쳤더라면 1973년의 3관왕(대통령배-황금사자기-봉황대기)을 그대로 재현하는 역사가 벌어질 뻔했다.

봉황대기 대회는 주최사인 한국일보사 장기영 사주의 바람대로 재일동포팀이 참가하는 것이 특징이다. 대구상고는 선린상고를 2대0, 세광고를 10대0, 대전고를 5대3, 광주상고를 9대2로 격파하고 결승전에 올랐다. 한편 재일동포는 인천공고를 7대0, 부산고를 2대0, 경동고를 8대3, 전주상고를 2대1로 꺾고 결승전에 도착했다.

당시만 해도 약세이던 호남 야구가 분전했다. 4강에 전주상고와 광주상고가 나란히 진출했기 때문이다. 두 팀 모두 결승전은 오르지 못했지만, 군산상고 이후 꿈틀거리던 호남 야구의 잠재력을 보여준 사례였다. 이에 비해 대통령배와 청룡기 우승팀인 경북고는 첫 번째 경기에서 휘문고에 1대2로 덜미가 잡혀 탈락했고, 황금사자기 우승팀인 경남고는 광주상고에 2대6으로 패배했다.

8월 26일 밤 열린 결승전은 밤하늘에 대구상고의 막강 타력을 뽐내는 날이었다. 대통령배와 황금사자기 모두 2년 연속 우승에 실패한 대구상고는 봉황대기만은 기어코 2년 연속 우승을 하겠다는 각오로 화력을 뽐어댔다. 3회초에 1번 장효조가 골프 스윙으로 솔로 홈런을 친 것이 기폭제였다. 4회초에는 4번 김한근이 우중간 3루타를 치고 나가자 5번 이승후가 왼쪽 펜스를 넘어가는 2점 홈런으로 화답했다. 3번 포수 신승식은 5타수3안타로 3타점을 기록했다. 대구상고는 재일동포 투수 3명에게 모두 12안타를 퍼부으면서 10대5로 압승했다. 특히 3회부터 6회까지는 매회 득점을 뽑아내기도 했다.

재일동포 투수진은 강속구의 이순호李順浩, 훗날 삼성라이온즈에서도 활약했던 사이드암 김성길金誠吉, 또 다른 강속구 투수 류경이柳敬二 등이 연이어 던졌으나 폭발한 대구상고 타선을 막기에는 역부족이었다. 완투한 김운룡 대구상고 투수는 9안타에

1974년 봉황대기에 출전한 대구상고 4번 타자 김한근 〈사진제공＝김한근〉

볼넷 2개를 허용하며 5실점 했으나 승리를 지키는 데는 문제가
없었다. 6회말 재일동포 3번 타자 차황백車晃伯에게 3점 홈런을
맞은 것이 흠이었다.

　김한근이 최우수선수상, 김운룡이 우수투수상, 장효조가 수
훈선수상을 받았다. 특히 대구상고 포수 신승식이 20타수11안
타로 타격상(0.550), 최다안타상(11개), 최다타점상(10타점)을 휩
쓸었다. 재일동포 포수 최용칙崔龍則은 감투상을 받았다.

　한편 봉황대기 기간 중인 8월 15일 광복절 경축식장인 국립
극장에서 비극이 벌어졌다. 일본에서 건너온 저격범 문세광이
쏜 흉탄에 대통령 영부인 육영수 여사가 시해되는 비상사태가
벌어져 야구장 분위기도 뒤숭숭했다.

전국우수고교초청야구대회 & 국회의장배

이제 한 해를 정리하는 제3회 전국우수고교초청야구대회가 9월 하순에 열렸다. 초청팀 기준은 예년과 비슷했다. 5개 전국대회(대통령배-청룡기-황금사자기-화랑기-봉황대기)의 우승팀과 준우승팀이다. 모두 8개 팀이 대상이었다.

9월 27일 밤 열린 최종결승전에서 경북고는 경남고에 선제 2점을 내주었으나, 4회말 연속 4개의 볼넷을 얻으면서 3점을 얻고, 5회말에는 3번 정진호의 2루타로 1점을 추가하는 등 6대4로 경남고를 이기고 우승을 차지했다. 이로써 경북고는 전국우수고교초청야구대회에서 3년 연속 우승을 차지한 것은 물론, 1974년 한 해만 해도 대통령배와 청룡기에 이어 3관왕을 차지하는 셈이 되었다. 한편 3-4위전은 김현성이 완투한 전주상고가 광주상고를 3대2로 제쳤다. 대회 전통에 따라 유일한 개인상인 타격상은 경북고 좌익수 장정호(0.400)가 받았다.

경북고는 이걸로 만족하지 못했는지 지방에서 열린 마지막 전국대회마저 가져갔다. 10월 1일부터 매일신문 주최로 대구시민운동장에서 열린 제9회 국회의장배 전국6도시야구대회는 9개 팀이 출전했다. 준결승전에서 경북고가 대건고를 8대3, 인천고가 대구상고를 1대0으로 격파하고 결승전에서 만났다.

인천고 임호균은 강타선의 대구상고를 맞아 볼넷 2개만 주면서 1974년에만 두 번째 노히트노런을 기록하며 기염을 토했다. 여느 투수에 비해 체구가 작고 볼 스피드가 느린 임호균은 평소 기록지 분석을 통해 타자들 성향과 자신의 장단점을 철저하게 연구한 뒤, 배짱과 자신감으로 원하는 코스에 90% 이상 집어넣었다고 한다. 실제로 국보투수 선동열은 1982년 세계선수권대회 연습을 하다가 잠시 쉬는 시간에 홈플레이트에다 야구공 하나를 놓고 임호균과 맞추기 시합을 했는데, 자신은 여러 번 던졌으나 맞추지 못했지만 임호균은 단번에 맞추었다고 했다. 임호균은 훗날 천안 북일고 이상군과 더불어 '컨트롤 아티스트'로 지금까지도 야구팬에게 회자되고 있다.

하지만 결승전에서는 경북고가 1학년 성낙수의 다양한 변화구로 인천고 타선을 봉쇄시키며 3대0으로 이기고 우승을 차지했다. 당시 인천고에는 임호균, 양승관, 김진우 등 훗날 프로야구에서 맹활약한 선수들이 다수 포진해 있었으나 우승과는 다소 거리가 있었다.

우수선수상은 성낙수, 감투상은 임호균, 미기상은 경북고 정진호, 타격상은 5할을 기록한 경북고 장정호, 감독상은 경북고 서영무 감독이 받았다.

그 해 마지막 대회인 제55회 전국체전 야구 고등부 결승전은 10월 13일 서울운동장에서 열렸는데 막강 타선의 대구상고(경북)가 휘문고(서울)를 5대0으로 셧아웃 시키며 금메달을 차지했다.

■ 1974년 제17회 이영민 타격상은 전국 5개 대회에서 타율 4할4푼을 기

록한 인천고 유격수 박명선朴明善이 받았다.

- 진로 – 대구상고의 장효조張孝祚, 김한근金漢根, 하광희河光熙, 신승식申勝湜은 모두 한양대를 선택했다. 김한근과 하광희의 경우 고려대와 한양대 사이에서 이중등록을 둘러싼 스카우트 파동의 주인공으로 뉴스에 나오기도 했다. 한양대는 경북고 4번 타자 장정호張正好도 데려갔다. 고려대는 대구상고 이승후李承候를 스카우트했고, 연세대는 경북고에서 정진호丁震鎬와 김대진金大鎭을 뽑았다. 이승후는 이미 고려대에 진학한 대구상고 1년 선배 신춘식의 권유로 고려대를 택했다고 한다. 경남고의 두 에이스 중에 정춘섭鄭春燮은 고려대, 배경환裵景煥은 연세대로 갈라섰다. 인천고 임호균任昊均은 훗날 동아대로 들어가지만 고교 졸업 직후에는 집안 사정으로 1년간 철도청에 들어갔다. 경남고 차동열車東烈은 제일은행을 선택했다. 군산상고의 조종규趙鍾奎와 김우근金宇根은 모두 건국대로 향했다. 중앙대는 대광고 김용달金龍達, 장충고 유종겸柳鍾兼, 군산상고 고명운高明運 등 짭짤한 전력을 확보했다. 당시로는 무명이었지만 훗날 프로야구 원년의 영웅인 박철순朴哲淳은 부산고와 대전대성고를 거쳐 졸업은 배명고에서 했는데, 연세대로 진학했다.

1955년생이다. 김한근은 1973
년과 1974년 대구상고 전성기
때 투수와 내야수를 번갈아 맡
으며 핵심 역할을 했다. 최우수
선수상도 많이 받았다. 마운드
에서는 승부를 즐기는 두둑한
배짱으로, 타석에서는 파워풀한
정교함으로 당시 신승식, 장효
조, 이승후와 함께 황금의 4인방
으로 불렸다. 대구 출신 선수들
이 단골로 가던 한양대를 거쳐
삼성라이온즈 창단 멤버가 되었

2001년 삼성라이온즈 타격 코치로 부임한 김
한근 〈사진제공=삼성라이온즈〉

고, 이후 빙그레와 태평양에서 선수생활을 했다. 프로야구 9시즌
동안 0.256의 타율에 26개의 홈런과 157타점을 기록했다.
은퇴 이후에는 삼성라이온즈 코치 등을 거쳐 2012년부터 2017년까
지 모교인 한양대 감독을 맡았다.

1973년 전국대회 3관왕을 했을 때 강태정 감독의 기동력 야구가 화제였는데.

"강태정 감독이 한전에서 선수생활을 마치고 대구상고로 부임하면서 '내가 시키는 대로만 하면 우승시켜 준다'고 말씀하셨다. 멤버도 별로 안 좋은데 인사말이려니 했다.

그런데 동계훈련을 시작하는데 남달랐다. 우선 웨이트 트레이닝을 강하게 시켰다. 스피드를 내려면 힘이 있어야 하고 그러자면 웨이트 트레이닝 뿐인데, 이상하게 당시에는 야구선수는 웨이트 트레이닝을 하면 안 된다는 편견이 있었다. 강 감독은 또 민첩성을 기르기 위해 뜀틀을 가지고 땅을 짚고 구르는 등 다양한 형태의 기계체조 훈련도 시켰다. 한겨울에는 체력훈련만 했는데 손의 감각을 잃지 않도록 하려고 핸드볼도 많이 시켰다. 그렇게 전혀 새로운 방법으로 연습을 했다.

동시에 부산 등지로 시합을 하러 많이 다녔다. 짧은 기간에 동계훈련을 세게 받고 나니 멤버들이 모두 기계화될 정도로 민첩하게 움직였다. 육군과도 시합하는데 별로 안 밀렸다.

그리고 무조건 안타 하나에 투베이스를 가는 것을 기본으로 알았고, 번트앤드런이라고 하여 번트를 대면 루상壘上의 주자가 투베이스를 가는 연습을 많이 했다. 요즘은 프로야구에서 수비 시프트를 많이 하는데, 당시 강 감독은 상대방에게 번트를 대주면서도 반드시 상대방 선행주자를 잡는 형태의 시스템 야구를 많이 했다. 그런 훈련과 연습을 하다 보니 우리가 위기를 맞아도 겁이 나지 않았다. 실업팀이 하던 고급야구를 그대로 가져와 기계화시킨 셈이다. 강태정 감독은 타선에서도 이승후만 고정 3번을 시키고, 나머지 타순은 매 경기마다 바꾸면서 경기 운영도 순발력 있게 했다."

그런데 강태정 감독이 왜 1973년만 지도하다가 대구상고를 떠났는가.

"1973년 2학년인 장효조, 신승식, 김한근, 이승후, 하광희 등이 고3으로 올라가면서 1974년에는 전관왕을 할 욕심도 생겼다. 그런데 갑자기 강태정 감독이 건국대로 옮기겠다고 했다. 대구 삼덕동 한전 관사에 있는 강태정 감독의 집을 선수들이 매일 찾아가 통사정했다. 강 감독의 마음은 반반인 듯했다. 그런데 강 감독의 어머니께서 우리를 앉혀 놓고 '너희를 보면 있어야 하지만 건국대에서 제시하는 조건이 너무 좋으니 이해해 달라'고 말씀하셨다. 승복할 수밖에 없었다."

강태정 감독이 떠난 1974년에는 1973년보다 성적이 못했는데.

"1973년에 우승을 많이 한 고2들이 스타가 되었으니 1974년 멤버로는 최고가 되었다. 하지만 역시 감독의 공백은 컸다.

첫 대회인 대통령배 결승전에서 경북고와 만나 1회에 10점을 주고 말았다. 당시 우리 멤버는 최하 5~6점은 낼 타력을 지녔는데 1회에 1점도 안 주려고 계속 전진수비를 했고, 7~8점 줄 때까지 그랬다. 정상수비를 했으면 잡을 공이 모두 옆으로 빠져나가는 행운의 안타가 되었다. 감독의 작전 능력 자체가 달랐다. 경북고는 베테랑 서영무 감독이고, 우리는 초임 감독이었으니 비교가 되지 않았다. 당시 투수 기용도 이상했다. 1학년 송진호를 등판시켰는데, 비록 대구중 시절에는 '한국판 에가와'라고 불릴 정도로 유망주였지만 큰 경기에서는 당황했는지 송구 실책을 하고 말았다.

이후 감독이 경질되고, 새로 부임한 김광웅 감독은 대구상고의 타력이 좋으니까 번트는 절대 대지 않겠다는 전략을 폈다.

강태정 감독이 계속 계셨다면 1974년에도 대통령배(준우승), 봉황대기(우승), 황금사자기(준우승)를 모두 우승하면서 고교야구 사상 처음으로 3개 대회를 2년 연속 3관왕 할 수 있었겠지."

대구상고에서 한양대로 진학할 때 사연이 많았다는데.

"대학 갈 때 하광희와 함께 고려대를 가느냐 한양대를 가느냐로 많은 실랑이가 있었고, 뉴스에도 나왔다. 예비고사를 치고 나오는데 한양대 선배들에게 납치되다시피 해서 결국 한양대 선배인 정순명 투수의 충남 당진 집 근처에 40일간 묵기도 했다. 정순명 선배 집은 충청도 부자로, 그 일대 보이는 땅이 모두 소유라고 할 정도였다. 결국 이중등록 문제 등 우여곡절을 겪은 끝에 하광희와 함께 한양대에 정착하게 됐다."

당시 대구상고의 4인방(신승식-장효조-이승후-김한근) 인기가 높았는데.

"우리가 잘했다기보다 강태정 감독을 만나서 빛을 보았다. 우리는 주자로 나가면 무조건 알아서 뛰는 그린라이트였다. 나는 체격이 좀 있어서 느린 줄 아는데 한양대 시절 야구부 달리기에서 나와 장효조가 11초3으로 똑같았다. 우리 4명은 도루는 무조건 노 사인, 1루타를 쳐도 투베이스, 번트 하나로 투베이스 진루, 수비에서는 번트 시프트로 선행주자 죽이기 등을 척척 해냈다.

신승식은 한양대 이후 야구와 멀어져 지금은 대구에서 사업을 하고 있고, 장효조는 2011년 별세했고, 이승후는 고려대와 한국화장품에서 야구하다가 그만두었으며 송파구 방이동에서 장원곱창을 크게 운영했었다.

대구중 시절에는 원래 이승후가 투수를 했는데 광주 경기에서 갑자기 아프다고 해서 내가 마운드에 올랐다. 배팅 볼을 많이 던지면서 가끔 변화구도 구사했다. 황금사자기 예선전 하는데 강태정 감독이 불러 '주전투수인 박기수와 석주옥이 어깨가 아프다니 네가 던져 보라'면서 슬라이더를 가르쳐 주셨다. 실밥을 오른손 매듭에 쥐고 중지를 살짝 틀어주면 된다는 것이었다. 그때부터 마운드에 자주 올랐고, 봉황대기와 황금사자기 결승전에서도 모두 등판했다. 나는 이상하게 관중이 많을수록 더 신이 났고, 모두 나를 응원하는 것 같았다."

타격의 달인이라는 고故 장효조 선수와는 인연이 남다른데.

"장효조와는 중학교, 고등학교, 대학교, 프로까지 모두 같이 뛰었다. 대구중 때 덩치는 작았으나 남들이 스윙을 10개 돌리면 장효조는 100개를 돌렸다. 참 열심히 했다. 대구중 때는 주전으로 잘 뛰지 못했고, 왼손인데도 구수갑 선생님이 2루수를 시켰다.

대구상고 올라가서는 연습도 더 열심히 하고, 스윙도 더욱 부드러워졌다. 당시 장효조는 1973년에 고1로 불리다가 1974년에는 갑자기 고3으로 소개되었다. 원래 1972년에 1학년 입학했을 때 '너는 덩치가 작으니 더 키워야 한다'면서 1학년 때는 등록을 안 시키고, 2학년 때 1학년이라고 등록시켰다. 그때는 무조건 덩치가 커야 한다는 편견이 있었던 모양이다. 그런데 학교는 실제로 2학년을 다녔고, 때마침 2학년 때 갑자기 유명해지면서 그냥 학년 유급이 없이

1974년 고3으로 정상 졸업한 것이다.

1974년 12월부터 1975년 1월까지 대한야구협회에서 우수선수훈련
단을 만들어 거기에서 대표선수를 선발키로 했다. 유망주들을 뽑아
서 훈련시켰는데 고3 졸업반 중에는 장효조, 장정호, 김한근 등 3
명이 뽑혔다. 당시 내가 장효조보다는 덩치가 크고 힘도 좋다고 생
각했다. 하지만 서울운동장 트레이닝센터에 갔는데, 장효조는 온갖
무겁다는 벤치프레스를 다 드는데 윤동균과 나는 하나만 들고 둘은
들지 못했다. 그때 장효조의 힘이 천하장사였음을 알았다. 장효조
는 발도 빨라서 삼성라이온즈에 와서 1년에 내야안타를 30~40개
치곤 했다.

남들은 장효조가 사교적이지 않아 거만해 보인다고 말하기도 하지
만, 실제로는 무척 소심하고 타석에서도 찬스가 되면 안절부절 못
하는 스타일이었다. 워낙 실력이 좋아서 그런 티가 안 났지 무척 여
린 친구였다. 그렇게 뛰어난 장효조가 은퇴하고 나서 자기보다 성
적이 나빴던 친구들이 감독하고 코치할 때 무척 스트레스를 많이
받아 결국 사망에 이른 것이라고 보인다. 최동원도 비슷한 스트레
스로 사망했지. 슈퍼스타 2명이 모두 스트레스로 세상을 떠났다."

1956년생이다. 포항 출신으로 야구를 하기 위해 대구 경상중학교로 전학 왔고, 이후 경북고로 진학했다. 정진호는 경상중, 경북고, 연세대에서 유격수로 맹활약했으며 주로 1번이나 3번을 치면서 찬스 때마다 적시타를 터트리는 교타자였다. 삼성라이온즈, 청보핀토스, 태평양돌핀스 등에서 선수생활을 하다가 은퇴했다. 이후 태평양, 현대, LG 등에서 코칭스태프로 활약했고, 모교인 연세대 감독을 지내기도 했다.

1974년 경북고 우승의 주역이었던 정진호 유격수 겸 3번 타자 〈사진제공=정진호〉

1974년 대통령배 결승전에서 1회 10점을 내면서 대구상고를 침몰시켰다. 당시 스토리가 많을 텐데.

"얼마 전 동대문운동장 역사박물관에 가봤더니 1970년대 고교야구 기록이 많아 감회가 새로웠다.

당시 경북고 마운드는 좀 약했다. 다만 1학년 성낙수는 손재주가 좋아 슬라이더를 잘 던졌고 그래서 오태섭, 김무균 같은 선배들보다도 많이 등판했다. 사실 대구 지역 예선에서 우리가 대구상고를 한 번도 이긴 적이 없었다. 대구상고는 전년도 우승팀이었으니 자동 출전하게 됐고, 그러다 보니 대구에서 1개 팀이 더 갈 수 있어 우리가 출전한 것이다. 대구상고 멤버가 너무 좋았다. 그런데 우리가 1회에 10점을 내니까 서영무 감독의 얼굴 표정이 변했다. 우승하면 어디로 낚시나 가자고 농담할 정도였다. 당시 대구상고 수비진은 1점을 안 주려고 과도하게 전진수비를 했는데, 왜 그랬는지 이해가 안 되었다. 대구상고 타선이라면 5~6점은 거뜬히 낼 텐데.

그 당시는 경북고가 우승하면 대구 시내 축하 퍼레이드를 일부러 반월당을 지나 대구상고 앞을 지나갔고, 반대로 대구상고가 우승하면 명덕로터리를 지나 대봉동으로 와서 경북고 앞을 지나가고 할 때였다. 그만큼 라이벌 의식이 강했다."

야구를 잘하기 위한 연습은 어떻게 했나.

"원래 고향이 포항인데 야구하고 싶어서 대구 경상중으로 전학했다. 아버지가 일제강점기 때 야구를 좀 하셔서 어릴 때부터 내가 공을 잘 받았고, 초등학교나 포항중학교 야구부에서는 포수를 했다. 3학년 중순쯤 전학 왔는데, 경상중에는 이미 장정호라는 뛰어난 포수가 있었다. 포지션을 유격수로 변경하고 매일 열심히 수비훈련을 했는데 실력이 나아졌다.

이후 경북고 2학년에서 3학년 올라갈 때 연습을 하다가 어깨를 다쳐서 가장 중요한 1~2월 훈련에 참가하지 못했다. 암담했다. 한 해

그 시절 우리는 미쳤다 1970년대 고교야구

실력이 결정되는 시기인데 자칫 대학이나 실업팀에도 못 간다는 걱정이 앞섰다. 몸이 좀 회복되면서 집중훈련을 했다. 당시는 통행금지가 있던 시절이고 누나가 학교 앞 자취방에서 밥을 해주고 있었다. 매일 찬합에 밥 2끼를 싸와 학교에서 도시락을 차례로 먹고 통행금지 직전까지 비가 오나 눈이 오나 연습했다. 그때 타격이나 수비 실력이 부쩍 늘었다.

또 서영무 감독께서는 정신적, 심리적인 면을 잘 이끌어 주셨다. 힘들 때 마인드 컨트롤 하는 방법도 배웠다. 가령 관중이 있을 때, 나에게 찬스가 왔을 때 등을 상상하면서 플레이했다."

당시로는 드물게 안경을 끼고 운동했는데.

"그 당시 눈이 난시여서 콘택트렌즈를 착용할 수 없었다. 굉장히 불편했다. 뒤에 최동원이나 양상문 등이 나왔지만, 안경을 끼고 운동하는 친구들이 별로 없던 시절이었다."

연세대 시절에도 잘했는데 왜 프로에 와서는 성적이 별로였는가.

"대학야구, 실업야구, 육군 경리단 등에서는 그런대로 야구를 잘 했는데 프로야구는 정말 많은 게임에다 자주 이동하기 때문에 체력적으로 무척 힘들었다. 정말 프로야구 선수는 든든한 체력이 없으면 안 되겠더라. 거의 매일 연습과 실전을 계속 하니 버티지 못했다. 그래서 비교적 일찍 그만둔 것 같다."

경북고 2년 선배인 황규봉과 이선희의 연습 포수였다는데.

"1학년 입학했는데 포수했다는 경력 때문에 3학년 황규봉과 이선희 선배의 공을 자주 받아주었다. 당시 대봉동 경북고 운동장 불펜이 오동나무 그늘 밑에 있었는데, 약간만 그늘이 지거나 한눈팔면 그 선배들 공을 못 잡을 정도로 위력이 대단했다."

연세대에서는 2년 후배인 최동원과도 같이 뛰었는데 어떠했나.

"최동원이 1학년 신입생으로 들어왔을 때 한겨울 캐치볼을 하는데 볼의 회전속도가 옆에서 들릴 정도로 위력이 대단했다. 당시에 최동원 아버지가 아들에게 인생을 걸었다고 할 정도였는데, 투구를 하고 나서 일제 전자기계로 아들을 치료해주고 관리해 주었다. 당시로는 엄청나게 과학적 관리였다. 최동원이 든든하게 지켜주었기에 연세대가 실업팀을 맞이해서도 1점 내면 이기고, 2점 내면 아예 끝났다고 생각했다. 배짱도 두둑했다. 그때부터 최동원 스토리가 시작되었던 셈이다."

요즘 고교야구 후배들에게 조언한다면.

"평생 야구할 것이 아니므로 학창시절에 기본적인 지식과 교육은 놓치지 말아야 한다. 요즘은 수업을 다 받도록 제도적으로 감시한다지만 본인의 마음이 없으면 소용없다. 나중에 사회생활을 할 때 필요한 기초적인 지식과 학식이 없으면 삶이 힘들어진다. 요즘은 실업팀도 없으니 문이 좁은 프로야구가 아니면 참 힘들어진다. 그러니 기본교육을 성실하게 다 받아야 한다. 학교생활에 충실하고, 일반 친구도 많이 사귀어두는 게 좋다."

6

1975년 :
광주 야구의 부활로 더욱 뜨거워진 승부

1975년의 고교야구를 언급하기 전에 먼저 황지우 시인의 작품 〈5월 그 하루 무덥던 날〉을 읽어볼 필요가 있다. 황지우 시인은 1952년생으로 광주일고를 졸업하고, 1972년 서울대 미학과에 입학했다. 민주화운동에 참여하면서 구속되는 등 우여곡절을 겪었다. 그 작품은 광주민주화운동 이후 시점에서 광주일고와 경북고의 야구 경기를 소재로 했지만, 실제 광주일고와 경북고가 결승전에서 맞붙은 화제작은 1975년에 나왔다.

광주일고는 1949년 광주서중 시절에 전설의 투수 김양중이 경남중 장태영과 벌였던 승전보 이후에는 야구 불모지로 남아 있었다. 하지만 1971년부터 신생팀 군산상고가 두각을 나타내면서 호남 야구의 부활을 알리는 조짐이 여기저기에서 나왔다. 가장 강력한 신호는 드디어 광주일고에 강속구를 주무기로 하는 초고교급 투수가 등장했다는 점이다. 바로 3학년 강만식 투수다.

강만식은 3월 25일 열린 전남 중-고교 춘계연맹전 겸 제9회 대통령배 전남 예선에서 진흥고를 상대로 10타자 연속 삼진을 포함해 18개의 삼진을 잡은 끝에 4대0으로 생애 두 번째 퍼펙트게임을 기록했다. 퍼펙트게임을 그것도 고교 시절에 이미 2번이나 수립했으니 강만식이 보통 투수가 아님을 알 수 있다.

사실 강만식은 신장 179cm로 당시로선 큰 키에 말라 보이는 몸매 때문에 외형만 보아서는 빠른 공을 던지기 힘들어 보였다. 하지만 유연한 몸짓에 스윙하듯 체중을 공에 실어 보내면서 당시 고교 투수로서는 가장 위력적인 공을 던졌다. 스피드건이 없었지만 요즘 기준으로 145km/h 이상은 던졌다는 느낌이다. 당시 강만식의 위력에 대해 광주일고 2루수였고 지금은 부상으로 병상에 있는 차영화는 "강만식의 강속구를 제대로 치는 타자가 별로 없었다. 타자가 가끔 친 볼도 강속구에 밀려 대부분 내가 서 있는 2루 쪽에서 땅볼 아웃되곤 했다"고 말한 적이 있다. 특히 초속과 종속의 차이가 별로 없어 공 끝이 예리하고 위력 있었다는 평가다. 강만식은 이후 농협, 대학야구, 프로야구에서 던지긴 했지만 잦은 부상으로 인해 고교 시절과 같은 압도적 위력을 보이지는 못했다.

퍼펙트게임 이야기가 나왔으니, 1975년은 고교야구나 실업야구에서 퍼펙트게임 풍년이었다. 선린상고의 사이드암 투수 이길환은 5월 22일 열린 제30회 청룡기 서울시 예선 2일째 경기에서 상문고를 상대로 1대0 퍼펙트게임을 수립했다. 또 한국 전력의 강용수 투수는 제25회 백호기 전국대회 겸 제11회 아시 아선수권대회 출전선수 최종선발전 2일째 경기에서 중앙대를 상대로 단 75개의 공을 던져 삼진 5개를 포함해 4대0으로 퍼펙 트게임을 수립했다.

퍼펙트게임보다는 못하지만 역시 대단한 기록인 노히트노런 도 심심찮게 나왔다. 4월 17일 대구상고 출신의 영남대 투수 석 주옥은 인천공설운동장에서 열린 전국대학춘계연맹전에서 동 아대를 상대로 삼진 6개를 뺏고 볼넷 4개만 허용하면서 노히트 노런을 기록했다. 또 4월 18일 대구에서 열린 문교부장관기 첫 날 경기에서 경북고 투수 오태섭은 부산고를 상대로 1대0 노히 트노런을 수립했다.

1975년의 시즌 개막전으로 대구종합경기장에서 열린 제15회 문교부장관기 전국4도시야구대회는 6개 팀이 자웅을 겨뤘다. 4 월 23일 열린 결승전에서는 대구 대건고가 경북고를 2대0으로 제치고 대회 3년 연속 우승에 성공했다.

대건고 원민구 투수가 우수상을 받았는데, 그는 바로 2021년 삼성라이온즈의 에이스로 성장한 원태인의 아버지다. 천부적 인 야구 감각에다 빠른 발을 겸비해 장래가 기대되었으나 계속 성장하지는 못했다. 당시 대건고에는 원민구-허규옥-박승호- 장태수 등 쟁쟁한 멤버들이 있었고, 2년 뒤에 충암고 소속으로 변신하여 봉황대기를 우승하는 주역인 기세봉-이근식 등도 1

학년으로 참가했다.

제9회 대통령배

드디어 5월 7일부터 전국 19개 팀이 참가한 가운데 제9회 대통령배 대회가 시작됐다. 당시 서울운동장 야구장 입장권은 특석이 530원, 일반석이 430원, 학생이 190원이었다. 그런데 '박스컵'으로 불리는 제5회 박대통령컵 쟁탈 아시아축구대회가 8개국이 참가한 가운데 5월 10일 서울운동장에서 개막되면서, 고교야구에만 쏠리는 관중이 분산되는 효과가 나타났다. 하지만 고교야구 특유의 드라마는 첫날인 5월 7일부터 속출했다.

광주일고와 서울 보성고의 1회전 경기가 인상적이었다. 1975년 최고 투수인 강만식과 이미 선린중 시절부터 중학야구를 제패했던 이창호가 팽팽하게 맞섰다. 이창호가 누구인가. 선린중 3학년이던 1972년 11월 12일 성남중을 상대로 삼진 11개를 잡으며 퍼펙트게임을 기록하더니, 열흘 뒤인 11월 22일에는 한영중을 상대로 역시 11개의 삼진을 잡으며 노히트노런을 기록한 투수다. 최동원과 비슷하게 빠른 볼을 자랑했다. 그러니 더욱 흥미진진했고, 강만식도 긴장했다. 8회까지 2안타만을 허용하며 마운드를 굳건히 지켰던 강만식은 9회초 위기를 맞았다. 보성고 8번 김철민에게 좌전안타, 9번 이창호에게 3루수 실책을 허용해 주자 1-2루를 맞았다. 이때 2번 타자에게 볼넷을 내주면서 만루가 되었다. 문제는 타석에 등장한 3번 박영민에게 다시 스트레이트 볼넷을 내주면서 급기야 밀어내기로 1점을 내주고 말았다. 스코어 0대1. 광주일고 입장에서 패색이 짙어갔고, 응원석에는 불안감만 쌓여갔다.

9회말 광주일고가 공격을 하고 있는데, 갑자기 보기 드문 해프닝이 벌어졌다. 광주일고 1번 차영화가 친 좌중간을 뚫는 공을 중견수가 다이빙 캐치하면서 잡았다. 보성고 응원단은 난리가 났다. 그때 보성고 응원석에서 관중 한 명이 야구장 가운데로 뛰어 들어와 마운드에 있는 보성고 투수 이창호의 손을 잡고 악수를 나누었다. 결과적으로 투수의 예민한 심리를 외면한 무개념 행동이 되고 말았다. 잠시 어안이 벙벙하던 이창호는 2번 이기종에게 몸에 맞는 볼을 던졌다. 어이없다는 표정을 짓던 이창호가 다음 타자에게 무심하게 던졌던 것일까. 3번 이현극은 원스트라이크 투볼에서 이창호가 던진 4구를 그대로 당겨 극적인 굿바이 투런 홈런을 뽑아냈다. 공은 큰 포물선을 그리며 둥실둥실 펜스를 넘어가 버렸다. 2대1 역전승을 성공시킨 것이다. 보성고 선수들은 수십 분간 주저앉아 울었다.

그날 투수 강만식은 심판 판정에 불만을 토로했다. 9회초 밀어내기로 1점을 줄 때 연속으로 볼넷을 주었다는데, 사실은 대부분 스트라이크존으로 꽂히는 볼이었다는 것. 호남 야구에 대한 주심들의 편파적인 판정이 아닌가 하는 의구심도 든다고 밝혔다.

대통령배 첫날에는 또 강호 대구상고가 2학년 에이스 김시진이 완투했음에도 동산고에 2대3으로 패배했다. 반면 김시진과 같은 2학년 라이벌인 경남고 최동원은 서울 배문고에 5대0 완봉승을 거두었다. '50만원 어깨보험'으로 화제를 모은 최동원은 동대문상고와 2회전에서도 4안타만 허용하고 무려 15개의 삼진을 빼앗으면서 대스타의 본격적인 등장을 알렸다. 동대문상고는 7개의 실책을 범하는 바람에 경남고가 5대1로 쉽게 승리했다.

드디어 철도고를 제외한 서울팀이 모두 탈락한 가운데 8강이 확정됐다. 8강전의 하이라이트는 광주일고와 경남고의 대결. 하지만 승부는 너무 쉽게 끝났다. 경남고는 광주일고 강만식에게 단 1안타 밖에 때리지 못한 반면, 광주일고는 경남고 최동원을 난타하여 7대0 대승을 거두었다. 또 세광고는 동산고를 2대1로 꺾고 전국대회 4강에 오르는 감격을 맛보았다. 이밖에 군산상고는 광주상고를 3대0으로, 경북고는 철도고를 4대2로 누르고 4강에 진입했다.

준결승전에서 경북고는 군산상고를 4대3, 광주일고는 세광고를 10대1로 격파하고 결승전에 올랐다. 특히 경북고는 역전의 명수라는 군산상고에게 감격적인 역전승을 거두었다. 9회말까지 1대3으로 끌려가던 경북고는 9회말 6번 오태섭이 왼쪽 펜스를 가까스로 넘어가는 극적인 투런 홈런을 때려 3대3 동점을 이루었고, 8번 김종기가 다시 극적인 역전 굿바이 홈런을 날려 4대3으로 승리했다.

당초 5월 13일 열릴 예정이었던 결승전은 비로 하루 연기되었다. 5월 13일은 유신체제에 대한 반대를 강압적으로 억누르는 긴급조치 9호가 선포된 날이기도 하다. 사회적으로 다소 어수선한 분위기 속에서 5월 14일 밤 광주일고와 경북고가 마주 섰다. 경기 시작 1시간 전인 데도 이미 서울운동장 야구장은 3만 명 넘는 관중들로 입추의 여지가 없었다. 특히 3루 쪽 내야석과 외야석에서 광주일고를 응원하는 관중들의 열기는 대단했다. 김양중 이후 26년 만에 고교야구 패권에 도전하는 광주일고와 당대의 챔피언 자리를 지키겠다는 경북고의 경기는 지방에서 상경한 양 팀 재학생은 물론, 서울에 있는 동문까지 빽빽하게 참석하여 역대 결승전 사상 가장 뜨거운 응원전이 펼쳐졌다.

특히 같은 날 바로 옆 축구장에서는 박스컵 한일전이 열려, 양 경기장 관중을 합쳐 5~6만 명이 동대문 일대에 모였다. 차도까지 인파로 뒤덮이고, 교통 정리하는 경찰들은 혼이 났다.

광주일고는 에이스 강만식을, 경북고는 2학년 기교파 성낙수를 선발로 기용했다. 양 팀은 초반에 가벼운 찬스를 주고 받았지만 점수로는 연결시키지 못했다. 4회까지는 양 팀이 0대0으로 팽팽한 투수전을 이어 나갔다.

드디어 5회초에 광주일고는 관중석을 흥분과 광란의 도가니로 몰아넣기 시작했다. 4번 타자 김윤환은 경북고 투수 성낙수가 2구째로 던진 몸쪽 직구를 그대로 받아쳐 광주일고 응원석에 꽂히는 좌월 솔로 홈런을 날렸다. 광주 사레지오초등학교 6

학년 때 야구를 시작한 김윤환은 무등중학교를 거치면서 거포로 변모했다. 조짐이 심상치 않았다. 반면 경북고는 5회말 5번 장성규가 볼넷, 6번 오태섭이 내야안타로 득점 찬스를 맞았으나 광주일고 내야진의 호수비로 무위에 그쳤다.

6회초 운명의 시간은 다시 다가왔다. 투아웃 이후에 광주일고 2번 이기종이 우전안타, 3번 이현극이 볼넷으로 1-2루를 만들자 등장한 4번 타자 김윤환. 그는 볼카운트 1-1에서 성낙수의 제3구 몸쪽 커브를 가볍게 돌려 쳤는데 공은 밤하늘로 높이 치솟아 쭉쭉 뻗더니 다시 한 번 광주일고 외야 응원석에 꽂히고 말았다. 3점 홈런이었다. 스코어는 4대0.

광주일고는 7회초에도 경북고 오태섭 투수의 2루 견제 악송구로 1점을 추가했다. 5대0. 하지만 여기가 끝이 아니었다. 8회초 김윤환은 다시 마운드에 오른 성낙수의 몸쪽 직구를 강타해 거의 똑같은 코스에 떨어지는 3번째 홈런을 기록했다. 크리켓에서 유래되었으며 축구 경기에서 한 선수가 3골을 넣었을 때도 사용되는 용어인 해트트릭Hat Trick이 야구에서 벌어진 것이다.

김윤환의 방망이는 신들린 듯 돌아갔고, 그때 TV 화면에 보여진 성낙수 투수의 모습은 더 신들린 듯 보였다. 홈런을 맞은 3개 공이 모두 몸쪽 직구나 커브였다. 김윤환 본인에 따르면, 마치 무슨 힘에 이끌린 듯 저절로 방망이가 돌아갔고, 관중의 함성은 거의 들리지 않은 채 혼자 숲속을 달리는 기분으로 베이스를 돌았다고 한다. 공군 장교인 아버지(김동찬)의 아들답게 그날 김윤환은 하늘을 휘저으며 날았다. 스코어 6대0. 광주일고 응원석은 서울의 밤하늘이 떠나가라 함성을 질렀고, 반대로 경북고 응원석은 망연자실한 가운데 정적만 감돌았다.

당시 한국 야구사에서 3연타석 홈런은 드물었는데 1970년 제일은행 이재우, 1973년 연세대 김봉연이 기록한 것이 고작이다. 성낙수 투수는 훗날 "설마 하고 오기로 던졌는데 김윤환 선수가 계속 신들린 듯 똑같은 코스에 처박아 넣었다"고 회고했다. 성낙수는 손재주가 많아 슬라이더를 비롯한 변화구에 능했던 반면, 구질이 가벼워 종종 장타를 맞는 편이었다.

성낙수는 경희대를 졸업한 뒤 삼성라이온즈에서 프로 생활을 시작했지만 1991년 장명부와 함께 필로폰 투약 논란으로 어려움을 겪었다. 하지만 이후 성광중-제주고-한려대 등에서 야구 감독으로서 능력을 보였으며, 제주도에서는 '성낙수 효과'라는 말이 나올 정도로 제주고를 상당한 강팀으로 키웠다.

그날 강만식은 9회말 경북고가 불쌍해 보였는지, 아니면 경기를 빨리 끝내기 위해 맞춰 잡겠다고 해서인지 2점을 내주었다. 경북고 2번 타자 임종호가 우전안타, 5번 타자 장성규가 유격수 에러로 진출한 뒤 6번 오태섭의 적시타로 2점이 들어왔다. 하지만 이미 대세는 기울었다. 밤 9시 20분, 스코어 6대2로 경기는 끝났다.

김윤환이 수훈상, 타점상(9점), 타격상(0.467), 최다안타상(7안타)을 모두 휩쓸었다. 우수투수상은 강만식, 감투상은 경북고 1

루수 장성규, 도루상(4개)은 철도고 유격수 문호승, 지도상은 광주일고 이병열 감독이 받았다. 성낙수는 흔히 준우승 투수에게 주는 감투상도 받지 못했다.

선수들은 이병열 감독을 헹가래치면서 웃음과 눈물바다를 이루었고, 경기장에는 광주일고 출신인 당시 유기춘 문교부장관과 1949년 청룡기 대회 우승 투수인 김양중도 나와 응원했다. 이병열 감독은 광주일고 대선배인 김양중이 추천한 기업은행 출신 인물인데, 광주일고 선수들도 좋아했다.

그날의 경기는 '1970년대 고교야구의 제왕'이라는 경북고가 가장 처참하게 패배한 경기로 지금까지도 회자되고 있다. 광주

1975년 대통령배에 우승하고 광주역 환영행사에 도열한 광주일고 선수들. 왼쪽부터 주장 정윤택, 투수 강만식, 3번 이현극, 4번 김윤환. 〈사진제공=정윤택〉

그 시절 우리는 미쳤다 1970년대 고교야구

일고의 우승은 당시 경상도 권력에서 소외된 느낌을 갖고 있던 호남인에게는 최고의 선물이었다. 광주일고가 우승한 5월 14일 밤, 광주시는 축제였다. 충장로를 비롯한 시내 곳곳에서 통금 시간이 될 때까지 술 잔치가 이어졌다. 어쩌면 2002년 월드컵 4강 진출 때보다 더한 축제 분위기였다.

5월 16일 고향으로 돌아온 광주일고 선수단은 개선장군과도 같았다. 선수들은 군부대에서 제공한 지프차에 나눠 타고 광주역에서 출발해 금남로를 돌아 광주일고 교정까지 카퍼레이드를 했다. 환영 시민이 운집하고, 꽃가루는 하늘에 난무했다.

1975년 대통령배 우승하고 광주일고로 돌아온 선수단이 교정에 있는 운인雲人 송홍 宋鴻 선생(1929년 광주학생독립운동을 독려했던 당시 광주고보 교사) 흉상 앞에서 묵념하고 있다 〈사진제공＝강만식〉

제30회 청룡기

경북고는 처참하게 깨졌다. 하지만 '1970년대 고교야구 황제'라는 타이틀이 그저 붙여진 게 아님을 보여주었다. 6월 5일부터는 전국에서 12개 팀이 참가한 가운데 제30회 청룡기 대회가 열렸다.

특기할 것은 훗날 한국 프로야구 홈런왕인 대구상고 1학년 이만수가 처음으로 서울운동장에서 홈런을 치게 된다. 대회 첫날 대구상고는 대전고에 2대7로 패하면서 탈락했다. 이때 2점은 4회부터 포수 마스크를 쓴 이만수가 김태호 투수로부터 친 투런홈런이다. 이만수는 "전날 밤 서울운동장을 사전답사해서인지 투수의 공이 수박만큼 보였다"고 말했다. 팀은 졌는데 홈런쳤다고 좋아했다가, 선배들에게 엄청난 기합을 받았음은 물론이다.

또 다른 특이점으로는, 대통령배 우승팀 광주일고가 청룡기 예선에서 동신고에 패배하는 바람에 본선 진출을 하지 못했다. 당시 동신고에는 훗날 신일고로 전학한 차용갑, 김경훈 등이 포진해 있었다. 광주일고는 동신고에 패배하면서 이번에는 지역사회에서 엄청나게 욕을 먹었다. 때마침 주축 선수들이 한꺼번에 부상을 당했는데, 동신고 패배에 대한 비난과 맞물려 멤버들끼리 싸웠다는 괴소문이 돌기도 했다. 하지만 모두 낭설이었고, 청룡기 예선전을 치를 무렵 4명의 선수가 크고 작은 부상을 입은 것이 원인이었다. 강만식은 연일 무리하게 던진 후유증으로 갈비뼈 골절, 김윤환은 야구화 스파이크 철심에 찔려 발목 염증, 주장인 정윤택은 일본에 있는 선배들이 보내준 피칭머신에서 날아온 공에 맞아 손목이 부러져 깁스를 했고, 이현극은 전주에서 열린 호남 우수고교 대회에 갔다가 2학년 김광석과 군밤 맞기 오목을 두었는데 한 번 져서 도망을 치다가 문에 머리를 세게 부딪치면서 피가 철철 흐르는 부상을 입었던 것이다. 하지만 정작 동신고는 청룡기 첫날 휘문고 김현재 투수에게 삼진 15개를 빼앗기며 0대4로 완봉패하고 말았다.

당시 청룡기 대회는 패자부활전이 있었다. 승자준결승전에서 경북고는 세광고를 5대2로, 대전고는 마산상고를 15대0으로 격파했다. 경북고는 승자결승전에서 김태호 투수와 이강일 2루수가 발군의 활약을 보인 대전고를 3대1로 누르고 일단 우승 고지에서 느긋하게 기다렸다.

패자준결승전에서는 선린상고가 마산상고를 7대3으로 이겼다. 마산상고는 165cm 신장의 1학년 엄태섭 투수가 주목을 받았으나, 아무래도 역부족이었다. 패자결승전에서도 선린상고는 대전고를 3대2로 제압하면서 대망의 결승전에 올랐다. 선린상고는 세광고에 0대1로 아깝게 졌다가 패자부활전을 통해 속속 치고 올라와 결승전까지 도달했다. 경북고로서는 이기면 그대로 우승 확정이고, 지더라도 다시 최종결승전을 갖는 여유가 있었다. 거의 혼자서 던지던 선린상고 사이드암 이길환에게는 고난의 대진표였다.

6월 12일 열린 결승전은 양 팀이 연장 13회까지 갔으나 2대 2로 비겼다. 선린상고는 이길환이 진통제까지 맞으면서 완투했고, 경북고는 성낙수와 오태섭이 이어 던졌다. 경북고는 1루수 장성규와 유격수 김종기가 각각 악송구를 하면서 2점을 내준 것이 뼈아팠다. 당시 통행금지가 있던 시절이라 밤 10시 15분 이후에는 새로운 이닝에 들어가지 못하는 관계로 결국 다음 날 재경기를 갖도록 했다.

6월 13일 열린 선린상고와의 결승전 재경기는 전날의 열기가 그대로 이어졌으나 경기 내용은 사뭇 달랐다. 경북고 투수 성낙수는 자신에게 3연타석 홈런을 빼앗은 광주일고 김윤환이 보라는 듯 선린상고 타선을 3안타로 막고 3대0 완봉승을 거두었다. 선린상고는 그동안 고군분투하던 1학년 에이스 이길환이 연투로 인한 어깨 고장 때문에 우익수와 1루수로만 뛰었다. 대신 양재락과 신군식이 이어 던졌으나 역부족이었다.

선린상고 이길환은 서울시 예선전에서 5게임에 45이닝, 본선에서는 7게임에서 55와 2/3이닝을 혼자 던졌는데 특히 대전고와 패자결승전을 치르면서 어깨 부상을 입은 후유증이 컸다. 이길환은 청룡기 대회 동안 체중이 6kg이나 빠졌다고 하는데 마운드에서 곧장 울기도 해 '눈물의 투수'로 불리곤 했다. 학업 성적도 우등에 속하며, 바둑 2급의 실력을 지녔다. 훗날 이길환은 연세대와 MBC청룡 등에서 활약했는데 특히 1982년 프로야구 개막전에서 MBC청룡의 선발투수로 나서기도 했다. 어릴 때부터 야구 실력이 탁월했던 이길환이지만 2007년 췌장암에 걸려 48세의 젊은 나이로 세상을 떠나 1970년대 야구팬들의 가슴을 아프게 했다.

선린상고는 훗날 OB베어스에서 뛰었던 2번 타자 2루수 김광수 혼자 2안타를 치며 분전했으나 찬스 때마다 결정타가 터지지 않아 패하고 말았다. 이길환은 1루를 보다가 결정적인 에러를 범해 경기를 마치고 다시 울음을 터트렸다.

경북고는 1번 좌익수 박해성, 2번 포수 손상득, 3번 3루수 임종호, 4번 우익수 박정환, 5번 1루수 장성규, 6번 2루수 오태섭 등이 고루 안타를 치면서 점수를 쌓았다.

우수선수상은 경북고 포수 손상득, 우수투수상은 성낙수, 감투상은 이길환, 타격상은 마산상고 포수 이효헌(0.450), 감독상은 경북고 박호성 감독이 받았다.

KBS-TV는 이규항 아나운서에 해설 이호헌, KBS 라디오는 최계환 아나운서에 해설 박현식, DBS 라디오는 김인권-원창호 아나운서에 해설 오윤환, CBS 라디오는 안용민-한영호-이춘발 아나운서, MBC 라디오는 김재영 아나운서에 해설 풍규명, TBC 라디오는 박종세 아나운서에 김동엽 해설 등으로 중계에도 열을 뿜은 하루였다.

경북고 박호성 감독은 "선린상고의 에이스 이길환이 나오지 않아 떳떳하지 못한 승리라는 느낌이 든다"면서 "포수 손상득이 투수 성낙수를 잘 리드해서 팀에 활력을 넣어주었다"고 말했다.

대한항공 측은 당시 관례대로 하와이에서 공수해온 레이를 우승한 경북고 선수들의 목에 걸어주기도 했다.

청룡기가 끝난 뒤 부산에서 간이 전국대회가 열렸다. 6월 14일부터 부산일보사 주최로 열린 제18회 전국4도시야구대회였다. 당시 4도시야구대회를 열면 보통 6개 팀(주최 도시 3개 팀, 나머지 3개 도시 1개 팀씩)이 출전하는 것이 관례였다. 준결승전에서 부산고가 경남고를 3대2로, 경북고가 부산상고를 4대3으로 누르고 결승전에 올랐다. 결승전에서는 부산고가 경북고를 7대3으로 제압했다. 부산고 투수 백재일이 우수선수상과 타격상(0.800)을 받아 눈길을 끌었다.

제29회 황금사자기

1975년이 이른바 춘추전국시대라 불리는 것은 7월에 열린 황금사자기 결승전에서 전혀 새로운 두 팀이 격돌한 데서도 나타났다. 부산상고와 중앙고가 우승기를 놓고 정면 대결한 것이다.

7월 16일 개막한 제29회 황금사자기 대회는 모두 20개 팀이 참가한 가운데 인천과 서울운동장에서 진행됐다. 준결승전에서 중앙고는 대구 대건고를 1대0으로, 부산상고는 군산상고를 1대0으로 누르고 결승에 진출했다. 준결승전에서 모두 1대0이었는데, 이 스코어는 결승전에서도 똑같이 나타났다. 그야말로

'1대0' 잔치가 벌어졌다.

부산상고는 1946년 제1회 청룡기, 1964년 제19회 청룡기, 그리고 1974년 부산 화랑기에서 우승한 것이 전국대회 우승 역사의 전부였다. 따라서 모처럼 전국대회 패권을 잡을 절호의 기회였다. 당시 부산상고에는 2학년 사이드암 노상수와 좌완 이윤섭이라는 2명의 걸출한 에이스가 있었다.

중앙고 투수는 대구 경상중 시절에 퍼펙트게임을 기록한 바 있는 이동영. 그는 1972년 제15회 문교부장관기 전국중학초청 대회에서 결승전이 벌어진 9월 17일 선린중과 14회 연장전 끝에 1대1로 비긴 뒤, 9월 18일 최종결승전에서도 9이닝 동안 0대0으로 승부를 가리지 못해 공동 우승하면서 선린중 이창호 투수(1975년 보성고 투수)와 공동으로 우수선수상을 받았던 재능 있는 투수였다.

양 팀 투수들이 수준급이다 보니 7월 23일 열린 황금사자기 결승전은 특이하게도 두 학교 모두 1안타씩만 기록했다. 결승전이어서 지나치게 긴장했을까, '투수전'보다는 '빈타전'이란 표현이 더 정확해 보였다. 노상수는 고3으로 올라가면서 최동원, 김시진, 김용남 등 강속구 트로이카와 함께 국가대표 상비군 투수에 뽑힐 정도로 사이드암 치고는 위력 있는 변화구를 구사했다. 이동영은 타자 앞에서 휘어지는 슬라이더가 타이밍을 맞추기 꽤 까다로웠다.

부산상고는 이동영에게 휘말려 2회초 4번 김용철이 볼넷으로 출루한 것을 제외하면 계속 봉쇄당하다가 드디어 8회에 찬스가 왔다. 5번 한철수가 볼넷으로 진루하고, 6번 노상수의 희생 번트로 2루까지 나갔다. 이어 나온 1학년생 이상래는 처음 공 2개를 연속 헛스윙했다. 중앙고 이동영의 자신감이 너무 넘쳤을까, 바짝 긴장한 이상래는 3구째를 받아쳐 우중간 2루타로 결승점을 얻었다. 그리 잘 맞은 공은 아니었지만 코스가 좋았다.

중앙고 역시 7회말 4번 홍희섭이 친 중전안타가 유일한 안타였는데, 그나마 견제사 당하면서 무위로 끝나고 말았다.

황금사자기 대회를 주최한 동아일보의 1975년 7월 24일자 8면 제목은 [1安打(안타)가 1安打(안타)를 눌렀다]였고, 조선일보는 [釜商(부상), 1安打(안타) 1打點(타점)으로 優勝(우승)]이란 제목을 붙였다.

이 대회 최우수선수상과 타점상은 부산상고 중견수 김영만, 최우수투수상은 부산상고 노상수, 감투상은 중앙고 이동영, 타격상은 대건고 중견수 허규옥(0.429)이 받았다.

지도상을 받은 부산상고 이형 감독은 큰 틀만 지적하고 선수들 자율에 많이 맡기는 스타일이었다. 1974년 5월에 부임한 이형 감독은 그 해 8월에 열린 화랑기 대회를 우승으로 이끌어 이미 능력을 선보였던 터. 이형 감독은 기자들에게 "대통령배와 청룡기에서 모두 1차전에 탈락한 것이 큰 교훈이 되어 하루 4시간씩 강훈련을 쌓아왔다"고 말했다.

이날 부산상고 응원석에는 당시 공화당 김상영(부산상고 20회)

의원, 신민당 정해영(21회) 의원, 선배 야구인인 김응룡(47회)과 강병철(51회) 등이 직접 와서 응원했고, 우승한 후배들의 등을 두드려주며 격려했다.

제5회 봉황대기

전국 모든 학교가 참가하는 봉황대기에 앞서, 뜨거운 여름을 먼저 달구는 화랑기 대회가 기다리고 있었다. 7월 30일부터 부산 구덕운동장에서 열린 제27회 화랑기 대회에는 15개 팀이 참가했다.

준결승전에서 경남고가 대구상고를 5대0으로, 경남상고가 충암고를 11대1로 대파하면서 8월 8일 결승전에서 마주쳤다. 같은 부산 팀끼리의 대결이라 긴장도는 떨어졌지만, 그동안 우승권과는 거리가 멀었던 경남상고가 2학년 에이스 최동원이 던진 경남고를 2대1로 꺾고 우승하는 작은 이변이 벌어졌다. 최우수선수상은 훗날 롯데자이언츠 창단 멤버와 모교 감독이 된 김재상 경남상고 좌익수, 최우수투수상은 경남상고 투수 전성수, 감투상은 경남고 투수 최동원, 타격상은 대구상고 중견수 송진호(0.600)가 받았다.

한편 화랑기 결승전이 벌어지기 하루 전인 8월 7일. 전국 49개 고교가 참가하는 제5회 봉황대기 대회가 개막됐다. 준결승전에서 경북고는 대전고를 8대4로 꺾었고, 대구상고는 부산고를 4대3으로 눌렀다. 대구상고는 2학년 에이스 김시진이 신병으로 쉬는 상태가 되었는데, 컨트롤 좋은 조규식이 두뇌피칭으로 주요 게임에 등판해서 좋은 성적을 올렸다.

동향인 경북고와 대구상고가 결승전에서 만났다. 두 학교는 1970년대 고교야구를 통틀어 가장 많은 우승을 차지했기에 라이벌 의식이 강했고 결승전의 긴장도도 높았다. 특히 1974년 대통령배 결승전에서 경북고가 1회에 10점이나 낸 것은 대구상고 입장에서 큰 치욕이었다.

8월 20일 열린 결승전에서 경북고는 대구상고의 3년 연속 봉황대기 우승 꿈을 좌절시키며 1대0으로 제압, 청룡기에 이어 2관왕을 차지했다. 주인공은 역시 2학년 성낙수 투수였다. 공은 별로 빠르지 않았지만 타자 앞에서 변화무쌍하게 휘거나 떨어지거나 살짝 빠지는 공을 잘 던졌다. 못 칠 공은 아니었지만 집중하지 않으면 투수의 의도에 휘말릴 그런 공이었다. 성낙수는 이날 대구상고에게 단 5안타만 내주었다.

대구상고 역시 한 타자만을 상대하고 내려간 좌완 나인호 대신 두뇌파 조규식이 4안타만을 내주며 사실상 완투했으나 아쉽게 눈물을 삼켰다. 운명의 분기점은 5회말이었다. 경북고는 원아웃 이후 7번 김종기와 8번 허종철이 연속 중전안타로 나갔고, 9번 성낙수는 볼넷을 골라 1사 만루의 찬스를 맞았다. 1번 박해성은 그날 계속 실패했던 스퀴즈 번트 대신 강공으로 나갔고, 결국 유격수 앞 내야안타를 쳐서 1점을 얻었는데 이것이 결승점이 되고 말았다. 성낙수의 경북고는 대통령배 대회의 트라우마를 완전히 씻는 모습이었다.

박호성 경북고 감독은 "물심양면으로 팀을 후원한 선수 학부모 모임인 상록회와 동문회에 영광을 돌리고 싶다"면서 "2회전에서 충암고에 1대0으로 이긴 경기가 가장 힘들었다"고 소감을 말했다.

대구상고는 봉황대기 3연패의 꿈을 아쉽게 접었지만 4번 중견수 송진호, 6번 포수 이만수, 대타 오대석 등이 모두 1~2학년이어서 내년을 기약할 수밖에 없었다. 한편 3-4위전에서는 대전고가 부산고를 6대2로 꺾고 3위를 차지했다.

최우수선수상은 경북고 4번타자이자 1루수 장성규, 우수투수상은 성낙수, 감투상은 조규식, 수훈상은 경북고 좌익수 박해성, 타격상(5할)은 광주일고 우익수 김광석, 타점상은 대통령배 3연타석 홈런의 주인공인 김윤환(7타점), 최다안타상은 대전고 유격수 성기순(11개)이 받았다. 처음이거나 어려운 여건에서 출전한 오산고, 강릉고, 심석종고, 목포상고, 운봉고 등이 장려상을 받았다.

영호남친선고교야구 & 미국하원의장배 & 전국체전 & 국회의장배

9월 6일부터 이틀 동안 제1회 국무총리기 영호남친선고교야구대항전이 광주공설운동장에서 열렸다. 이 대회에는 대구상고와 동신고, 경북고와 광주일고, 대건고와 숭의실고 등 3게임만의 전적으로 우위를 결정짓기로 했다.

가장 관심을 모았던 광주일고와 경북고의 대결은 3대1로 다시 광주일고가 이겼다. 광주일고 4번 타자 김윤환은 2회말 또 홈런을 치며 경북고에게 대통령배 트라우마를 강하게 상기시켜주었다. 또 동신고는 대구상고를 2대1로 격파했고, 대건고와 숭의실고의 대결은 비로 중지되면서 무승부가 되었다. 종합성적 2승1무로 호남의 승리였다.

이제 1975년의 고교야구도 마지막을 향해 달리면서 9월 17일부터 미국하원의장배 제4회 전국우수고교초청야구대회가 열렸다. 전국 규모 5개 대회의 우승 및 준우승팀들이 출전했다.

그런데 전국 4개 대회 우승팀들이 준우승팀들에게 모조리 패배하는 진기록이 나왔다. 대구상고(봉황대기 준우승)는 경남상고(화랑기 우승)를 3대2로, 선린상고(청룡기 준우승)는 부산상고(황금사자기 우승)를 1대0으로, 중앙고(황금사자기 준우승)는 광주일고(대통령배 우승)를 2대1로, 경남고(화랑기 준우승)는 경북고(청룡기-봉황대기 우승)를 4대0으로 격파한 것이다.

특히 경남고의 2학년 에이스 최동원은 9월 17일 경북고를 상대로 노히트노런이란 대기록을 수립, 앞으로 한국 야구를 좌지우지할 에이스임을 예고했다. 최동원은 당시 '50만원 어깨보험'에 가입하면서 화제를 모았는데, 2학년 내내 부산에서 열린 화랑기에서 준우승한 것 이외에는 눈에 띄는 활약을 못하다가 시즌 마지막 번외 성격의 대회에서 진가를 발휘했다. 경남고는 5

번 박민호의 투런 홈런 등으로 경북고를 침몰시켰다.

경남고는 9월 19일 열린 중앙고와 결승전에서도 최동원이 산발 5안타만 허용하고 3대2로 승리했다. 눈길을 모은 장면은 7회말에 나왔다. 9번 최동원이 내야안타, 1번 우경하가 좌전안타로 나간 뒤 2번 이우상의 중전안타로 최동원이 홈인했다. 이때 중앙고 포수 선우기가 민준기 주심에게 최동원을 태그아웃 시켰다고 항의하는 틈에 1루 주자는 2루로 뛰었고 당황한 선우기가 2루로 악송구하는 바람에 2루 주자 우경하마저 홈인했다. 한편 3-4위전에서는 대구상고가 선린상고에 1대0으로 승리했다. 중앙고 1루수이자 4번 타자인 홍희섭이 7타수3안타(0.429)로 타격상을 받았다.

10월 8일 대구에서 열린 제56회 전국체전 야구 고등부 준준결승전. 경북고와 광주일고가 다시 맞붙었다. '대통령배 결승전 광주일고 트라우마'에 시달리던 경북고는 이날 광주일고에 4대1로 승리를 거두었다. 영남대학교 경산야구장에서 열린 그 경기를 직접 가서 본 필자는 연습투구를 하는 강만식 바로 옆에서 쉭쉭 바람을 가르는 공의 빠르기를 직접 느낄 수 있었다.

준결승전에서는 군산상고와 경북고가 격돌하여 0대0 무승부를 기록했으나 군산상고가 추첨승으로 결승에 진출했고, 결승전에서 대전고를 2대0으로 꺾고 금메달을 차지했다. 군산상고는 1971년 우승 이후로 전국체전에서 무척 강세를 보였다.

큰 대회는 아니지만 10월 26일 대구 시민운동장에서는 매일

신문사 주최로 제9회 국회의장배 전국6도시야구대회 결승전이 열렸다. 10개 학교가 참가했는데 최동원의 경남고가 대구상고를 3대1로 누르고 우승, 이 대회에서 처음으로 패권을 차지했다. 최동원은 우수고교대회와 국회의장배 등 시즌 마지막 대회 2개를 거머쥐었다. 최우수선수상은 경남고 2학년 최동원, 타격상(5할)은 대구상고 1학년 포수 이만수가 차지했다. 이만수는 1학년 때부터 홈런을 치면서 언론의 주목을 받았다. 훗날 한국야구의 최고 스타가 된 최동원과 이만수 둘 다 1976년이 심상치 않을 것임을 예고했다.

- 1975년 제18회 이영민 타격상은 전국 규모 3개 대회에서 33타수11안타를 기록한 마산상고 이효헌李孝憲이 받았다.

- 진로 – 광주일고 투수 강만식姜晚植은 훗날 고려대로 진학하지만 졸업당시에는 농협을 선택했다. 4번 김윤환金允煥과 3번 이현극李現克과 주장 정윤택鄭允澤은 고려대, 2루수로 수비의 귀재였던 차영화車榮華는 실업야구팀 롯데자이언트로 진출했다. 당시 김동엽 롯데자이언트 감독은 차영화의 탁월한 수비에 반해 고졸 출신을 곧바로 붙잡았다. 차영화는 수년 전 부상으로 인해 2022년 현재까지 병상에 계속 누워 있다. 부산상고 김용철金容哲은 선배인 김응룡 감독의 강력한 스카우트 의지에 따라 한일은행에 입행했다. 이밖에 경남고 장타자 우경하禹京夏, 경북고 포수 손상득孫祥得과 3루수 임종호林鍾豪는 고려대로 입학했다. 군산남중 출신의 중앙고 강타자 홍희섭洪熙燮은 성균관대를 선택했

다. 경북고의 외다리 타법 강타자 장성규張聖圭는 중앙대, 마산상고의 이영민 타격상 수상자 이효헌李孝憲은 경희대로 진학했다. 대건고의 두 강타자들인 허규옥許圭沃은 한양대, 박승호朴承昊는 건국대로 들어갔는데 이들은 훗날 삼성라이온즈에서 맹활약하게 된다.

1975년 대통령배에서 우승하고 광주로 금의환 향하는 강만식 투수 〈사진제공=강만식〉

1957년생. 강만식은 오랫동안 침체된 광주 야구의 부활을 알린 선봉장이었다. 1974년 고2 때부터 초고교급 강속구로 주목받더니 고3 때는 대통령배에 우승하면서 광주일고를 다시 야구 명문 대열에 올려놓았다. 고교 시절에 퍼펙트게임과 노히트노런을 각각 2번이나 기록했다. 강만식이 그때 상태를 계속 유지했더라면 후배 선동열 못지않은 위력과 명성을 떨쳤을 것으로 전문가들은 보고 있다. 하지만 이후 갈비뼈에 금이 가는 등 혹사에 따른 부상으로 어려움을 겪었다. 농협을 거쳐 다시 고려대에 들어갔고, 졸업한 뒤 실업팀 롯데자이언트에서도 던졌다. 프로야구가 출범하면서 해태타이거즈 창단 멤버로 들어갔으며, 빙그레와 삼성에서도 투수생활을 했다. 프로에서는 8시즌 동안 41승37패3세이브에 3.76의 방어율을 기록했다. 해태 시절에 3번의 완봉승이 있다.

OB베어스 코치 등을 지냈으며, 모교 감독도 지냈다.

광주일고 시절에 퍼펙트게임과 노히트노런을 몇 번 했나.

"고2 때 퍼펙트게임과 노히트노런 1번씩, 고3 때 역시 퍼펙트게임(진흥고)과 노히트노런 1번씩을 기록했다. 타자 27명이 나왔는데 삼진을 23개 잡은 적도 있다. 대부분 무등경기장에서 이루어진 기록이다."

당시 초고교급 투수라는 말을 들을 정도로 강속구 위력이 좋았는데.

"고2 때인 1974년 8월 고교 대표로 뽑혀 일본 규슈 지방에 가서 시합했다. 당시 국내에는 제대로 된 스피드건이 없었는데, 재일교포 한 분이 오셔서 내 스피드가 시속 152km로 나왔다고 전해주셨다. 당시 투구에 위력이 있다 보니 포수 미트에 구멍이 자주 났다. 그래서 시합용과는 별도로 1년에 미트가 10개 정도 필요했을 정도다."

고교 시절에 강속구를 던지게 된 비결은.

"사실 내가 다른 투수보다 체격이나 힘이 좋아서라기보다는 공을 던질 때 체중을 최대한 이용해서 중심이동을 잘한 것 같다. 투구 스윙도 꽤 컸다. 돌아가신 김동엽 감독께서 고2 때 가르쳐주신 방법인데, 웨이트Weight 트레이닝과 서키트Circuit 트레이닝을 많이 했다. 다른 선수들에 비해 많이 했다. 거의 매일 했다. 손목 힘을 기르려고 아령도 많이 했다. 그때는 감독이 매일 250~300개의 투구를 하라고 했다."

퍼펙트게임을 2번이나 할 정도이면 컨트롤도 탁월했는데.

"컨트롤이 원래 좋은 편은 아니었다. 하지만 고1부터 고2까지 배팅 볼을 많이 던지면서 컨트롤이 많이 좋아졌다. 컨트롤을 잡는 데는 배팅 볼만큼 중요한 것이 없다고 생각한다."

1975년 대통령배에서 보성고에게 2대1로 겨우 역전승했는데.

"가장 힘든 게임이었다. 당시 보성고 이창호 투수는 선린중학교 시절부터 우승을 많이 했다. 이창호와 박영민 등 중학교 때 멤버들이 그대로 보성고로 진학했으니 막강한 팀이었다.

9회초 보성고에 밀어내기로 1점을 주었다. 당시 2개의 볼넷을 내가 허용했다고 기록에 나와 있지만, 사실은 모두가 삼진이 되는 공이었다. 당시 M모 심판은 삼진이 될 것을 볼넷으로 만들어 주었다. 지금도 이해할 수 없다.

9회말 우리 공격 때 어느 관중이 외야석에서 뛰어들어와 이창호 투수와 악수를 하고 쫓겨났다. 그러더니 3번 이현극에게 역전 투런 홈런을 맞았다. 이창호의 실투로 보였다. 공이 인코스에서 약간 가운데로 몰린 것 같았다. 잘 받아친 현극이가 수훈선수다."

1975년 대통령배 결승전인 경북고와 게임을 돌아보면.

"고등학교 1학년 7~8월부터 졸업할 때까지 거의 모든 경기를 혼자서 다 던졌다. 당시 경남고-경북고-광주일고는 서울대 합격자 등 공부로 따지면 도토리 키재기였으나, 야구는 광주일고가 비교가 안되던 시절이었다. 그때는 전라도 사람이 많이 소외받던 시절이다. 마운드에서 나 혼자 0점으로 틀어막아야 이긴다고 결심했다. 다행히 김윤환이 3연타석 홈런을 쳤다. 6대0 상황에서 9회말에 경북고에 2점을 준 것은 봐준 것이 아니고, 어린 마음에 이제는 사실상 우승을 했으니 맞춰 잡겠다고 하다가 그렇게 됐다. 우승하고 광주에 내려왔는데 어마어마한 사람들이 몰려와 축하해 주었다."

1975년 대통령배 이후에는 다른 대회에 출전도 잘 안 했고, 선수들이 싸웠다는 악성 루머도 돌았는데.

"대통령배를 마치고 보니 내 왼쪽 갈비뼈 4개에 실금이 가 있었다. 어디 다치거나 넘어진 게 아니라 운동을 너무 무리하게 하여 근육이 잡아채면서 그렇게 됐다고 했다. 그때부터 내 공의 위력이 떨어지기 시작한 것 같다.

나 말고 다른 선수들도 많이 다쳤는데 느닷없이 우리끼리 싸웠다는 악성 루머가 돌았다. 우리가 대부분 중학교 동창이고 친구인데 왜 싸우겠는가, 말도 안 되는 소리였다.

다만 그런 소문이 난 이유는 있었던 것 같다. 대통령배 우승하니까 외국에 있는 광주일고 선배들이 피칭머신을 보내주었는데, 기계를 잘 조절하고 사용해야 하는데 그냥 작동시키다 보니 공이 이리 튀고 저리 날고 했다. 그 바람에 주장 정윤택이 먼저 쳐보다가 데드볼을 맞아 부상을 입었다. 김윤환은 스파이크 징에 복사뼈가 패여서 곪았다. 이현극은 동료와 오목을 두다가 안 맞으려고 뛰어나가다 부딪치는 바람에 머리에 11바늘을 꿰맸다. 한꺼번에 다쳤으니 그런 악성 루머가 돌 만도 했다. 하지만 싸웠다는 말은 전혀 사실이 아니다."

고교 졸업 후 농협으로 갔다가 다시 고려대로 간 이유는.

"나는 원래 연세대로 가고 싶었다. 하지만 당시 농협 소속의 야구 대부 김영조 선생님을 비롯해 광주일고 심양섭-김양중 대선배, 학교와 지역사회 어른들께서 농협을 강하게 권유했다. 농협에 근무하면서 경기대 야간과정을 2년 다녔다. 하지만 마음먹었던 학업 의욕을 그만둘 수 없었다.

그래서 2년 뒤 농협에 사표를 내고 편입시험을 봐서 고려대로 들어 갔다. 광주일고 동기 중에 김윤환-이현극-정윤택 3명이 고려대를 갔는데, 내가 중간 편입해서 들어가니 김윤환만 야구를 하고 있었다. 당시 광주일고 멤버들은 야구 이외에 공부도 잘했다.

1982년 프로야구 출범할 때 이상윤이 한양대, 방수원이 영남대를 졸업하지 않고 중간에 왔길래 대학을 졸업하고 와도 늦지 않다고 충고한 적이 있다. 긴 인생에서 보면 필요한 과정이다."

그 후 롯데자이언트, 해태, 삼성 등에서 던졌는데.

"고등학교 때 부상을 당한 이후로 공에 위력이 떨어지면서 힘든 투수 생활을 했다. 해태 시절에는 생존을 위해 있는 변화구 없는 변화구 다 던지기도 했다. 그래도 1985년에는 13승을 기록했다. 그 후 어디든 나를 받아준 구단에 감사했다. 한편으로, 당시 야구계에서 사람에 대한 실망을 많이 하기도 했다."

1957년생이다. 김용철은 부산 대신중을 졸업하고 부산상고에 서 4번 타자를 치면서 1975년 황금사자기 우승을 이끌어 냈 다. 정확하면서도 호쾌한 타격 을 자랑하는 김용철은 고교 졸 업 후 대선배인 김응룡 감독의 스카우트로 한일은행에 들어가 갓 고졸 선수가 처음부터 4번 타 자를 치기도 했다.

1982년 롯데자이언츠 창단 멤버 이면서도 1989년 최동원과 함

1975년 부산상고 3학년이었던 김용철의 롯데 자이언츠 감독대행 시절 〈사진제공=김용철〉

께 삼성-롯데 보복성 맞트레이드의 대상이 되어 삼성으로 옮겼다. 프로야구 통산 11시즌에 0.283의 타율과 131개의 홈런을 기록하는 등 뛰어난 성적을 기록했다. 이후 삼성, 현대, 롯데 등에서 지도자 로 활약했고, 경찰야구단 감독을 맡기도 했다. 야구계 손꼽히는 미 남자여서 롯데제과 제품 모델로도 잠시 활약했다.

1975년 황금사자기 결승전에서 중앙고에 1대0으로 겨우 이겼는데.

"당시 양 팀이 모두 1안타씩만 때렸다. 중앙고 이동영의 변화구가 참 좋았다. 직구처럼 오다가 딱딱 휘어지는데 치기가 힘들었다. 우리는 1학년인 이상래가 친 빗맞은 타구가 유일한 안타였는데 득점과 연결됐다. 당시 우리도 2학년 사이드암 노상수가 워낙 잘 던졌다."

학생 시절에는 뛰어난 선수가 되기 위해 어떤 노력을 했는가.

"초등학교는 3곳을 다녔는데, 그때는 키가 크고 잘했다. 부민국민학교에 입학했다가 남부민국민학교로 가서 야구를 시작했고, 5학년 때 야구부가 없어져 동광국민학교에서 졸업했다. 그런데 대신중학교 가서는 전혀 키가 자라지 않다 보니 졸업할 때는 자그마했다. 경남상고로 갈 뻔 했는데, 지금은 고인이 된 문주언이라는 친구 덕분에 부산상고로 가게 됐다. 그만큼 중학교 때는 잘 못했다. 부산상고와서 1학년 때부터 맹훈련을 했던 것 같다."

고교 시절부터 스윙이 부드럽다는 칭찬을 받았는데.

"당시 부산은 일본 프로야구를 TV에서 볼 수 있어서 유명한 선수들의 스윙을 많이 따라 했다. 요미우리자이언츠의 강타자 나카하타 기요시를 좋아했다. 한일은행 있을 때 배번도 그와 같은 24번을 달았다.
폼은 요미우리자이언츠의 레전드 3루수였던 나가시마 시게오를 따라 했다. 실제 나의 타격 모습은 나가시마 시게오와 비슷하다."

1975년 고3 때 당시 2학년이던 경남고 최동원과 대결해본 소감은.

"최동원이 2학년인데도 엄청 좋았다. 커브도 각이 컸고, 제구력도 좋고, 볼도 빨랐다. 우리도 노상수와 이윤섭이 뛰어나 경남고와 맞붙으면 1~2점 먼저 내면 이겼다. 고교 시절 이후에는 최동원과 한 번도 대결한 적이 없었다. 프로에서도 롯데자이언츠에서 같이 뛰었고, 선수협의회 문제로 인한 보복 트레이드로 삼성라이온즈로 같이 옮기는 바람에 대결할 기회가 없었다. 타자로서 최동원 같은 투수와 승부하지 않을 수 있었다는 것은 행복이다. 영화 〈퍼펙트게임〉을 보면 '김용철'이라는 인물의 캐릭터가 사사건건 최동원과 다투는 것으로 나왔는데 실제와는 너무 달랐다. 영화니까 재미있게 하려고 그렇게 설정한 걸 이해는 하지만 실제로는 최동원과 아주 돈독한 관계였다. 1984년 한국시리즈에서 4승을 거둘 때 마운드에 올라가 최동원보고 마음 편하게 던지라고 격려했던 기억이 난다. 사실 롯데의 최동원이 아니라 프로야구의 최동원인데, 그 위대한 선수를 그렇게 보내어 지금도 마음이 아프다."

고교 졸업하자마자 당시 실업팀 한일은행의 4번 타자를 쳤는데.

"당시 고려대에 있던 부산상고 출신 최옥규 선배가 나를 오라고 권유했다. 하지만 아버지가 돌아가시고 집안 사정이 어려웠다. 그때 김응룡 감독께서 직접 오셔서 한일은행에 오라고 하셨다. 갓 고교를 졸업한 친구가 첫 게임부터 3루수 4번 타자로 나가니 얼마나 긴장했겠는가. 그런데 최남수 선배가 경기 직전에 내 등을 한 대 팍 때렸는데 손바닥을 굽혀서 실제 아프진 않고 소리만 크게 나게 때렸다. 그 순간 긴장이 확 풀리면서, 전혀 긴장하지 않고 게임을 뛸

수 있었다. 선배의 지혜로운 배려였다."

이상군 투수는 타자 중에서 김용철 선배가 자기 공을 가장 잘 쳤다고 하던데.

"이상군 투수는 최고의 컨트롤을 자랑하는 투수다. 워낙 제구력이 좋은 투수이므로 길게 끌면 오히려 불리해진다고 보고 초구나 2구에 좋은 공이 오면 친다는 생각이었다. 뒤를 볼 필요 없이 직구나 슬라이더를 때렸던 것 같다."

명문 부산상고 야구부의 전통이라면.

"요즘은 잘 모르겠으나 예전에는 일반 학생들도 명문 상고라는 특징 때문에 타지에서 유학도 많이 왔다. 아무래도 금융권 진출이 많았다.

한을룡, 김응룡, 강병철, 최옥규 등 유명한 선배가 워낙 많아서 동계훈련할 때 자주 오셔서 야구 기술을 꽤 가르쳐 주셨다. 다른 학교보다 선후배 유대가 강했다고 할 수 있다. 노무현 대통령도 부산상고를 졸업했고, 삼성그룹 이학수 부회장도 부산상고 야구부에 많은 관심을 보여주었다."

지금 고교야구 선수들에게 대선배로서 해주고 싶은 말은.

"야구인의 활동무대를 넓히기 위해 실업야구팀을 만드는 노력을 하고 있다. 고교 시절 유명 선수들은 문이 좁은 프로팀에 들어가지만, 나머지는 진학이나 취업을 하면서 제2의 인생을 살아야 한다. 흙수저는 정해진 게 아니고 자기가 잘하면 금수저가 된다. 고교생쯤 되

그 시절 우리는 미쳤다 1970년대 고교야구

면 그런 것도 준비해야 한다. 야구로만 평생을 못 먹고 사니 자격증을 따든지 기술을 익히든지 할 필요도 있다. 대학이나 프로에 못 가더라도 자기만의 삶을 살기 위한 준비과정이 필요하다. 내가 실업팀을 만드는 것도 그런 친구들이 갈 곳을 확보하자는 의미인데 쉽지는 않다."

1976년 :
최동원-김시진-김용남 트로이카의 협주곡

1976년은 좋은 의미로 완전한 평준화가 이루어진 한 해였다. 메이저 4개 대회 우승팀이 서로 다르기도 했거니와, 전력상으로도 서울팀이 정상권에 안착하고 호남세의 파워가 커지면서 완전한 춘추전국시대로 접어들었다.

1976년의 고교야구는 각종 대회 결과도 주목거리였지만, 그보다는 장차 한국 야구를 이끌 초고교급 투수들이 대거 꽃을 피웠다는 점이다. 바로 최동원(경남고), 김시진(대구상고), 김용남(군산상고), 노상수(부산상고) 등 4명의 개띠 고교생들이 1976년 초 국가대표 상비군에 당당히 이름을 올렸고, 실제 경기를 통해서도 한 해를 지배했다.

노상수는 2학년인 1975년 황금사자기에서 부산상고를 우승으로 이끈 주역으로 옆에서 던지는 사이드암 스로Side-arm-throw 투수이고, 최동원-김시진-김용남은 '트로이카'로 불리며 우완 정통파 강속구의 멋을 유감없이 보여주었다. 사실 1970년대 고교야구에서 제대로 된 정통파 투수들이 한꺼번에 나타나기는 처음이었다.

흔히 고故 최동원을 평가할 때 1984년 프로야구 한국시리즈에서 4승을 거둔 전설적인 기록을 언급한다. 사실 그 무렵의 최동원은 절정기를 지나 살짝 하향기에 접어든 시점이었다. 나이로는 26세에 불과했지만 고교, 대학, 실업, 국가대표, 프로를 거치면서 엄청난 연투와 혹사로 최동원의 어깨는 지칠 대로 지쳐 있는 상태였다. 그래서 최동원의 절정기는 아마추어 국가대표이던 연세대 시절이었다고 말하는 야구인도 많다.

화제의 1984년 한국시리즈는 필자가 대학생 시절에 현장을 직접 목격했다. 요즘 말로 2번이나 '직관'을 했다. 당시 대학생인데 어떻게 힘들게 입장권을 구했는지 전혀 기억이 없다. 연세대를 다니던 친구 상윤이와 함께 5차전과 7차전을 직접 가서 구경했다. 5차전은 라이트 외야석에 앉았는데, 1971년 경북고 4번 타자였던 삼성라이온즈 정현발 선수가 최동원에게 홈런을 빼앗으면서 삼성라이온즈가 승리했다. 6차전은 다시 롯데자이언츠가 이기면서 3승3패가 되었다. 마지막 7차전도 야구장에 갔는데 이번에는 레프트 외야석에 앉았다. 하필 롯데자이언츠 유두열이 삼성라이온즈 김일융으로부터 친 3점짜리 역전홈런이 우리가 앉은 외야석 바로 앞에 날아와 꽂힐 줄이야. 대구 출신이라 삼성라이온즈를 애타게 응원하다가 순간 '멘붕'이 된 내

1976년 최고의 두 에이스였던 경남고 최동원(왼쪽)과 대구상고 김시진 〈사진제공=한국일보〉

모습과 달리 잠실운동장은 "와아아아아…" 하는 군중의 함성으로 떠나가 버릴 듯 했다. 잦은 부상으로 인해 1976년 대구상고 에이스였던 삼성라이온즈 김시진은 7차전에 출전조차 못했다. 1976년 최동원(경남고)과 김시진(대구상고), 두 친구 선수는 8년 뒤에 이런 일이 벌어질 줄 상상이나 했을까. 어쨌든 1976년의 고교야구, 특히 대통령배와 청룡기는 당초 예상대로 최동원-김시진-김용남 등 개띠 3명이 벌이는 쇼였다.

제10회 대통령배

5월에 열린 제10회 대통령배 대회에서는 4강에 서울팀은

　　　　　　　그 시절 우리는 미쳤다 1970년대 고교야구

모두 탈락하고 군산상고, 광주일고, 전남고 등 호남 3개 팀과 대구상고가 올라갔다. 1972년 군산상고의 황금사자기 우승, 1975년 광주일고의 대통령배 우승 이후 호남 야구의 파워가 날로 강해지고 있음을 보여주었다.

준결승전에서 대구상고는 연장 10회 끝에 광주일고를 3대2로 꺾고 결승전에 올랐다. 대구상고는 2루수 조호의 에러가 없었다면 6회말 광주일고에 2점을 주지 않았을 경기였다. 김시진은 삼진 10개를 빼앗으며 단 3개의 안타만 허락하는 위력적인 공을 던졌고, 타석에서도 3루타와 내야안타를 때려 수훈갑이 되었다. 김시진은 포항중 출신에 183cm, 75kg의 초고교급 대형 투수로 각 언론의 주목을 받았다.

또 군산상고는 김용남이 5회까지 호투한 것을 바탕으로 장단 13개의 안타를 터트리며 3개의 에러를 범한 전남고에 6대0으로 완봉승했다.

드디어 5월 20일 군산상고와 대구상고가 결승전에서 맞붙었다. 김용남과 김시진, 두 거인의 대결이 시작됐다. 8회까지 군산상고는 김시진으로부터 10개의 삼진을 당하는 가운데 단 1안타만 쳤고, 대구상고는 5개의 안타를 쳤으나 모두 산발되었다. 마의 9회초. 군산상고 2번 김형종이 김시진의 아웃코너 높은 볼에 배트를 갖다 댔는데 그 공이 휘어져 펜스까지 굴러가면서 3루타가 되었다. 이어 3번 김성한이 타석에 들어섰다. 김시진은 스퀴즈 번트를 예상했는지 하나 빼려고 던진 공이 이만수 포수가 잡을 수 없을 정도로 높았다. 결국 패스트볼이 되면서 김형종이 그대로 홈인했다. 팽팽했던 투수전의 마지막 결말은 허무하게 끝나버렸다. 최종 스코어 1대0. 당시 대구상고 선수들은 바닥에 주저앉아 통곡을 했다. 그만큼 아쉬움이 컸다.

최우수선수상은 김용남, 우수투수상은 김시진이 받았다. 통상 준우승팀 투수는 감투상을 받는데 김시진이 워낙 잘 던졌기에 아예 우수투수상을 받았다. 타격상은 광주일고 2학년 3루수 이상윤(5할)이 받았다. 감독상은 군산상고 최관수 감독이 수상했다.

1976년 대통령배 대회에서 우승한 군산상고 선수단이 교정에서 포즈를 취했다. 맨 왼쪽이 최관수 감독, 가운뎃줄 왼쪽이 2학년 김성한, 맨 뒷줄 오른쪽에서 두 번째가 3학년 김용남 〈사진제공=김성한〉

그 시절 우리는 미쳤다 1970년대 고교야구

대통령배에 앞서 5월 1일부터 대구시민운동장에서 열린 제
16회 문교부장관기 전국4도시야구대회에서는 6개 팀이 출전한
가운데 결승전에서 경북고가 동산고를 1대0으로 꺾고 우승을
차지했다. 경북고 성낙수 투수가 최우수선수상과 타격상(0.385)
을, 동산고 김재현 투수가 감투상을, 경북고 박호성 감독이 감
독상을 받았다.

비슷한 성격의 대회가 대통령배 직후인 5월말 부산에서 열
렸는데, 바로 부산일보사 주최의 제19회 전국4도시야구대회였
다. 역시 6개 팀만 출전했다. 이 대회 결승전은 주목을 받았다.
바로 최동원의 경남고와 김시진의 대구상고가 결승전에서 맞붙
었기 때문이다. 결과는 4대2로 경남고의 승리. 대구상고 김시
진은 운이 없는 준우승 투수로만 계속 남고 있었다. 우수선수
상은 최동원, 감투상은 김시진, 타격상은 서울고 투수 선우대
영(0.750)이 받았다.

제31회 청룡기

최동원이 본격적으로 포효하기 시작했다. 6월 14일 개막된
제31회 청룡기 대회는 한국 야구 최고투수 중 하나로 꼽히는
최동원이 자신의 존재감을 마음껏 과시한 대회였다.

패자부활전 제도가 적용된 청룡기 대회 승자결승전에서 경남
고와 군산상고가 맞붙었다. 승자준결승전에서 경남고는 선린
상고를 1대0으로, 군산상고는 경북고를 4대3으로 각각 이기고

올라온 것. 드디어 강속구, 드롭, 커브를 자유자재로 던지는 최동원의 공을 군산상고가 접했다. 당시 군산상고 2학년으로 투수와 3루수를 번갈아 맡았던 김성한은 이렇게 회고했다. "그때 최동원의 공은 난생 처음 보는 공이었다. 워낙 빨라서 잘 보이지도 않았지만, 공의 끝부분이 확 떠오르는 듯했다. 커브는 정말 하늘에서 폭포수가 떨어지는 느낌이었다. 그런 공은 지금까지 보지 못했다. 최동원은 프로에 와서도 마지막까지 그런 공을 던졌다. 정말 대단한 투수다." 승자결승전에서 최동원이 잡은 스트라이크아웃만 20개.

이전에도 고교야구에서는 한 경기 20개가 넘는 탈삼진 기록이 있긴 했다. 가령 1971년 3월 25일 서울운동장에서 열린 서울시고교야구연맹전 춘계리그에서 충암고 정순명이 청량공고를 상대로 탈삼진 21개를 기록했고, 1975년 6월 28일에는 철도고 이진우가 황금사자기 서울 예선 대광고 전에서 탈삼진 22개로 기록을 경신한 적이 있다. 하지만 이는 예선전인데다 상대방이 약체였으니 군산상고가 당한 20개와는 비교가 되지 않는다.

경남고는 군산상고 에이스 김용남의 컨디션이 회복되지 않은 가운데 5번 이우상이 6타점을 올리는 맹활약으로 9대1로 대승했다. 군산상고는 9회말 1번 김종윤이 좌전안타를 치고 2루에 도루한 뒤 최동원의 폭투로 3루까지 뛰었고, 3번 김성한의 2루 땅볼로 홈인해 완봉패를 모면했다. 경남고 김희련 감독은 최동원이 퍼펙트게임이나 노히트노런을 의식해서 던지다 보니 긴장해서인지 후반에 다소 안타를 맞았다고 분석했다.

군산상고는 경남고에 완패를 당한 뒤 패자결승전으로 내려가 선린상고를 격파하고 다시 결승전에 올라와 경남고와 맞붙게 되었다. 패자부활전 제도에 따라 만일 군산상고가 이기면 한 번 더 붙어야 하고, 경남고가 이기면 그대로 끝이 난다.

당시 최관수 감독은 특단의 조치를 취했다. 한양대학교 야구장을 잠시 빌렸다. 공이 회전하는 기계에서 튀어나오는 피칭머신을 연습에 동원했다. 피칭머신의 스피드를 150km/h에 맞춰 놓고 열심히 연습을 했다. 도움이 됐을까. 다시 맞붙은 결승전 경기에서 역시 최동원에게 꼼짝 못했지만 삼진 숫자를 20개에서 12개로 줄인 것이 수확이라면 수확이라고나 할까. 반대로 최동원에게 친 안타는 승자결승전 3개였다가 결승전에서는 2개로 오히려 줄어들었다. 믿었던 1번 김종윤은 3개, 3번 김성한은 2개의 삼진을 당하기도 했다. 최종 스코어는 5대0. 7회까지 1대0의 아슬한 승리를 이어가던 경남고는 8회초 3번 이재녕이 군산상고 김성한 투수의 인코너 커브를 강타해 좌익수쪽 경남고 응원단석에 꽂히는 3점 홈런을 때려 승부를 결정지었다.

군산상고는 최동원에게 다시 한 번 무릎을 꿇으면서 준우승에 만족하고 말았다. 최동원은 타격에서도 4번 타자로 3타수1안타를 기록했다.

우수선수상-타점상(8타점)-타격상(0.474)-최다안타상(9개)-

도루상(2개)을 모두 경남고 중견수 이우상이 받았다. 우수투수상은 최동원, 감투상은 김성한, 수훈상과 도루상(2개)은 경남고 포수 이재녕이 받았다. 최동원은 팀의 5승 가운데 4승을 거두었는데, 4승 모두 완투승이고 그 중 2승은 완봉승이었다. 다섯 경기에서 뽑아낸 삼진이 56개, 방어율은 0.24로 37이닝 동안 단 2점만 내줬고, 그 중 1점도 비자책이었다. 이렇게 최동원의 청룡기가 되었지만, 동료 이우상도 5개의 상을 받으며 기염을 토했다.

이재녕의 경우 맏형인 야구선수 이원녕의 권유로 야구를 시작한 지 2년 밖에 안됐다. 동대문상고에서 농구와 육상을 하다가 경남고로 전학왔고, 1년 전부터 포수를 맡아 최동원의 공을 받았다.

무대는 2011년으로 바뀌었다. 황금의 팔 최동원(53), 홈런왕 김봉연(59), 오리궁둥이 김성한(53), 미스터 올스타 김용희(56)가 한 자리에서 만났다. 2011년 7월 22일 오후 7시 서울 목동구장에서는 '2011 레전드 리매치 경남고 vs 군산상고' 대결이 열렸다. 7080세대의 대표적 문화 코드였던 고교야구 역사에서 가장 기억나는 경기 중 하나로 꼽힌 1976년 청룡기 결승전을 35년 만에 재현했다. 그렇다고 1976년 멤버로만 한정한 건 아니고, 사실상 양교의 OB 대결이었다.

이야기는 선수 시절의 기억으로 이어졌다. 특히 김봉연은

"최동원은 철완이었다. 경기 도중 내가 한 번 안타를 치고 1루로 나가니 마운드에 있던 최동원이 박수를 작게 치며 '선배님, 나이스'라고 외치더라. 그만큼 자기 공에 자신이 있었다는 것"이라고 회고했다.

하지만 그날 최동원은 건강상의 이유로 시범투구마저 고사했다. "마, 저도 한다면 하는 성격인데 지금은 도저히 안 될 것 같습니다." 마운드를 호령하던 에이스는 두 달 뒤인 9월 14일 세상을 떠날 운명을 직감한 듯, 암세포와 격전을 치르느라 부쩍 마른 몸으로 숨을 가쁘게 몰아쉬었다. 그것이 대중 앞에 보인 최동원의 마지막 모습이었다.

부산 사직구장 앞에 세워진 무쇠팔 최동원 동상 〈사진촬영=최홍섭〉

2021년 11월 11일 〈1984년 최동원〉이라는 다큐멘터리 영화가 개봉되면서 사람들은 다시 한 번 최동원의 숨결을 느낄 수 있었다.

제30회 황금사자기

하지만 7월 12일부터 열린 제30회 황금사자기 대회에서는 최동원-김시진-김용남 트로이카가 동시에 몰락했다. 세 사람 모두 별로 기억하고 싶지 않은 대회였다.

우선 김시진의 대구상고는 1회전에서 광주일고에 뜻밖의 일격을 당하면서 탈락했다.

또 경남고는 최동원이 세광고를 상대로 9회 투아웃까지 노히트노런을 기록하다가 막판에 2명의 타자에게 연속 안타를 허용하면서 대기록을 놓치더니, 3회전에서는 이 대회 우승팀 신일고의 1학년 강속구 투수 김정수에게 타선이 침묵을 지키면서 0대1로 완봉패를 당하고 말았다. 양 팀은 팽팽한 투수전을 벌였는데, 6회까지 진행되다가 일몰로 다음날까지 이어졌지만 결국 경남고가 패배했다.

대통령배 우승팀 군산상고도 준결승전에서 역시 신일고에 0대7로 완봉패 당하고 말았다. 군산상고는 김용남이 선발로 나오지 못했고, 신일고의 김정수 투수가 아니라 광주 동신고에서 이적한 차용갑 투수에게 꼼짝없이 당하고 말았다.

이렇게 트로이카 팀이 모조리 몰락한 사이, 반대쪽 시드에서는 선린상고가 연장 10회 끝에 마산상고를 3대2로 꺾고 결승전에 올랐다.

신일고와 선린상고가 결승전을 벌임으로써 당시로서는 14년 만에 처음 서울팀끼리 맞붙었다. 서울에는 전국 고교야구 팀의 절반에 가까운 19개 학교가 있었다.

신일고는 결승전에서 1학년 에이스 김정수가 단 5안타만을 허용하면서 선린상고에 2대0으로 완봉승했다. 김정수는 타석에서 5번 타자로 볼넷을 골라 나가 득점하기도 했다. 신일고로서는 1975년 8월 11일 팀 창설 이래 1년 만에 첫 우승의 감격을 안았다. 반면 선린상고는 4강이나 결승전에는 수시로 진출했지만, 우승 문턱에서는 번번이 좌절되는 아픔을 겪었다.

우수선수상은 신일고 1루수 김남수, 우수투수상은 신일고 김정수, 수훈상은 신일고 중견수 최홍석, 감투상은 선린상고 이길환에게 돌아갔다. 타격상은 14타수9안타를 기록한 마산상고 유격수 임정면이 받았는데, 그는 미기상도 함께 수상했다. 특이한 것은 도루상(3개)을 신일고 투수 김정수가 받는데, 김정수는 투-타-주 모두 탁월한 초고교급 선수임을 보여주었다. 감독상은 신일고 한동화 감독, 공로상은 신일고 김삼열 교장이 수상했다.

신생팀이던 신일고가 우승한 비결은 다른 고등학교와는 야구부를 대하는 자세가 달랐기 때문이라고 한다. 탄탄한 재단 지원을 바탕으로 글러브 등 야구용품을 거의 무상으로 선수들에게 지급해주는가 하면 전용구장에 준하는 연습장도 확보했다. 거기에다 국가대표 2루수 출신인 한동화 감독을 영입함으로써 질과 양에서 모두 기성 고교를 위협하는 시스템을 완비했다.

유니폼도 대한야구협회에서 자제를 요청할 정도로 빨간색에다 벨트 없는 신형 유니폼을 착용하면서 눈길을 당겼다. 물론 이후에는 다른 고교와 비슷해지긴 했지만 신일고만의 특징은 1980년대에 이어 1990년대까지 계속 이어졌다. 프로야구 현역 중에는 김현수(LG트윈스), 박해민(삼성라이온즈에서 LG트윈스로 이적) 등이 대표적인 신일고 출신이다.

특히 신일고는 서울 소재 중학교뿐만 아니라, 지방 출신의 유망한 중학생을 스카우트하기로도 유명했다. 실제 1976년만 해도 때마침 팀을 해체한 광주 동신고에서 투수 겸 우익수 차용갑, 포수 김경훈, 2루수 김수남, 유격수 김홍현 등 4명을 전격적으로 데려왔다. 이들은 신일고 라인업에서 4번-3번-9번-1번을 치면서 팀 우승에 결정적인 역할을 한다.

이후에도 전국의 에이스급 선수들에게 스카우트 제의를 많이 했던 것으로 알려지고 있다.

지방에서 열리는 전국 규모 대회인 제28회 화랑기 대회가 17개 팀이 참가한 가운데 7월 28일 부산 구덕운동장에서 개막했는데, 8월 4일 열린 결승전에서는 부산상고가 황금사자기 우승팀 신일고를 3대0으로 완봉하고 2년 만에 다시 우승을 차지했다.

장신의 좌완 에이스 이윤섭의 역투가 결정적이었다. 부산상고의 사기가 하늘을 찔렀는데 이 분위기가 그대로 봉황대기까지 이어졌다. 특히 부산상고 동문인 성기영 전前 국가대표 2루수가 연초부터 모교의 감독을 맡으면서 더욱 짜임새 있는 팀플레이를 하게 되었다. 우수선수상은 부산상고 투수 이윤섭에게 돌아갔다. 타격상은 지금은 고인이 된 광주상고 채희주가 받았는데, 타율이 무려 8할7푼5리를 기록했다.

제6회 봉황대기

화랑기가 끝난 지 엿새가 지난 8월 10일, 전국 46개 팀이 참가하는 제6회 봉황대기 대회가 열렸다. 이 대회에서도 경남고, 대구상고, 군산상고는 뒤로 밀리고 말았다.

강력한 우승후보 경남고는 8월 18일 열린 2회전 경기에서 인천고 인호봉 투수의 호투로 4안타 밖에 치지 못하고 0대1로 패했다. 매스컴에서는 '이변'이라고 난리였다. 이날 경남고 최동원은 피안타 4개, 삼진 9개를 기록하며 호투했지만 타선이 너무 터지지 않아 아깝게 패하고 말았다. 인천고는 최동원에게 여섯 타자 연속 삼진을 당한 뒤 5회말 등장한 6번 김진철이 플라이 볼을 쳤는데 경남고 외야수가 뒤로 물러났다가 다시 앞으로 뛰어나오는 바람에 공을 놓쳐 행운의 2루타가 되었다. 이후 보내기 번트로 3루까지 갔고, 2학년인 8번 손영주가 최동원의 인코너 커브를 때려 천금 같은 중전안타로 결승점을 올렸다.

경남고는 2회초 무사 1-2루 찬스를 보내기 번트 실패로, 3회초 1사 2-3루의 기회를 강공책 실패로 각각 무산시키고 말았다.

역시 대회마다 우승후보로 꼽히던 대구상고는 1회전에서 전남고를 7대3으로 꺾고 서울고와 만났다. 서스펜디드 게임으로 이틀에 걸쳐 17회 연장전을 벌인 끝에 서울고에 2대3으로 패했다. 김시진의 역투에 눌려 3자 범퇴를 거듭하던 서울고는 17회말 1번 서재진이 좌전안타로 출루한 뒤 4번 선우대영이 센터 앞 적시타를 때려 5시간이 넘는 대 격전을 끝냈다.

또 다른 우승 후보 군산상고는 부산고를 1대0, 장충고를 4대0으로 격파하고 올라갔으나 이길환의 선린상고에 0대3으로 덜미가 잡혔다.

이에 비해 화랑기 우승에서 만든 바닷바람을 그대로 서울까지 몰고 온 부산상고의 파죽지세는 가공할 수준이었다. 서울운동장에서 열린 준결승전에서 부산상고는 재일동포를 3대2, 선린상고는 인천고를 1대0으로 격파하고 결승전에 올랐다. 선린상고는 연장 10회말 8번 신군식이 좌월 굿바이 홈런을 치면서 응원단의 뜨거운 환호를 받았다. 인천고 인호봉 투수는 40이닝 무실점을 기록하며 팀을 4강에까지 올려놓았지만, 아깝게 물러나고 말았다.

드디어 8월 26일 열린 결승전에서 부산상고는 좌완 에이스 이윤섭이 완투하면서 선린상고를 4대0으로 완봉, 화랑기에 이어 곧장 봉황대기까지 거머쥐며 기염을 토했다. 일정상 쉴틈없이 연속으로 이어진 두 대회에서 동시에 우승하기는 1971년 경북고 이후 처음이었다. 반면 전날 인천고와 연장전을 벌이며 역투한 이길환은 너무 지쳐 있었고, 또 다시 준우승의 주인공이 되었다. 손에 닿을 듯 말 듯 우승기는 선린상고의 교문 앞을 살짝 스치며 지나가고 말았다. 이길환은 결승전에서 3이닝만 던지고 마운드를 신군식과 김문수에게 넘겨주고 우익수 수비로 물러났다.

부산상고의 이윤섭은 타석에서도 맹활약했다. 1회말 중전안타로 나간 1번 김종태를 우전 적시타로 불러들여 선취점을 올렸다. 4회말에도 몸에 맞는 볼로 출루한 뒤 후속 타자인 5번 조호성이 중견수를 넘어가는 큼지막한 2루타를 칠 때 홈을 밟았다. 선린상고의 힘은 여기서 완전히 빠져 버렸다. 선린상고는 5회초 5번 구석모가 내야안타로 진출했다가 이윤섭의 견제구에 걸려 죽으면서 팀 분위기는 완전히 가라앉았다.

대회 최우수선수상과 최다타점상(4점)은 이윤섭, 최우수투수상은 이길환에게 돌아갔다. 우수투수상은 재일동포 백의홍白義弘, 인천고 인호봉, 서울고 선우대영 등 3명이 받았다. 감투상은 선린상고 신군식, 수훈상은 부산상고 조호성, 타격상은 0.375를 기록한 인천고 좌익수 정인규, 최다안타상은 9개를 친 재일동포 1루수 홍신차洪新次가 받았다. 감독상은 부산상고 성기영 감독에게 돌아갔다.

부산상고는 1974년 화랑기, 1975년 황금사자기를 우승한 데

이어, 1976년에는 화랑기에 이어 봉황대기까지 손에 쥐었다. 부산상고 우승의 주역은 3학년 좌완 이윤섭 투수로, 그는 1976년 트로이카와 함께 이른바 '1958년 개띠' 세대에 속한다.

이윤섭은 181cm의 신장에 투타 모두 빼어난 성적을 기록했다. 마운드에서 강속구보다는 큰 키를 이용한 낙차 큰 변화구와 제구력으로 승부했으며, 타석에서는 장타력과 정확도를 겸비한 강타자였다.

사실 부산상고가 1년 전인 1975년에 황금사자기를 우승할 때에는 2학년 동기인 노상수가 마운드에서 맹활약했고 이윤섭은 클린업 트리오로 타석에서 주포 역할을 한 반면, 3학년이 되어서는 오히려 이윤섭이 노상수보다 마운드에서 차지하는 비중이 더 높아졌다. 이윤섭은 화랑기와 봉황대기에서 팀의 우승을 이끌며 모두 최우수선수로 선정되었다. 이윤섭은 1976년 한일 고교야구 정기전에서 고시엔의 영웅이라던 사카이 투수를 상대로 홈런을 때려내기도 했다.

부산상고는 당시 이윤섭과 노상수 이외에 1루수 조호성, 3루수 곽동찬, 포수 한철수 등이 눈에 띄는 멤버였다. 경남고, 대구상고, 군산상고에 비해 다소 전력이 약하다는 인상을 주었지만 집요하고 끈질긴 승부욕으로 2개 대회를 가져갔다.

국회의장배 & 미국하원의장배 & 전국체전

매년 크게 주목을 받지 못했지만 그래도 매일신문 주최로 대구에서 열리는 전국대회인 제10회 국회의장배 전국6도시야구 대회에는 총 9개 팀이 출전했다. 모처럼 대구팀인 경북고와 대구상고가 맞붙었다. 김시진의 대구상고는 이 대회마저 준우승을 차지하는 설움을 맛보았다. 9월 12일 열린 결승전에서 경북고가 대구상고를 2대0으로 제압한 것.

경북고는 사실 1976년이 역대 최약체로 평가되던 시절이라 비록 지방대회였긴 하지만 우승의 감격은 무척 컸다. 최우수선수상은 경북고 장명조 투수, 우수투수상은 경북고 배성환 투수, 감투상은 대구상고 김시진 투수, 타격상은 대구상고 송진호(0.600) 중견수가 각각 받았다.

하지만 김시진도 설움을 만회할 기회가 왔다. 10월 3일 그 해 고교야구가 끝난다는 아쉬움에서인지 2만 명 넘는 관중이 운집한 가운데 서울운동장에서 끝난 미국하원의장배 제5회 전국우수고교초청야구대회 결승전에서 대구상고는 에이스 김시진이 단 4안타만 내주는 역투로 군산상고를 2대0으로 격파했다. 김시진으로서는 대통령배 결승전에서 압도적인 피칭을 하고도 9회에 폭투 하나 때문에 0대1로 군산상고에 패했던 아쉬움을 넉 달 반 만에 설욕한 것이다.

대구상고는 1회초 1번 송진호가 좌전안타로 나가 군산상고 좌익수 김현룡의 실책을 틈타 3루까지 내달은 다음 3번 김정태가 외야 희생 플라이를 날려 선제점을 뽑았다. 1회에 투수를 김성한에서 김용남으로 교체한 군산상고는 2회말 1사 3루, 6회말 무사 1-2루의 찬스를 맞았으나 후속타 불발로 영패를 당했다.

오히려 대구상고는 3회초 8번 조차룡이 우월 3루타를 때리자 기다렸다는 듯 9번 이재익이 우월 2루타로 화답하며 1점을 추가해 최종 스코어 2대0이 됐다.

경남고 최동원은 고3의 마지막 대회를 그리 깔끔하게 마치지는 못했다. 준결승전에서 김종윤에게 홈런을 맞는 등 군산상고에게 14회 연장전 끝에 2대3으로 패배한데 이어, 3-4위전에서는 다시 부산상고에 난타당하면서 1대4로 고배를 마셔야만 했다. 결국 그 해 대통령배 결승전과 청룡기 결승전의 결과가 뒤집힌 셈이었다. 대구상고는 군산상고에 패배했던 아쉬움을, 군산상고는 경남고에 당했던 모욕을 갚았으니 말이다. 유일한 개인상으로 시상하는 타격상은 군산상고 중견수 김종윤이 5할로 차지했다.

마지막 고교야구 경기는 10월 17일 제57회 전국체전 야구 고등부 결승전이었다. 군산상고(전북)는 신일고(서울)를 4대3으로 누르고 금메달을 차지했다.

■ 1976년 제19회 이영민 타격상은 전국 5개 대회에서 29타수13안타(0.448)를 기록한 마산상고 유격수 임정면林禎勉이 차지했다. 1975년 이효헌에 이어 마산상고 선수가 2년 연속 이영민 타격상을 받았다.

■ 진로 - 가장 큰 별인 경남고 최동원崔東原은 고려대와 연세대 사이에서 세간의 화제를 모았으나 결국 연세대를 선택했다. 경남고 이우상李佑尙

그 시절 우리는 미쳤다 1970년대 고교야구

도 연세대로 들어갔다. 김시진金始眞과 김용남金勇男은 한양대, 부산상고의 우완 노상수盧相守와 좌완 이윤섭李閏燮은 고려대로 진학했다. 부산상고 조호성趙浩成은 연세대를 택했다. 마산상고의 이영민 타격상 수상자로 고교 국가대표 4번을 치던 임정면林禎勉은 건국대에 들어갔다. 군산상고 김종윤金鍾潤은 중앙대로 진학했다. 1975년 대통령배 결승전에서 광주일고 김윤환에게 3연타석 홈런을 맞았던 경북고 성낙수成洛秀는 경희대로 진학했다. 대구상고에서 투타에 능했던 송진호宋鎭浩는 건국대로 들어갔는데, 이후 삼성라이온즈 원년멤버 등으로 활약하다가 수년 전 간경화로 세상을 떠났다. 2022년 삼성라이온즈의 젊은 에이스 원태인의 아버지인 대건고 원민구元敏九는 영남대로 진학했다.

1976년 대구상고 3학년이었던 김시진의 삼성
라이온즈 시절 〈사진제공＝삼성라이온즈〉

1958년생이다. 김시진은 한국 야구사에서 최동원, 선동열과 함께 1980년대 프로야구를 대표하는 투수로 꼽힌다. 포항중학교 때 야구를 시작하여 대구상고로 진학했고 1976년에 최동원, 김용남과 함께 트로이카 초고교급 투수로 불리었다. 한양대 시절에는 빠른 슬라이더를 가지고 국가대표로 활약했다. 포수 이만수와는 대구상고, 한양대, 삼성라이온즈 등 뗄래야 뗄 수 없는 관계가 되었다. 한국 프로야구 최초로 통산 100승 투수가 되기도 했다. 1988년 말 삼성과 롯데의 전격적인 2대2 맞트레이드로 최동원과 김용철이 삼성으로 오고, 김시진은 장효조와 함께 롯데로 이적했다.

프로야구 통산 124승73패16세이브에 3.12의 방어율을 기록했고, 67경기를 완투했으며 16경기 완봉승을 수립했다.

은퇴 후에는 태평양, 현대, 넥센, 롯데 등에서 투수코치와 감독을 했다. 2021년에는 KBO 기술위원회 위원장을 맡았다.

1976년 대통령배 결승전에서 아깝게 패배했는데.

"1974년 1학년 때부터 사실상 에이스 역할을 했는데 그 해 대통령 배 결승전에서 경북고에 난타 당했다. 대통령배와 인연이 없어서인 지 1976년 결승전에서 군산상고와 만났는데 김용남 투수의 공이 좋았지만 우리도 점수 낼 찬스가 많았는데도 결국 0대1로 패배했다. 내가 맞은 안타는 단 2개. 경기 종반 군산상고 김형종에게 우익선 상으로 3루타를 맞은 것이 아팠다. 빗맞은 공이었는데 공이 휘어서 펜스까지 굴러가는 바람에 3루타가 되어버렸다. 상대방이 스퀴즈 번트를 댈 것으로 예상해 피치아웃 볼을 던졌는데, 너무 높게 던져서 포수가 받지 못했다. 점수를 거저주고 말았다. 그날은 이상하게 잘 안 풀렸다. 경기가 끝나고 모두 마운드에 주저앉아 울었다. 1976년 말에 우수고교대회에서 군산상고를 꺾고 우승하면서 다소 위로가 되었다. 그런 과정을 통해 많이 성장하는 계기가 되었다."

고2 때인 1975년에는 별다른 기록이 없는데.

"고2 때는 6개월간 볼을 못 던졌다. 병원에 갔더니 황달기가 있으니 쉬어야 한다고 했다. 당시 짜장면밖에 먹은 게 없다고 했더니, 면 종류를 많이 먹으면 황달기가 오니까 주사를 맞으면서 쉬어야 된다고 해서 제대로 운동을 못했다. 1975년에는 대회 참가를 거의 못했다."

명투수가 되기 위해 어떻게 훈련했나.

"포항중앙초등학교 때는 야구를 안 했고, 발이 빨라 육상을 했다. 전국체전 포항 대표로 나가서 뛴 기억이 난다. 야구는 포항중학교 2학년부터 했다. 공을 빠르게 던지고 싶었으나 선배들이 확실한 답을 주지 않았다. 그래서 타이어 가게에 가서 폐타이어와 검은 줄을 샀다. 포항 수도산에 올라가는 길목의 소나무에다 타이어를 감아 가지고 튜빙Tubing하듯 고무줄로 걸어놓았다. 섀도피칭Shadow pitching 하듯이 테이크백Take back부터 임팩트 순간까지 빠르게 하려고 많이 노력했다. 직구 던지는 데는 굉장히 도움 됐다. 손목이 앞으로 나가면서 자연적으로 손가락이 뒤에 따라오는 느낌과 밸런스를 알게 되었다. 요즘도 손목이 팔꿈치보다 앞에 있느냐 뒤에 있느냐가 중요하다. 골프 선수들 말을 들어보면 결국 헤드 스피드를 내려면 헤드가 몸보다 더 빨리 가면 안 된다, 몸이 턴하면서 같이 움직여야 한다고 말한다. 그런 원리를 깨달으면서 커브에도 눈을 떴다. 손목보다 손가락이 앞에 있으면 커브를 못 던진다. 뒤에서 손목이 나오면서 회전을 시키면서 나와야 커브가 된다. 당시 타이어 튜브를 당기면서 그런 원리를 익히게 되었다.

중학교 때 처음에는 유격수와 3루수를 보았는데, 감독님이 보더니 '커브를 잘 던지네' 하셔서 점차 마운드에 올랐다. 중3 때 포항중 에이스가 대구 경상중과 시합하는 날 갑자기 배탈이 나서 던지지 못하게 되자, 나보고 대신 던지라고 했다. 경상중과 13회 연장까지 갔는데 1대0으로 이겼다. 그런 식으로 성장했다."

가장 전성기는 언제였다고 생각하는가.

"볼 스피드는 한양대 2학년인 1978년에 가장 빨랐다. 당시 이탈리아에서 세계야구대회가 열렸는데 일본, 미국 등에서 전력분석팀이 스피드건을 갖고 와 속도를 쟀다. 최동원이 151km/h, 내가 150km/h가 나왔다. 스피드로는 그때가 가장 좋았다.

4학년 때 한미대학야구대회가 열렸는데 1차전에 내가 완봉승을 거두었다. 3차전에도 나섰다가 한 타자를 던지고 아파서 내려갔는데, 병원에서 검사하니 오른쪽 어깨 근육이 파열돼 주사기로 피를 뺐다. 그러면서 공을 못 던졌다. 그래서 당초 포항제철하고 7월 말 계약금 5000만원에 들어가기로 합의한 것도 깨졌고, 1980년 요코하마 세계대회도 가기 이틀 전에 퇴소를 했다. 그래서 군대를 택했고, 육군 경리단에 들어갔다.

이듬해 5월에 1977년 니카라과 슈퍼월드컵에서 우승했던 공적으로 병역혜택이 뒤늦게 주어졌는데, 이미 현역군인 신분에게는 혜택이 없다고 적혀 있었다. 그걸 받아 들고 중앙경리단 해방촌 입구에서 남산타워를 쳐다보면서 21개월 정도 더 복무했다."

지금까지 까다로웠던 타자가 있었나.

"보통 마운드에 오르면 아무래도 1번 타자가 까다롭다. 출루가 목표이고 볼을 커트도 많이 해서다. 사실 특별히 힘든 타자는 없었으나, 다만 대구 대건고의 장태수나 이런 선수들이 더 어려웠다. 대구 학교들끼리 많은 시합을 하니까 서로 장단점을 많이 알았다."

이만수 포수와 인연이 남다른데.

"1958년생 동기이다. 대구상고에서 2년, 한양대 3년, 삼성에서 5년을 같이 했다. 이만수의 부인도 나와 포항중앙초등학교 동기이다. 이만수와 배터리를 이루었을 때 그가 내는 사인의 90%는 따라갔다. 그만큼 이만수에 대한 믿음이 컸다.

이만수와는 중학교 시절부터 알았는데, 이만수가 당시 관행대로 1년을 더 다니면서 나와 학년 차이가 생겼다. 대구상고 1학년에 입학한 이만수가 고2인 나를 보더니 '야, 시진아 반갑다'고 했다가 선배들에게 혼난 적이 있다. 그때부터 줄곧 내게 존댓말을 했다. 삼성에서 선수생활을 마칠 무렵, 서로 말을 놓자고 했다. 처음에는 적응이 안 되다가 편해졌다. 그렇다고 '야~', '자~' 하는 것은 아니고 '자네가 어떻고~' 식으로 대화를 나눈다."

고故 최동원과도 인연이 남다른데.

"고교 때는 직접 맞붙은 적이 거의 없다. 고3 때 둘 다 국가대표 상비군이 되었고, 대학 1학년 때부터 국가대표를 했다. 대학 시절엔 최동원의 연세대와 내가 속한 한양대가 자주 붙었다. 우리가 번번이 졌던 것 같다. 1983년 프로에 입단할 때까지 같이 국가대표를 했다. 나와 룸메이트도 오래 했다. 학교는 다르지만 내가 한 번씩 신촌에 가서 최동원을 만났고, 반대로 최동원이 한양대가 있는 행당동에 와서 만나기도 했다. 같은 학교 친구들 못지않게 친했다.

지금도 최동원만 생각하면 마음이 아프다. 처음 수술한 뒤 5년이 지날 때까지 몸이 좋았다가 대장암이 재발되었는데, 2011년 고교 레전드 시합 때 복수가 차서 앉아 있는 걸 봤다. 그래서 전화했더니

'괜찮다. 복수가 좀 찾는데 괜찮다'고 했다. 며칠 뒤에 다시 전화했더니 '지금 산에 올라가고 있다'고 했다. 그러면서 '처음보다는 괜찮아졌다'고 말했다. 그러면 시즌이 끝나고 나면 보자고 했다. 그 통화가 마지막 대화였다. 부고를 듣고 새벽에 세브란스병원으로 달려갔다. 장효조 형은 선배니까 늘 조심스러웠지만, 최동원은 둘도 없는 친구여서 평소 이런저런 얘기를 많이 했다. 지금도 마음이 아프다."

당시에는 야구부의 기합이 매우 셌다는데.

"요즘이라면 큰일 나겠지만 당시에는 하루라도 안 맞으면 불안했다. 왜냐하면 다음날 합쳐서 맞으니까. 그 당시는 선배들이 연습할 때 제대로 정리정돈을 안 했다든지 연습에 몰두 안 했다든지 뭐 그런 구실로 '빠따'를 맞았다. 한두 대씩 맞으니 맞는 게 습관이 되었다. 중학교 때도 사실 야구를 좀 더 빨리 시작했을 텐데 구타 때문에 좀 늦어졌다. 1학년 말에 감독의 권유로 야구를 하겠다고 하자 '오늘 신입 빵이 있다'고 했다. 1학년 4명이 모여서 무슨 빵을 주려나 했다. 연습을 마치고 마운드에 모이라고 해서 갔더니 2학년들이 한 대씩 때렸다. 그걸 '신입 빵'이라고 부른다는 것이다. '잘못도 안 했는데 왜 때리느냐'고 항의했더니, 전통이라고 하길래 '난 맞으면서 운동 안 한다'고 하고 나왔다. 그래서 야구를 좀 더 늦게 시작했다. 과도한 기합과 구타는 당시 야구계뿐 아니라 전반적인 학원 스포츠의 어두운 면이었다."

지금 고교야구 선수들에게 조언을 한다면.

"요즘 고교야구는 투구제한이 있다. 물론 좋은 제도다. 하지만 자칫 투수에게 필요한 힘을 기르지 못하는 부작용도 있다. 우리 세대만 해도 기구를 들거나 배팅 볼을 던져서, 아니면 타이어 등을 쳐서 임팩트 힘을 기르는 경우가 많았다. 사실 투수에게는 80개나 100개 등의 투구 숫자가 무의미한 경우가 많다. 150개를 던져도 괜찮은 투수가 있고, 80개 던져도 못 견디는 투수가 있다. 그런데 요즘 고교 투수들은 6이닝 이상 던지는 선수가 거의 없다. 그만큼 안 던진다. 마운드에서 던지는 것과 불펜에서 던지는 것은 힘을 기르는 데 근본적인 차이가 난다. 고교야구의 투구 제한을 일률적으로 하다 보니까 진정한 스타의 탄생을 막는 부작용도 있다.

우리 때는 130~140개를 던져도 그렇게 힘들다고 못 느꼈다. 그런데 요즘은 볼을 던지면서 내가 원하는 코스로 들어갔는지를 파악 안 하고 고개 돌려서 스피드건만 확인한다. 자기가 원하는 지점에 던지질 못하고 스피드만 논하고 있으니 제구가 안 되는 투수가 많아질 수밖에 없다.

투수는 마운드에 올라가서 맞는다 해도 10번 중 7번은 투수가 이긴다는 말이 있다. 타석에 강타자가 들어오면 두들겨 맞는 건 당연하다. 그렇다면 '한 번 잡아보겠다, 한 번 붙어보자'라는 자세로 싸워야 하는데 안 맞으려고 계속 도망가니 볼넷을 준다. 다음 타자 역시 무서우니까 계속 도망가다가 실점도 많고, 투구 수도 많아지는 것이다."

8

1977년 : 진정한 고교야구 평준화를 향하여

1977년에도 전년도와 같이 충암고, 공주고, 광주상고, 대구 상고가 중앙의 4개 대회를 나눠 가졌다. 서울, 충청, 호남, 영남이 각각 하나씩 우승했으니 진정한 고교야구 평준화가 이루어진 셈이었다.

본격적인 시즌이 열리기 전에 부산과 대구에서는 소규모 전국대회가 먼저 열렸다. 참가팀이 적지만 한 해의 전력을 가늠할 수 있는 대회였다. 먼저 부산일보사 주최로 4월 8일부터 열린 제20회 전국4도시야구대회에는 6개 팀이 출전했는데, 부산고가 경남고를 5대2로 제압하고 우승을 차지했다. 타격상은 부산고 2학년 에이스인 양상문(8할)이 받아 눈길을 끌었다. 이 대회는 1977년을 마지막으로 폐지되었다.

또 대구에서는 4월 22일부터 6개 팀이 참가한 가운데 제17회 문교부장관기 전국4도시야구대회가 열렸다. 4월 24일 열린 결승전에서 대구상고는 4회말 1번 조차룡, 3번 오대석, 4번 이만수의 연속 안타로 2득점, 선린상고를 2대0으로 꺾었다. 다만 선린상고는 결승전 당일 오전에 경북고와 4월 23일에 다 끝내지 못한 준결승전 남은 이닝을 속개해 연장 15회 끝에 4대3으로 승리했다. 오전에 준결승전을 마저 끝내고, 오후에 결승전을 치르는 변칙 더블헤더를 해야만 했다. 이런 일은 대통령배 결승전에서도 벌어졌다. 최우수선수상은 대구상고 유격수 오대석, 우수투수상은 대구상고 투수 박영진, 타격상은 6할9푼2리를 기록한 선린상고 포수 정종현이 받았다. 이 대회 역시 1977년을 끝으로 폐지되었다.

제11회 대통령배

[忠淸道(충청도) 野球(야구) 첫 全國制覇(전국제패)]. 조선일보 1977년 5월 18일자 6면 톱기사의 제목은 이렇게 붙여졌다. '아, 충청도가 이겼다', '이 지방 최대 경사' 등의 부제가 따라붙었다. 공주고가 부산고를 4대3으로 누르고 제11회 대통령배 대회를 우승한 것이다. 창단한 지 3년 2개월만의 일. 1977년 당시만 해도 공주는 시가 아니고 읍이었다. 공주읍 전체가 들썩이는 잔치였음은 물론이다.

사실 1977년 당시의 공주고 전력은 미지수였다. 강속구는 아니지만 컨트롤과 두뇌피칭을 하는 오영세 투수와 4번 타자인 김경문 포수의 콤비가 1회전부터 호흡이 척척 들어맞아 눈길을 모은 정도였다. 훗날 오영세는 메이저 124승 투수인 박찬호의 공주중학교 시절 은사로 더 유명해졌는데, 손이 큰 박찬호를 3루수에서 투수로 전향시킨 덕분에 박찬호가 첫손에 꼽는 인생 스승이 되었다.

공주고는 결국 결승전에서 '왼팔 최동원'이라는 별명을 갖고 있던 2학년 초고교급 투수 양상문과 1학년 안창완이 이어 던진 부산고를 4대3으로 제압하고 감격의 우승을 차지했다.

물론 공주고가 김영빈 감독의 지휘 아래 탄탄한 전력을 구축한 것은 사실이다. 하지만 그날 우승을 차지하기까지 공주고는 뜻하지 않은 행운을 겹으로 안았다. 우선 준결승전에서 서울 신일고와 맞붙었는데, 양 팀은 연장 12회까지 3대3으로 맞서며 진땀 나는 승부를 연출했다. 하지만 어처구니없게도 신일고 유격수 2학년 김경표 선수의 선수자격 시비가 불거지면서 신일고가 기권패를 하게 된다.

김경표는 앞선 군산상고나 광주상고와의 경기에서는 모두 출전했으나 공주고 전에서는 아예 출전하지 않았다. 공주고 측에서 경기 전에 부정선수임을 밝혀내고 강력하게 항의했기 때문이다. 이에 신일고 김삼열 교장은 게임을 포기하도록 한동화 감독에게 지시한 것으로 알려졌다. 김경표는 경북 영덕중을 졸업했는데, 서울 대광고에 진학했다가 경기고 야구부로 전학하려 했으나 이를 받아 주지 않자 신일고 야구부에 들어갔다. 복잡한 학적정리가 되지 않은 가운데 유예기간도 지나지 않은 채

중고야구연맹이나 야구협회에 선수로 등록, 그때까지 각종 대회에 출전해왔던 것이다. 신일고로서는 투수 김정수를 비롯해 1976년 황금사자기 우승 당시 주역들이 그대로 재학하고 있어 고교 최강팀으로 지목됐다가 이런 불상사를 맞은 것이다.

신일고의 주역인 김정수와 김경표는 훗날 프로야구 MBC청룡 소속이던 1986년 11월 3일 오후 1시쯤 안언학(중앙고-고려대 졸업)과 함께 예비군훈련을 마치고 김정수가 운전하는 로얄승용차로 이동하던 중 서울 내곡동에서 마주오는 버스와 충돌했다. 결국 김정수는 현장에서 사망하고, 김경표는 부상을 입고 살아남았지만 4년 뒤 다른 교통사고로 세상을 떠났다. 김정수는 26세, 김경표는 30세의 젊은 나이에 세상을 떠났다.

어쨌든 그 당시 공주고가 맞았던 두 번째 행운도 이례적이었다. 대회 운영의 미숙으로 부산고와 선린상고의 준결승전이 5월 17일 결승전 날 오전에 속개되었다. 지금 생각하면 받아들이기 어려운 중대 착오였다. 당시 부산고는 선린상고를 4대0으로 꺾었는데, 문제는 초고교급 에이스인 2학년 양상문이 산발 4안타로 완봉승을 거둔 뒤 단 2시간만 쉬고 곧 이어 결승전에 출전했다는 점이다.

당시 양상문에게 주변 사람들이 어깨를 아이싱Icing해야 한다며 1시간 동안 얼음덩어리를 걸치게 했다. 그리고 나서 1시간 뒤 결승전에 나섰다. 요즘 같은 스포츠 의학상식이라면 절대로 경기에 금방 나서면 안 되는 상태였다. 보통 투수가 완투를 했다면 어깨 주변의 모세혈관이 광범위하게 터졌다고 봐야 하고, 이것이 제대로 아물려면 꽤 시간이 걸리는 법이다. 하지만 당시에는 투수 관리에 대한 과학적 지식도 부족했고, 그런 것을 따질 여건도 아니었다. 양상문은 2시간 만에 다시 마운드에 올랐으니 정상적인 컨디션일 리가 없었다.

사실 공주고 4번 타자 김경문은 양상문의 부산 동성중 1년 선배다. 김경문은 초등학교와 중학교 때 가정 여건상 전학을 자주했다. 대구와 부산을 오가면서 다녔는데 졸업은 부산 동성중에서 했다. 서울의 신설 신일고에서 김경문과 양상문을 스카우트하려고 시도했으나, 김경문은 자신이 주전으로 활약할 수 있는 신생 공주고를 택했다. 김경문은 공주고에 진학한 뒤 1년 후배인 양상문에게 공주고 진학을 권유하기도 했다.

김경문은 프로야구 두산에서 주로 뛰었고 2020 도쿄올림픽 야구대표팀 감독을 지내기도 했는데, 지금은 수비형 포수로 알려져 있지만 고교 시절만 해도 타격을 겸비했다. 그는 5월 29일 청룡기 예선전에서 대전고 타자가 휘두른 방망이에 뒷머리를 맞아 졸도했고, 김경문의 어머니는 대전고 타자가 고의적이었다고 경찰에 고발하기도 했다. 어쨌든 그 사고 이후 김경문이 회복되긴 했지만, 타격 실력은 눈에 띄게 줄었다는 관측이다.

어쨌든 일방적으로 불리한 여건 속에서 부산고가 공주고를 이기기는 쉽지 않았다. 다만 접전을 벌이면서 쉽게 포기하지 않았다. 공주고는 1회말 원아웃에 2번 박용환, 3번 이근식이 연속 볼넷을 얻고 4번 김경문의 좌전 적시타에 이어 5번 송석창의 스퀴즈 번트가 성공해 단숨에 2점을 빼냈다.

그러나 부산고도 만만찮았다. 공주고 오영세 투수가 그리 위력적인 공을 뿌리는 선수는 아니었다. 3회초 부산고는 9번 조성옥이 볼넷을 고르고 2번 김동우가 2루 앞 내야안타로 원아웃 1-3루의 득점 찬스를 맞았다. 3번 포수 김호근의 유격수 앞 땅볼을 유격수 고경수가 펌볼하는 바람에 조성옥이 재빨리 홈을 밟았다. 1점을 만회했다. 이어 4번 투수 양상문의 유격수 앞 땅볼 때 김동우 마저 홈인했다. 2점째. 여기가 끝이 아니었다. 6번 김성호가 중전 적시타를 쳐 양상문 마저 홈으로 들어왔다. 부산고가 3대2로 게임을 뒤집기 시작했다.

하지만 바짝 긴장한 공주고도 찬스를 놓치지 않았다. 3회말 볼넷으로 나간 3번 이근식이 4번 김경문의 우중간 2루타로 득점을 하면서 3대3 동점을 이루었다. 공주고는 5회말 공격에서 1번 이재우가 좌전안타, 2번 박용환이 내야안타로 각각 출루했고 4번 김경문 마저 볼넷으로 만루가 되었다. 이때 5번 송석창이 부산고의 1학년 구원투수 안창완에게 깨끗한 우전안타를 뽑아내면서 3루 주자 이재우가 홈인, 결승점을 기록했다.

5회 이후에는 양 팀이 팽팽한 투수전을 전개했는데 부산고는 1안타, 공주고는 아예 안타를 쳐내지 못했다. 최종 스코어 4대3.

김경문은 우수선수상, 최다안타상(7개), 타격상(15타수7안타 0.467)을 모두 휩쓸었다. 우수투수상은 오영세, 감투상은 양상

1977년 대통령배 대회에서 부산고를 누르고 우승한 뒤 열린 시상식에서 우승컵을 들고 있는 공주고 포수 겸 4번 타자 김경문 〈사진제공=한국일보〉

문, 수훈상은 공주고 좌익수 송석창이 받았다. 감독상은 김영빈 공주고 감독에게 돌아갔다.

영예를 안은 공주고가 야구부를 창단한 것은 1974년이었다. 공주고는 국가대표 출신인 김영빈 감독을 영입하여 가끔 전국대회에 출전했지만 존재감은 약했다. 하지만 동문들의 후원은 뜨거웠다. 특히 당시 김종락 대한야구협회장(김종필 국무총리의 친형)과 정기승 서울고법 부장판사가 모두 동문으로 야구발전을 위해 물심양면 지원했다고 전해진다. 이에 공주고 야구부도 자극을 받으면서 매일 오후 1시 반부터 오후 9시까지 연습을 했고, 하루 배팅 연습만 300개씩 하는 등 맹훈련을 거듭했다고 한다. 공주고가 우승하면서 대전역 광장에서 공주고 우승 환영대회가 열리기도 했다.

제32회 청룡기

6월 11일부터 열린 제32회 청룡기 대회는 오랜만에 대구상고가 패권을 가져갔다. 1970년 정기혁 투수가 활약하던 시절 이후 처음이었다.

대구상고는 첫 번째 대회인 대통령배 대회 준준결승전에서 2학년 양상문이 이끄는 부산고에 연장 10회 끝에 1대2로 분패했다. 당시 숙소 여관에서 정동진 감독과 선수들은 밤을 새우며 반성하는 시간을 가졌다. 그런 노력과 반성 덕분이었을까. 투수 박영진, 포수 이만수, 유격수 오대석 등 트리오는 팀의 분발을 이끌었다.

부산고는 청룡기 1회전에서 2학년 투수 양상문이 배문고를 상대로 9이닝 2안타 1실점으로 완투승을 엮어냈다. 양상문은 이어 광주일고와 2회전에서 10회 동안 삼진 8개를 잡고 5피안타로 호투했지만, 결국 1대2로 석패했다. 연장 10회 광주일고 이상윤에게 맞은 홈런이 결승점이 됐다. 양상문은 고2 때는 실력에 비해 운이 따르지 않았다.

1970년대 고교야구 거의 모든 팀이 그랬지만, 대구상고 박영진 투수 역시 청룡기에서 엄청난 투혼을 발휘하며 혹사에 가까운 투구를 했다. 왼발을 높이 치켜드는 다이내믹한 투구 폼으로 팔이 떨어져 나갈 정도로 던졌고, 가끔씩 코피도 흘렸다. 그래서 붙여진 별명이 '비실이'였지만 공만큼은 힘 있게 쭉쭉 들어갔다.

청룡기도 패자부활전 제도가 있었다. 승자준결승전에서 광주일고가 청주고를 6대2로, 동산고가 대구상고를 2대1로 눌렀다. 승자결승전에서는 동산고가 8대4로 광주일고를 꺾고 느긋하게 기다리는 입장이 되었다. 패자결승전에서는 대구상고가 광주일고와 맞붙어 11대3으로 대승을 거두었다.

박영진은 청룡기 대회 우승 날까지 5일 연속 등판하면서 팀의 모든 경기를 책임졌다. 승자준결승전에서 동산고에 지는 바람에 이후 패자준결승전, 패자결승전, 1차 결승전, 최종결승전을 내리 던진 것이다.

박영진이 이렇게 혹사한 배경에는 당시 대구상고가 이만수, 오대석, 홍승규, 신상순, 이수빈 등 내외야 전력은 좋았지만 투수로는 2학년 양일환과 1학년 권기홍 정도여서 아직 미덥지 못했기 때문이다.

이런 일이 벌어질 것을 미리 알았는지 국가대표 포수 출신의 정동진 대구상고 감독은 박영진을 유급까지 시켰다. 1977년 초 박영진이 졸업장을 받으러 학교에 갔는데 담임선생님이 유급 사실을 알려 주었다. 알고 보니 정동진 야구부 감독이 강제로 유급시킨 것. 당시 학생 선수의 고의적인 유급을 금지한다고는 했으나 강력한 규제가 없어 사실상 유급을 시키는 관행이 여러 학교 야구부에 퍼져 있었다. 정동진 감독으로서는 2학년 양일환과 1학년 권기홍만 가지고는 어쩔 도리가 없었던 것이다.

정동진 감독은 1976년 10월 모교에 감독으로 부임하면서 무시무시한 강훈련을 시켰다. 오전에는 모래주머니를 달고 학교에서 앞산공원이나 수성못을 왕복하며 러닝을 시켰고, 오후에는 배팅 연습으로 하루 8시간의 훈련을 꼬박꼬박 채워나갔다. 한 번은 단체 러닝을 나갔던 대구상고 선수들이 꾀를 부려 집단적으로 '땡땡이'를 쳤는데 어느 팬이 이를 목격하고 학교에 연락했다. 극도로 화가 난 정동진 감독은 "너희들을 잘못 교육시켰으니 내가 먼저 맞아야 한다"면서 선수들로 하여금 배트로 자신을 때리게 했다. 이에 이만수가 가장 먼저 감독을 배트로 쳤는데, 이것이 와전이 되어 '감독 구타하는 선수'라는 오해를 받아 한동안 숨어 다니면서 곤경에 처하기도 했다. 비슷한 경험을 했던 최관수 감독과 군산상고 선수들이 똘똘 뭉치게 된 것처럼, 정동진 감독과 대구상고 선수들도 화학적 결합이 깊어지는 계기가 됐다.

이만수는 대구중학교 시절부터 지역 야구계에서는 '엄청난 걸물이 등장했다'는 평가를 받았다. 중학 시절에는 포수와 투수를 겸업하기도 했다. 대구상고 1학년 때부터 홈런포를 펑펑 날리면서 훗날 프로야구 홈런왕의 모습을 예고했다.

당시 대구상고와 동산고의 대결은 양 팀 감독이 국가대표 투수(강용수)와 국가대표 포수(정동진)였다는 점에서 더욱 눈길을 모았다. 대구상고는 6월 17일 열린 1차 결승전에서 동산고와 팽팽한 투수전을 벌이면서 3대1로 역전승, 6월 18일 오후 3시 최종결승전을 갖게 되었다.

1차 결승전에서 동산고는 1회 내야안타로 나간 1번 윤광우가 보내기 번트로 2루까지 간 뒤 대구상고 박영진 투수의 2루 견제구가 중견수 쪽으로 빠지는 악송구가 된 틈에 3루까지 갔고, 이후 4번 최영환의 희생플라이로 비교적 손쉽게 1점을 올렸다. 그때만 해도 승리를 낙관하는 분위기였다. 하지만 대구상고는 2회초 5번 박영진이 볼넷, 6번 양일환이 우전안타로 주자 1-3루 상황을 만든 뒤 7번 조차룡이 2루 앞 땅볼을 치는 사이 박영진이 홈인해 1대1 동점을 만들었다. 이후 동산고는 여러 차례 찬스를 만들었으나 무위로 돌아갔다.

팽팽하던 경기는 8회에 깨졌다. 대구상고 2번 홍승규가 동산고 1루수의 에러로 나간 뒤 4번 이만수가 중전안타를 쳤을 때 동산고 중견수 최상규가 홈에 악송구하는 사이 홈으로 들어왔다. 3루까지 나가 있던 이만수도 5번 박영진의 2루타로 여유 있게 홈인, 결국 결승점이 되는 2점을 올렸다. 스코어 3대1로 대구상고의 승리였다.

동산고 강용수 감독은 당시 "6회말 노아웃 1-2루에서 5번 오세인에게 번트를 시켰으나 2루 주자 허운이 3루에서 죽고, 뒤이어 대구상고 이만수 포수의 견제구에 다음 주자마저 3루에서 아웃된 것이 결정적인 패인이었다"고 진단했다. 그날 경기는 모두 악송구가 빌미가 되었다. 대구상고 박영진 투수의 2루 견제구가 뒤로 빠졌고, 동산고 중견수 최상규의 홈 송구가 역시 백네트까지 굴러가는 악송구가 되면서 승패의 분수령을 만들고 말았다.

드디어 청룡기 열전 8일의 종지부를 찍는 최종결승전 날인 6월 18일이 되었다. 이날 경기는 싱겁게도 11안타의 맹폭을 퍼부은 대구상고가 7대2로 낙승했다. '승자결승전에서 이겨서 기다리고 있는 팀이 패자부활전에서 올라온 팀을 1차 결승전에서 격파하지 못할 경우 그 기세에 눌려 최종결승전에서는 진다'는 속설이 입증된 셈이다.

양 팀은 에이스인 박영진과 오세인을 각각 선발로 등판시켰는데, 오세인은 패자부활전 팀이 올라오기를 기다리는 사이 리듬을 잃어버린 탓인지 1, 3, 4회 각각 2점씩 허용하면서 경기 분위기가 기울어졌다. 대구상고는 1회말 1번 신상순이 볼넷, 2번 홍승규가 몸에 맞는 볼로 나갔다. 3번 오대석이 보내기 번트를 대면서 주자는 2-3루가 되었고, 4번 이만수가 유격수 앞 내야안타로 3루 주자 신상순을 불러들였다. 이어 5번 박영진이 희생 번트를 대면서 1점을 추가했다. 이렇게 1회부터 대구상고의 공격은 술술 풀려나갔다.

3회말에는 3번 오대석의 2루타, 4번 이만수가 볼넷, 5번 박영진이 좌중월 2루타를 치면서 1점을 추가했다. 이어 6번 양일환의 1루 앞 땅볼을 동산고 1루수가 놓치면서 2루 주자 이만수

1977년 청룡기에서 우승한 대구상고의 이만수 포수, 박영진 투수, 오대석 유격수(왼쪽부터)가 우승기와 우승컵을 들어보이고 있다 〈사진제공=한국일보〉

도 홈인했다. 4회말에도 2번 홍승규의 중전안타 등으로 2점을 추가했다. 동산고는 마운드를 김동철에게 넘기고 5회초 3번 허운의 3루타 등으로 2점째를 내긴 했으나 역부족이었다. 3번 오대석은 삼성라이온즈에서 뛰던 1982년 6월 12일 삼미슈퍼스타즈를 대상으로 프로야구 최초 사이클링 히트를 기록했던 주인공이다.

이 대회에서 이만수는 최우수선수상은 물론, 타격상(24타수12안타 0.500), 최다안타상(12개), 타점상(10타점)까지 휩쓸며 4관왕이 되었다. 우수투수상은 박영진, 감투상은 동산고 오세인, 도루상(3개)은 광주일고 유격수 임창호, 지도상은 대구상고 정동진 감독이 받았다.

당시 동산고의 3번 타자로 유격수를 맡았던 허운은 2021년 KBO 심판위원회 위원장으로 활약했다. 허운은 최종결승전에서 5회 3루타를 치면서 추격전을 펼쳤으나 역부족이었다.

제31회 황금사자기

7월에 열린 제31회 황금사자기 대회에서는 의외의 팀이 우승을 차지했다. 이 대회의 첫 번째 초점은 신일고의 출전 여부였다. 대통령배 대회에서 김경표의 부정선수 시비로 기권패를 당하면서 1977년 내내 경기 출장이 어려울 전망이었으나, 황금사자기 대회의 경우 전년도 우승팀이라는 이유로 징계가 풀려 출전이 허용되었다. 신일고는 첫 번째 경기에서 대구고를 4대1로 쉽게 꺾었다. 이어 강호 충암고와 맞붙었는데 9회초까지 충암고 기세봉 투수에게 노히트노런을 당하면서 0대2로 지고 있었다. 그러나 9회말 공격에서 2번 양승호와 4번 박종훈이 안타로 출루한 상태에서 5번 김남수가 통렬한 좌월 3점 홈런을 때려 극적인 역전승을 거두었다. 충암고는 김성근 감독과 선수들이 그대로 주저앉아 눈물을 흘렸다. 김성근 감독은 야구장에서 울어보기는 처음이었다고 밝혔다. 스코어 3대2로 신일고의 승리.

3대2 역전승으로 올라온 신일고는 준결승전에서 인천고에 3대2로 역전패를 당하게 된다. 인천고는 신일고 김정수에게 8회말 홈런을 맞아 패배하는 듯 했으나 9회에 허승문, 민경식, 김진관, 최광묵 등의 연속 안타로 3점을 뽑아 역전승을 기록했다.

한편 광주상고는 준결승전에서 공주고를 2대0으로 제압하고 결승전에 올랐다. 광주상고는 에이스 김대식이 8안타만 허용하면서 대통령배 우승팀 공주고에 완봉승을 거두었다.

7월 18일 열린 결승전에서 팀 부활 7년째인 광주상고는 연장 11회초 인천고 투수의 판단 미스로 결승점을 뽑으며 3대2로 역전승, 1975년 광주일고의 대통령배 우승에 이어 광주 야구의 위력을 과시했다.

신일고는 충암고에 3대2로 역전승했고, 인천고는 그 신일고에 3대2로 역전승했으며, 광주상고 역시 그 인천고에 3대2로 역전승하면서 우승을 차지하는 기묘한 스토리가 1977년 황금사자기에서 만들어졌다.

이날 결승전에는 광주상고 응원단이 고속버스 12대에 나누어 서울운동장까지 찾아왔다. 광주상고는 에이스 김대식이 완투하면서 9명 중에 단 1명의 선수 교체도 없었으나, 인천고는 김상기-김경남-최계훈 등 3명의 투수가 번갈아가며 마운드에서만 8번이나 교체됐다.

인천고가 1회말 먼저 1점을 얻으니 광주상고가 2회초 1점을 따라가 1대1을 이루었고, 광주상고가 5회초 1점을 도망가니 인천고가 5회말 금방 1점을 추격하여 2대2를 이룬 가운데 연장전에 돌입했다. 광주상고는 연장 11회초 선두 4번 좌익수 채희주가 볼넷을 고른 뒤 2루 도루에 성공했고, 5번 중견수 강정남의 2루 앞 땅볼 때 3루까지 진출했다. 이어 6번 타자도 볼넷을 골라 원아웃 1-3루의 찬스를 맞았다. 다음 7번 노영석의 투수 앞 땅볼을 인천고 릴리프 최계훈이 병살을 시키려고 2루에 던져 1루 주자가 아웃되는 사이에 채희주가 맹렬하게 홈에 대시하여 결승점을 올렸다. 사실 그런 상황에서는 더블플레이보다는 홈에서 주자를 죽이는 것이 더 현명한 선택이었다고 인천고 박정석 감독은 안타까워했다. 최종 스코어 3대2.

인천고로서는 23년 만에 패권 탈환을 노렸으나 준우승에 만족하고 말았다. 당시 최계훈 투수는 1학년이었는데, 3학년 때인 1979년에도 4번의 전국대회 준우승을 기록했다. 그렇게 최계훈은 한국 고교야구사에서 선린상고 이길환과 함께 준우승 전문투수로 기록되는 아쉬움을 갖게 됐다.

우수선수상은 광주상고 1번이자 유격수로 '고등학생 김재박'이라는 별명을 가진 박상진, 우수투수상은 광주상고 김대식, 감투상은 인천고 김경남, 타점상은 인천고 2루수 손영주, 도루상은 신일고 박천수, 타격상은 신일고 김남수(10타수5안타 0.500), 최다안타상은 인천고 좌익수 최광묵(7안타), 미기상은 인천고 우익수 겸 1루수 허승문, 수훈상은 광주상고 좌익수 채희주가 받았다. 감독상은 이한구 광주상고 감독에게 돌아갔다.

광주상고는 해방 이후 야구부를 창단하여 청룡기 대회 초창기에도 몇 번 출전하긴 했으나 별다른 성과가 없어 팀 해체를 하였다. 하지만 1970년 야구부가 부활되고, 1973년 휘문고 출신의 이한구 감독이 부임하면서 재단 측은 육상부와 야구부를 집중 지원했다. 1974년 봉황대기 4강 진입도 그런 지원의 결과였다. 또 1977년에는 중학야구의 강자였던 광주 동성중 졸업생들을 몽땅 스카우트하는 등 전력 보강에도 힘썼다. 그럼에도 1977년 황금사자기 대회 목표는 4강 정도였는데 뜻하지 않게 우승까지 차지한 것이다.

봉황대기에 앞서 제29회 화랑기 대회가 7월 27일 부산 구덕운동장에서 시작됐다. 전국 16개 팀이 참가한 가운데 준결승전에서 세광고가 배명고를 7대3, 부산상고가 6대4로 경남고를 누르고 결승전에서 만났다. 결승전에서 청주 세광고가 부산상고를 4대2로 제압, 전국 규모 대회에서 감격의 첫 우승을 했다. 청주에서는 잔치가 벌어졌고, 세광고 선수들은 카퍼레이드를 마친 뒤 청주시민환영대회에 참석하기도 했다.

최우수선수상은 세광고 좌익수 진범탁, 우수투수상은 세광고 김영식, 타격상은 세광고 3루수 권정식(0.571), 감투상은 부산상고 2루수 이상래, 감독상은 세광고 왕상균 감독이 받았다.

제7회 봉황대기

8월 8일부터 열린 제7회 봉황대기 대회에서도 의외의 팀이 처음으로 우승기를 가져갔다. 그만큼 고교야구 평준화가 확산되는 분위기였고, 서울팀의 분전이 눈에 띄는 시기였다. 전국에서 42개 팀이 참가한 봉황대기 대회는 보름간 뜨거운 여름밤을 팬들에게 선사했다.

청룡기 우승팀 대구상고는 8월 15일 열린 선린상고와의 2회전에서 연장 10회말 1번 손창규에게 결승 3루타를 맞고 1대2로 패했다. 이날 경기는 대구상고 박영진과 선린상고 이길환의 에이스 대결이었다. 대구상고는 8회초 1번 홍승규가 볼넷으로 나간 뒤 3번 오대석의 중전안타로 선제점을 뽑아 그대로 이기는 듯했다. 하지만 선린상고는 9회말 4번 이길환이 대구상고 1루수의 에러로 진출한 뒤 패스트볼로 2루까지 진출, 5번 정종현의 땅볼 때 3루까지 간 데 이어 6번 이창헌의 땅볼을 대구상고 유격수 오대석이 1루에 악송구하는 바람에 홈인, 극적인 1대1 동점을 만들었다. 이후 10회말 선린상고는 내야안타로 나간 9번 이선웅이 1번 손창규의 우익선상 3루타로 홈까지 들어와 결승점을 만들었다.

필자는 그날 경기를 TV로 유심히 보았는데, 심판의 스트라이크-볼 판정이 얼마나 경기에 결정적 영향을 미치는지 보았다. 당시 심판은 결정적인 순간마다 대구상고 박영진 투수의 한가운데 직구를 볼로 판정, 선린상고 주자가 살아나가는 일이 벌어졌다. 주심이 고의로 그랬을 리는 없겠지만, TV 화면으로 봐도 명백한 스트라이크가 몇 번이나 볼로 판정받는 상황이 이어졌다. 박영진이 그때마다 한숨을 내쉬었는데 문제는 그런 뒤에는 꼭 볼넷이나 안타로 위기를 맞았다는 점이다. 앞으로 심판 판정에도 AI가 도입될 날이 멀지 않다. 특히 지금 한국의 프로야구는 스트라이크존이 과도하게 좁다는 지적이 많다. 2022년부터 스트라이크존이 넓어진다고는 하는데 앞으로는 시시비비 없이 AI가 심판을 대신할지도 모르겠다.

8월 21일 열린 준결승전에서 충암고는 서울고를 5대3으로, 광주 진흥고는 재일동포를 3대2로 격파하고 대망의 결승전에 진출했다.

8월 22일 열린 결승전은 개교한 지 10년, 야구팀 창단 9년이 된 충암고가 처음으로 정상에 올랐다. 상대팀 역시 신예로 불리는 광주 진흥고. 충암고의 사이드암 기세봉과 진흥고의 전인수는 둘 다 만만찮은 투수였다.

양 팀은 3만 관중의 숨이 막히도록 팽팽한 접전을 3회까지 이어갔다. 그러나 진흥고가 4회초 2사 만루의 찬스를 무위로 돌리자, 충암고가 즉각 반격에 나섰다. 4회말 2번 정용락이 안타를 치고 나갔다가 견제구에 죽으면서 팀 벤치에 찬물을 끼얹었다. 원아웃. 하지만 이후 3번 이태현이 볼넷을 고른 뒤 4번 김경갑의 투수 앞 땅볼을 진흥고 전인수 투수가 잡아 병살을 만들려고 2루에 던진 것이 악송구가 되었고, 주자는 2-3루가 되었다. 이때 5번 포수 조범현이 중전안타를 쳐 2점을 먼저 올렸다. 충암고는 여기에서 멈추지 않았다. 5회말에는 원아웃 만루의 찬스에서 2번 정용락이 행운의 우전 안타를 때려 2점을 추가했다. 스코어는 4대0. 대세는 기울기 시작했다. 신이 난 충암고는 6회말에도 내야안타로 나간 4번 김경갑을 7번 정병규의 우전 적시타로 불러들여 1점을 보탰다. 최종 스코어 5대0. 안타는 충암고가 11개를 친 반면, 진흥고는 6개에 그쳤다. 진흥고는 1회초 2번 황영구가 3루에서 오버런해서 죽고, 4회말에는 투수 전인수의 2루 악송구로 점수를 주는 등 실수도 잦아 결국 패배하고 말았다.

최우수선수상은 충암고 포수 조범현, 최우수투수상은 충암고 기세봉이 받았다. 우수투수상에는 진흥고 전인수, 재일동포 김충부金忠夫, 서울고 편은식이 공동 수상했다. 감투상은 진흥고 포수 김성영, 수훈상은 충암고 유격수 김동우, 타격상은 충암고 2루수 정용락(15타수8안타 0.533), 최다타점상은 서울고 유격수 이승희(7타점), 최다안타상은 재일동포 김경치金京治(10개)가 받았다. 감독상은 충암고 김성근 감독과 진흥고 백대삼 감독, 응원상은 배재고 응원단이 수상했다.

당시 36세의 김성근 감독은 충암고 이사장의 권유에 따라 1976년 3월부터 감독직을 맡게 되었는데 뚜렷한 성과를 내지 못해 가슴 졸이던 시기였다. 1977년에도 대통령배에서는 인천고에, 황금사자기에선 신일고에 역전패 당하면서 두 번 모두 4강에 들지도 못했다. 이번에 4강에 들지 못하면 자폭한다는 심정으로 덤볐다고 소감을 밝혔다.

무엇보다 해체된 대구 대건고 야구부 출신들인 기세봉-조범현-이근식 등이 맹활약해 주었다. 그래서 충암고의 우승이긴 했지만, 대건고의 우승이라고 말하는 사람이 있을 정도였다.

1977년 봉황대기에서 우승한 충암고 선수들이 그라운드를 두 번이나 돌면서 팬들에게 인사하고 있다 〈사진제공=한국일보〉

전국체전 & 슈퍼월드컵야구대회

1976년에 대통령배 우승과 청룡기 준우승에 빛나던 군산상고는 1977년에 한 번도 전국대회 4강에 오르지 못하면서 선수들의 대학 진학에 비상등이 켜졌다. 당시 전국대회 4강에 드는 학교 선수들만이 특기자로 대학에 진학할 수 있었기 때문이다. 군산상고에는 2학년 때부터 투타 모두 이름을 날리던 스타 김성한이 있었다. 하지만 나머지 멤버 중에는 그리 특출난 선수가 없었다. 다행히 전국체전 성적도 심사기준에 포함된다는 사실을 알고 군산상고는 전국체전에 총력전을 폈다.

군산상고는 10월 12일 광주공설운동장에서 열린 제58회 전국체전 야구 고등부 준준결승전에서 김성한 투수가 대통령배 우승팀 공주고 타선을 산발 7안타로 막고 2대1로 승리하면서 4강에 진입했다. 고3 선수들이 드디어 대학 체육특기자로 진학할 수 있게 된 것이다. 김성한은 "바깥쪽으로 빠지는 슬라이더와 몸쪽으로 떨어지는 싱커, 단 2개의 변화구를 적절하게 던졌다"면서 "직구 스피드도 당시에 측정은 못했지만 145km/h는 넘었을 것"이라고 말했다. 김성한은 타고난 컨트롤 능력이 있어 동국대 시절은 물론이고, 프로야구 해태타이거즈에서도 종종 투수로 나와 실력을 뽐냈다. 군산상고는 준결승전에서 광주일고에 1대0으로 패배했지만, 이미 우승 못지않은 기쁨을 누리고 있는 상태였다.

한편 선린상고(서울)는 1969년 최고 전성기 이후에는 만년 준우승팀 딱지를 안고 있었는데 전국체전 야구 고등부 결승전에서 광주일고(전남)를 4대2로 꺾고 금메달을 차지, 적지 않은 위로를 받았다.

한편 한국 야구팀이 11월 26일 니카라과에서 폐막된 제1회 슈퍼월드컵야구대회에서 처음으로 우승하는 쾌거가 벌어졌다. 총 9개국이 출전한 가운데 한국팀은 결승리그에서 4승1패로 미국과 동률을 기록, 최종결승전을 벌인 결과 5대4로 승리했다. 한국 야구 역사상 최고의 금자탑이었다.

최우수선수상MVP, 최다승투수상, 최다구원투수상을 모두 한 국팀의 이선희(1972년 경북고 3학년)가 차지했다. 실제로 이선희 는 1970년대 후반 국제대회에서 최동원(1976년 경남고 3학년)이 나 김시진(1976년 대구상고 3학년)이 따라올 수 없는 활약을 보인 스타였다. 최동원이 무리하게 던지다가 위기에 빠진 경기를 이 선희가 건져낸 경우도 많았다. 간혹 1982년 프로야구 원년의 개막전과 최종전에 이선희가 거듭 만루 홈런을 맞은 것을 두고 "그리 잘 못하는 투수였나"고 묻는 청년도 있겠지만, 당시는 이 미 이선희가 선수로서는 노쇠기였고 또 그런 프로야구 화젯거 리를 만든 것도 역시 스타였기에 가능했으리라. 공격 부문에서 는 타격상(0.426), 최다안타상(23개), 도루상(6개)을 모두 유격수 김재박(1972년 대광고 3학년)이 받았다.

이선희와 김재박은 둘 다 경북중학교 동기동창으로, 비록 고 교 진학은 경북고와 대광고로 갈렸지만 지금까지 우정을 쌓아 오고 있다.

그 밖에 우승 주역으로 활약한 김봉연(1972년 군산상고 3학년), 장효조(1974년 대구상고 3학년), 천보성(1971년 경북고 3학년), 배대 웅(1971년 경북고 3학년), 심재원(1972년 부산고 3학년) 등이 모두 1970년대 고교야구 스타들이었다.

■ 1977년 제20회 이영민 타격상은 전국 5개 대회에서 타율 4할3푼5리 를 기록한 대구상고 포수 이만수李萬洙가 받았다.

■ 진로 – 1970년대 초반 고교야구 스타들이 대학으로 진학하면서 대학 야구의 인기도 높아지기 시작했고, 그래서인지 1970년대 후반으로 갈수록 실업이나 금융팀보다는 대학 쪽으로 진학하는 비율이 높아지기 시작했다. 대통령배 우승팀인 공주고의 포수 김경문金卿文은 고려대, 투수 오영세吳英世는 건국대로 진학했다. 신일고 박종훈朴鍾勳 역시 고려대를 택했다. 대구상고의 이만수李萬洙와 오대석吳大錫은 한양대로, 박영진朴英辰은 성균관대로 진학했다. 충암고의 포수 조범현曹凡鉉은 인하대를, 투수 기세봉奇世峰은 포철을 선택했다. 선린상고 투수 이길환李吉煥은 연세대, 포수 정종현鄭宗鉉은 한양대를 골랐다. 군산상고 김성한金城漢은 동기 6명과 함께 동국대로 진학했다. 광주상고 4번 타자 채희주蔡熙主는 고려대로 진학했다가 감독의 체벌을 견디다 못해 입대했는데 군대에서 극단적인 선택을 하여 야구계를 슬프게 했다. 그날 이후로 광주상고는 상당 기간 고려대에 선수들을 보내지 않았다는 말도 있다.

1958년생. 김성한은 투수, 내야수, 타자 등 어디에 갖다 놓아도 못하는 포지션이 없을 정도로 만능 플레이어였다. 그런 점에서 김재박과 비슷한 이미지를 팬들은 갖고 있다. 군산중앙초등학교와 군산중학교를 거쳐 군산상고에 들어온 그는 김용남 투수와 함께 1976년 대통령배를 우승하는 등 군산상고 제2의 전성기를 누렸다. 1977년에는 팀 전력이 약화되었으나, 대학 특

해태타이거즈 시절의 김성한 〈사진제공=기아타이거즈〉

기자 입학을 위해 전국체전 4강에 들어가는 역투를 했다.

졸업 후 동기들을 데리고 동국대에 진학했는데 배성서 감독의 지도로 '오리 궁둥이' 타법을 익혔다. 고교시절 거포였지만 정교함이 부족했다는 판단에 따라 배트를 미리 뉘고 엉덩이를 뒤로 빼면서 몸자세를 확 낮추었더니 정교함도 크게 좋아졌다. 프로야구에서는 해태타이거즈의 이른바 '김씨 타선'에서 핵심 역할을 했다. 프로 통산

2할8푼6리의 준수한 타율을 기록했고, 홈런도 207개나 쳤다. 투수로서도 통산 15승10패2세이브를 기록했는데, 주로 1982~1986년의 기록이다.

은퇴 이후 해태타이거즈와 한화이글스 등에서 코칭스태프를 맡았으며, 모교인 군산상고의 감독도 잠시 지냈다. 현재 나주혁신도시에서 중식당 'The 하이난'을 운영하고 있다.

해태타이거즈 초반에도 그랬지만 군산상고나 동국대 시절에는 투수로도 유명했는데.

"당시 스피드건이 없었지만 대략 140km/h대 초반이 나왔을까 싶다. 변화구는 슬라이더와 몸쪽으로 휘는 싱커, 2가지를 주로 던졌다. 당시에 포크볼은 들어보지도 못했다. 제구력은 자신 있었다."

1976년 청룡기 결승전 때 맞붙은 최동원의 공이 대단했다는데.

"최동원은 부산 토성중 시절에도 뛰어났지만, 고등학교 들어와 청룡기를 하면서 본격적으로 빛이 났다. 승자결승전과 최종결승전 등 두 번을 최동원과 붙었다. 우리가 한 번도 접해본 적이 없는 볼을 던졌다. 볼이 앞에서 붕 떠올랐다. 커브의 각도는 정말 폭포수가 떨어지는 듯한 느낌이었다. 다른 경기에서 그런 볼을 못 보았기에 호되게 당했다. 승자결승전에서 우리 팀은 20개의 삼진을 당했다. 그렇게 승자결승전에서 졌다가 패자결승전을 이기고 다시 경남고와 최종결승전을 붙게 되었는데, 최관수 감독이 우리를 한양대로 데려 갔다. 거기에 피칭머신이 있어 시속 150km로 맞춰 놓고 연습했다. 빠른 공을 피부로 느껴 보라는 의도였고, 우리도 많은 연습을 했다. 하지만 최종결승전에서 만난 최동원의 공은 여전히 치기 어려웠다."

군산상고가 1977년에는 왜 부진했으며, 동국대로 진학한 계기는.

"김형종, 박전섭 등의 동기가 있었지만 역대로 팀 전력이 가장 약했다. 문제는 고3이 되었으니 직접 예비고사를 치러 대학입시를 통과하든지, 아니면 전국대회 4강에 들어야 대학 특기자가 되기에 모두 초조했다. 마지막 대회인 전국체전이 광주에서 열렸는데, 그때 내가 역투해서 4강에 들어가는데 성공했다. 전국체전 성적도 대학 특기자 심사기준에 들어가니까 너무 다행이었다.

사실 나는 연고대延高大를 가고 싶었다. 그런데 영남대 계시던 배성서 감독이 동국대 감독으로 오셨는데, 동국대 측에서 '만일 김성한이 온다면 군산상고 동기 6명을 다 받아주겠다'고 했다. 당시 분위기는 선생님들이 데리고 가라고 하면 갈 수 밖에 없는 상황이었다. 만일 혼자만 다른 학교로 도망쳤다면 선생님들과 관계가 안 좋아졌겠지."

군산상고 최관수 감독의 리더십을 어떻게 보는가.

"1972년 '역전의 명수' 시절이나 1977년이나 최관수 감독의 리더십에는 변화가 없었다. 늘 먼저 인간이 되어야 한다고 강조했다. 그당시는 운동선수들이 사고를 많이 쳤는데 그런 문제를 엄격하게 다루면서 운동선수로서 올바른 자세를 지니라고 강조했다. 일반 학생들과도 가깝게 지내도록 했다. 절대 오전에는 야구 연습을 하지 않는다. 1년 내내 3교시 수업을 받지 않으면 연습을 하지 않았다. 나도 강한 성격이긴 하지만, 그분의 영향을 많이 받았다. 한편으로 운동선수로서의 자존심도 많이 키워주셨다."

당시는 학교 폭력이 일상화됐는데.

"당시 고교야구에는 3대 악당학교라는 농담이 있었다. 군산상고, 대구상고, 선린상고였다. 구타가 심했다는 게 이유다. 물론 감독님도 모르게 이루어지는 경우가 대부분이었다. 그날 분위기가 이상하면 감독님이나 선생님이 모두 집에 가라고 하셨다. 자연스럽게 가는 척 하지만 절대 집으로 가지 않았고, 모이라는 말이 없어도 알아서 다시 모였다. 물론 오늘날이야 말도 안 되고 당연히 없어져야 할 부분이다.

다만 운동선수들은 선후배와 동기에 대해 어려운 마음을 가지고, 자신의 잘못된 행동을 스스로 제재할 수 있는 마음가짐은 지녀야 한다. 요즘은 학교 폭력이야 많이 사라졌지만, 왕따를 시키는 경우가 많다는 얘기도 들리는데 걱정스럽다."

1970년대 고교야구가 미친 영향에 대해 평가하면.

"고향을 사랑하는 마음, 모교를 사랑하는 마음이야 누구에게나 다 있다. 당시에는 일부 정치인들이 지역감정을 만들어 전라도, 경상도, 충청도 식으로 편 가르기를 했다. 그러나 세월이 지나면서 극복되고 있다고 본다. 물론 그런 요소들 때문에 프로야구가 흥행이된 측면이 있다. 요즘 세대는 그런 걸 긍정적으로 승화시켰다. 가령 기아타이거즈 구장에 삼성라이온즈 유니폼을 입고 와서 응원해도 누가 뭐라고 하지 않는다. 반대의 경우도 마찬가지다. 1970년대 고교야구의 애향심과 애교심이 나쁜 쪽으로 변모하지 않았다는 걸 보여준다. 일본이나 미국도 지역을 응원하긴 하지만 지역감정이란 없다.

이제는 야구선수들이 기량으로 사랑받고 평가받는 시대다. 선수들의 태도가 프로페셔널 해야 한다. 2020 도쿄올림픽에서 한국 야구팀이 온 국민의 비난을 받았는데, 김응룡 감독이 '배에 기름이 많이 껴서 열심히 하지 않는다'는 표현을 썼다. 야구선수들이 방역수칙을 어기고 여자와 술 먹고, 올림픽에서도 나이 어린 선수가 껌을 질겅질겅 씹는 모습을 보면서 김응룡 감독의 말이 설득력 있게 들렸다. 팬들은 냉혹하게 보고 있다. 요즘에는 껌 씹고 머리를 노랗게 물들이는 걸 싫어하는 팬도 있다. 비非시즌이야 머리를 염색하든지 상관없으나, 시즌 중에는 머리를 한 번 탈색하면 열흘간 신경 써야 하는데 제대로 된 야구가 안 된다. 기술 연마에 전념해야 한다. 1970년대 고교야구는 그런 점에서 많은 시사점을 준다."

요즘 고교야구 선수들에게 해주고 싶은 말은.

"군산상고에서 1년간 감독을 해보았다. 요즘 선수들은 학교 수업을 아예 참석하지 않는 경우가 많았다. 사람이 야구만 하고 살 수는 없다. 다른 사람들을 통해서 세상 살아가는 방법을 알게 된다. 학교 친구들조차 누구인지 모르면 안 된다.

나는 일반 친구들을 많이 알았다. 문제는 야구선수들더러 학교 수업에 들어가라고 하니 적응을 잘 못하고, 선생님들도 면학 분위기에 방해가 될까 봐 싫어하는 경우가 많았다. 그래서 교장 선생님께 '선수들은 수학이나 과학은 필요 없다. 다만 영어나 일본어 같은 외국어를 가르치는 게 필요하다'고 말씀드렸다. 영어나 일본어를 선택해서 가르쳤다. 일본어는 대학원생을 불러서 가르쳤는데 습득이 엄청나게 빨랐다. 운동선수들에게는 일반 학과공부보다는 사회생활에 필요한 최소한의 지식을 가르치는 것이 필요하다고 생각했다. 야구하는 데도 문제가 있다. 요즘에는 기술적인 부분도 약하고, 훈련 양도 일본보다 부족하다. 그러다 보니 부상이 많고 근육도 안 좋아지고 있다. 나중에 프로야구 선수를 하겠다면 그런 걸 탄탄하게 만들어야 한다.

또 요즘은 학부형이 자기 자식 밖에 몰라 선생님을 윽박지르기도 하는데, 그러면 안 된다. 학부형과 감독 간의 관계도 원만해야 한다. Y고등학교 L모 감독은 여러 측면에서 야구부를 참 모범적으로 이끈다고 들었다."

1959년생. 박종훈은 한국 야구
계에서 손꼽히는 꽃미남이다.
제주도에서 태어나 강원도 홍천
에서 야구를 시작한 그는 서울
로 옮겨 신일중과 신일고를 다
녔다. 1976년 고2 때 창단 1년
밖에 안 된 신일고에 황금사자
기를 안겨준 주역이다.
졸업 후 고려대로 진학했는데,
타격상과 도루상 등을 휩쓸면서
아마추어 국가대표로도 활약했
다. 특히 1983년 '중고 신인'이던

1977년 신일고 3학년이던 박종훈의 OB베어스
시절 〈사진제공=박종훈〉

장효조를 제치고 프로야구 신인왕에 뽑혀 화제가 되었다. 프로야구
7시즌 통산 0.290(2209타수 640안타)의 준수한 타율에 32개의 홈런과
231타점을 기록했다. LG-현대-SK-두산-한화 등에서 코칭스태
프나 단장을 맡아 후배들을 지도했다.

제주도 출신이라는 말이 있는데.

"태어난 곳은 전라북도 부안이다. 아버지가 제주도에서 군 생활을 하셨는데, 어머니가 나를 낳기 위해 친정에 잠깐 머물렀다. 부안에서 태어나 제주도에서 어린 시절을 보냈다. 다만 야구의 시작은 강원도 홍천으로 이사한 다음부터다. 당시 야구의 열정이 있던 한 선생님이 홍천이라는 작은 도시에 여러 학교를 전근 다니면서 야구부를 다 만들었다. 초등학교 팀이 홍천에만 4개가 있었다. 거기에서 살면서 야구를 배웠다."

1976년 황금사자기에서 최동원의 경남고와 김용남의 군산상고를 격파하고 결승전에서 선린상고도 이기면서 창단 1년 만에 우승한 비결은.

"여러 가지가 어우러졌기에 가능했다. 신일고의 야구부 창단 의지가 대단했고, 야구단 지원도 당시로는 정말 획기적이었다. 국가대표 출신 한동화라는 좋은 감독도 모셨다. 전국에서 우수선수 스카우트에도 힘을 썼다. 그런 게 어우러지면서 야구부에게 학교의 의지가 잘 전달됐고, 선수들이 전력을 다하면서 창단 첫해에 우승이 가능했다."

학교의 지원을 구체적으로 설명하면.

"기존 학교의 지원과는 차별화됐다. 요즘 기준으로는 평범할지 모르지만 그 당시에 글러브를 무상 지급한다든지, 모든 운영 경비를 학교에서 지원한다든지, 유니폼도 대한야구협회에서 입지 말라고 할 정도로 화려한 빨간색에 벨트 없는 유니폼을 입는다든지 하는 것이 그런 사례였다. 야구시설도 다른 학교가 질투할 만큼 좋았다."

그 시절 우리는 미쳤다 1970년대 고교야구

4번 타자 김경훈 등은 지방에서 전학 온 케이스인데.

"창단하면서 보니까 기존 서울쪽 졸업생 갖고는 처음부터 성적 내기가 어렵다고 판단한 것 같다. 지방으로 눈을 돌렸는데, 때마침 광주 동신고가 해체되는 불운이 있었지만 신일고에게는 우수선수 보강의 기회가 되었다. 투수 차용갑, 포수 김경훈, 유격수 김홍현, 2루수 김수남 등 4명이 스카우트 되었는데 이들이 신일고 야구의 축을 이루었다. 차용갑은 광주 조대부중 시절에 배문중을 8대3으로 꺾고 제3회 대통령기 대회를 우승으로 이끌면서 최우수상을 받은 투수였다."

1977년에는 투수 김정수가 2학년, 박종훈과 김남수가 3학년 등으로 전력은 좋은데 성적이 별로 눈에 띄지 않는 이유는.

"1977년 대통령배 대회에서 공주고와 준결승전을 하다가, 지금은 작고한 김경표 선수에 대한 부정선수 논란으로 신일고가 기권을 하게 되었다. 서류상의 실수로 인해 다른 학교에서 신일고로 전학 온 뒤 절차를 밟는 과정에서 학교 측은 문제없다고 판단하고 출전시켰지만, 결국은 대한야구협회에서 정한 룰에 맞지 않아 신일고가 기권패를 했다. 그리고 신일고 팀 자체가 1년간 자격정지와 출전정지를 맞았다. 다만 그 해 황금사자기는 전년도 우승팀이라는 이유 때문에 특별히 대회 출전 정지를 해제해주었다. 내가 학생 신분이라 정확한 내막은 모르지만 대충 그런 이유로 출전한 것으로 안다. 이어서 봉황대기도 출전했다. 하지만 팀의 구심력은 많이 흐트러졌고, 결국은 4강에서 다 뜻을 이루지 못했다."

지금은 고인이 된 신일고 김정수 투수는 고1 때부터 강속구로 우승했다가 고려대 때는 타자로 전향했는데.

"1976년 고3이었던 경남고 최동원이나 대구상고 김시진은 투수로서 안정감이 있는 좋은 공을 던진 반면, 김정수는 와일드하게 빠른 공을 던졌다. 하지만 제구력을 향상시킨다는 게 굉장히 힘들다. 김정수가 폼이 와일드하기에 투구를 안정적으로 끌고 가려면 폼에 변화를 줘야 하는데, 그렇게 폼이 얌전해진다면 공의 위력이 떨어질 것 아닌가. 결국 김정수의 타자 전향은 필연적이었던 셈이다. 최근 NC에서 기아로 이적한 나성범의 경우 좋은 투수였지만 타자로 전향해서 성공한 것과 일맥상통한다."

1976년 트로이카 투수를 상대해본 느낌은.

"그 선배들이 1년 위였는데 공이 정말 좋았다. 최동원 선배는 빠른 볼과 낙폭 큰 드롭성 커브, 김시진 선배도 빠른 볼과 옆으로 휘는 슬라이더가 좋았다. 두 선배에 비해 상대적으로 약했지만 김용남 선배도 못지않은 실력을 과시했다. 그래서 트리오인 셈이다. 이들은 프로에 와서 더욱 좋아졌고, 최동원 선배는 150km/h대까지 던졌고 마운드에서의 노련함이 더욱 좋아졌다(박종훈은 고려대 2학년인 1979년 9월 28일 벌어진 고려대-연세대 정기전에서 최동원을 상대로 8회 투런홈런을 때려 4대1로 승리하는데 기여했다)."

아마추어 국가대표도 하고 1983년 프로야구 신인왕도 받았는데, 야구하면서 가장 기억에 남는 시절은.

"고려대 졸업하고 계속 공부하고 싶었다. 그래서 고려대 야간대학원에 합격하고 상업은행에 들어갔다. 원년 프로야구를 지켜보면서 고민하다가 1983년 OB베어스에 합류했다. 그 해 신인왕이 될 줄은 미처 몰랐다.

그리고 1985년 삼성라이온즈 장효조 선배와 타격왕 타이틀을 놓고 경쟁했던 시절도 잊을 수가 없다. 돌아보면 그때가 야구를 제일 잘했던 것 같다. 당시 내가 장효조 선배를 이기지 못한 것에 대해 부상이라는 핑계를 댈 수는 있지만, 단순히 기량 측면이 아니라 멘탈 측면에서도 내가 부족했기에 지금도 아쉬운 부분이 크다."

요즘 고교야구 후배들에게 해주고 싶은 말은.

"프로야구 뿌리가 고교야구다. 중요한 것은, 선수로서의 야구인도 탄생되어야 하지만 여러 관련 분야를 잘 아는 야구인도 필요하다는 사실이다. 가령 경기장 운영, 전력 분석 등에도 고급 인력이 필요하다.

사실 기술적으로 말하면 선수들의 기량을 낮추는 요소가 바로 그라운드 컨디션이다. 불규칙 바운드가 일어나면 실책성 플레이가 이뤄지고 모두 선수들의 에러로 기록되는 게 안타깝다. 그라운드 운영 전문가도 필요하다. 만일 야구선수를 하다가 기량이 부족하다고 판단되면 그라운드 운영, 야구 분석가, 야구 경영자 등으로 공부를 하면 진정한 야구 저변화가 이뤄질 듯싶다. 열심히 야구를 하되 관련 분야에 대한 진출도 염두에 두고 선수생활을 했으면 좋겠다."

삼성라이온즈 시절의 이만수 〈사진제공=삼성라이온즈〉

1958년생. 한국 프로야구 역사상 최고의 포수이자 타자로 평가받는 이만수는 홈런을 치고 나서 크게 포효하는 세리머니 때문에 '헐크'라는 별명을 가지고 있다. 대구상고 1학년 때부터 초고교급 거포로 주목을 받았으며, 삼성라이온즈 원년멤버로 한국 프로야구 사상 다양하고 화려한 기록을 보유하고 있다. ▶출전 1449경기 5034타석(통산 16시즌) ▶타율 0.296, 252홈런, 861타점, 1276안타, 625득점 ▶1982년 한국 프로야구 1호 안타, 1호 타점, 1호 홈런 ▶1983년 시즌 MVP ▶1984년 한국 프로야구 최초 타격 3관왕(타율, 타점, 홈런 1위) ▶올스타 12회 선정(최다득표 4회) ▶골든글러브 수상 5회 ▶타격왕 1회, 홈런왕 3회, 타점왕 4회 ▶한국 프로야구 최초 100호 홈런, 200호 홈런 ▶등번호 22번 삼성라이온즈 영구결번 ▶2011년 6월 한국프로야구 30년 레전드 오브 레전드상 수상.

1997년 삼성라이온즈에서 다소 섭섭하게 은퇴한 뒤 미국에서 지도자생활을 시작했고, 2005년 시카고화이트삭스가 메이저리그 우승할 때 정식 불펜코치로서 함께 영광을 누렸다. 귀국 후에는 SK와이번스 감독을 지냈다.

한양대 시절에 만난 부인 이신화씨로 인해 갖게 된 기독교 신앙을 바탕으로 2016년 사단법인 헐크파운데이션을 설립, 최근 라오스에 이어 베트남에서 야구 전도사로 활약하고 있다. 라오스 최초의 야구팀인 라오J브라더스를 만든 창립자이기도 하다.

그는 지금까지 야구에 싫증을 느껴본 적이 없다고 했다. 진짜 야구가 좋고, 야구장에 나가면 신나고, 유니폼을 입으면 어디서 나오는지 힘이 솟는다고 했다. 그런 열정으로 국내외 곳곳을 다니면서 야구 전도사로 맹활약하고 있다. 그는 늘 말한다. "Never ever give up!"(절대 포기하지 말자).

한국을 대표하는 포수였는데, 어떻게 포수를 하게 됐나.

"대구중학교 1학년부터 야구를 했는데, 그 당시에는 김만복이라는 선수와 투수와 포수를 맞바꿔가며 했다. 중3 때까지 매일 피칭을 150~200개씩 했는데, 나중에 팔이 펴지지 않더라. 대부분 투수를 하고 싶어 하는데, 나는 정말 투수는 하고 싶지 않았다. 그래서 포수로 대구상고에 진학하게 되었다."

부모님의 영향도 컸다고 하는데, 어떤 분이셨나.

"아버지는 함경도, 어머니는 평양 출신이다. 아버지는 직업군인으로 '안 되면 되게 하라'는 신조를 갖고 내가 안타를 못 친 날이면 도끼로 야구 글러브와 배트를 찍어 버리셨다. 무서워서 반항도 못했다. 어머니께서는 정육점을 하셨는데 그 덕분에 한 근(600g)의 소고기를 매일 먹었다. 양이 많아서 햄버거 형태로 만들어 먹기도 했다. 사골 국물도 많이 마셨다. 그런 덕분인지 대구중 1학년 때부터 하루 4시간만 자고 운동하면서도 지금까지 체력이 버틴 것 같다."

대구상고 시절을 되돌아보면.

"대구상고 시절에는 여러 번 우승했다. 고3 때인 1977년 청룡기 대회에서는 최우수선수-타격-타점-최다안타 등 개인상을 독차지했다. 연말에는 당시 최고의 타율을 기록한 고교생에게 주는 이영민 타격상까지 거머쥐었다.

2학년 때는 김시진, 3학년 때는 박영진이란 훌륭한 투수의 공을 받으면서 참 열심히 했다. 박영진은 청룡기 우승을 한 뒤 성균관대에 가서 혼자서 다 던지는 바람에 정작 프로야구에 와서는 제대로 꽃을 피우지 못했다.

고교 시절은 야구 인생에서 아마 가장 연습량이 많았다고 생각한다. 중1 때부터 하루 4시간 자면서 연습하던 습관이 고교 시절에도 그대로 이어졌다. 제대로 하지 않는 훈련은 노동일 뿐이고, 훈련 부족은 부상으로 이어지기 쉽다. 특히 발목 등 부상을 당하기 쉬운 부위는 평소 경기 중에 부상이 벌어질 수 있는 모양새를 미리 예측하여 강화 훈련을 했다. 그런데 재능은 있지만 연습을 하지 않아 도태된 선수가 고교 시절에도 참 많았다. 프로에 와서도 술과 담배에 빠져 있는 선수들을 가끔씩 보았는데, 모두 중도 포기하더라. 재능과 연습을 겸비한 장효조나 이승엽 같은 선수들은 출세하지 않았나.”

타자로서 지금까지 가장 까다로웠던 투수는.

“타자가 타석에서 잘 맞지 않을 때는 그 마음에 두려움이나 질책 등
으로 ‘억압’된 상태라고 볼 수 있다. 거기에서 해방을 받아야 제대로
된 타격이 나온다.

지금까지 상대한 투수 중에는 아무래도 최동원과 선동열의 공이 워
낙 빠르니까 치기가 쉽지 않았다. 그리고 KT 감독인 이강철 투수와
기아타이거즈 단장을 지낸 조계현 투수의 공도 참 어려웠다. 조계
현은 직구처럼 날아오다가 살짝 떨어지는 반+포크볼을 잘 던졌는
데, 가장 까다로웠다.”

**타자가 타석에 들어서면 이만수 포수 때문에 시끄러워 배팅을 할 수 없
다고 해서 화제가 되었는데.**

“흔히 일본말로 ‘야지 놓는다’고 표현했다. 미국 프로야구를 경험해
보니까 포수가 타자에게 야유나 조롱을 하는 일은 드물다. 우리는
아마 일본 야구의 영향 때문에 그런 듯 싶다. 당시에는 포수가 타
자에게 그렇게 하지 않으면 선배들로부터 맞았다. 그러다 보니 더
자주 더 세게 하게 되었다. 프로야구 시절에 나와 홈런 경쟁을 벌
인 해태타이거즈 김봉연 선배에게 자주 그랬던 것이 화제가 되기도
했다.”

대구상고 정동진 감독과의 스토리가 지금도 화제인데.

“정동진 감독은 대구상고 출신으로 제일은행에서 국가대표를 지낸

명포수다. 정 감독이 부임한 첫날, 선수들에게 학교에서 앞산 충혼 탑까지 뛰어갔다 오라고 했다. 아무리 늦어도 1시간 반이면 돌아올 수 있는데 중간에 옆길로 새 버렸다. 처음 오셨으니 왕복시간을 모르실 것으로 생각했다. 그런데 야구선수 수십 명이 주택가 골목에서 놀고 있는 모습을 지나가던 택시 기사가 보고서 학교로 전화했다. 우리는 3시간 넘게 놀다가 학교를 1km 앞두고 열심히 뛰어갔다. 정 감독께서 아무 말 없이 '한 번 더 갔다 와라'고 했다. 들통난 것을 알았다. 1시간 만에 다시 뛰어갔다 왔더니 감독님이 펑고 배트를 놓더니만 스스로 엎드려뻗쳐 자세를 하며 선수 한 명씩 때리라는 것이었다. 전부 다 용서해 달라고 빌었지만, 모든 선수가 한 대씩 때릴 때까지 안 일어서겠다고 하셨다. 해병대 출신의 고집이 보였다. 당시 대구상고 야구부원은 모두 34명이니 정 감독은 34대를 맞겠다고 고집을 부렸다. 모두 주저하는 사이에 내가 하겠다고 나섰다. 정 감독은 진짜로 때리지 않으면 안 일어날 것 같았다. 3학년 선배가 내게 '당장 배트 내려놔'라고 했다. 그러자 정 감독님이 '만수야, 너가 나를 때리고 일으켜 달라'고 하셨다. 사실 살살 때려야 하는데 나는 정상적으로 그대로 때려 버렸다. 10대를 때렸는데, 더 못하겠다고 했다. 그랬더니 아직 24대가 남았다고 말씀하시는 거였다. 할 수 없이 내가 다 때렸다. 이튿날 스승을 배트로 때렸다는 소문이 돌면서 전국의 선배들이 '이만수가 어떤 놈이냐'며 항의전화를 했다. 도저히 학교를 다닐 수 없어 서울 이모집으로 한 달간 도망치기도 했다. 아버지가 학교에 찾아가서 호소했더니, 감독님이 아버지에게 '어떤 선수가 투지가 있는지 보고 싶었는데 그게 바로 만수였다'고 하셨단다. 나는 다시 돌아와 감독님께 최고의 선수가 되겠

그 시절 우리는 미쳤다 1970년대 고교야구

다고 약속했고, 그 약속을 지켰다.

최근에도 종종 뵙는데, 코로나19 때문에 직접 모시지는 못하지만 라오스와 베트남 쪽 야구 전파에 대해서도 말씀드렸다."

독실한 크리스천이 되어 장효조와 최동원에게 전도했다는데.

"삼성라이온즈에서 같이 뛸 때 장효조 선배에게 교회 가자고 했다가 뺨을 맞았다. 자기 집은 불교 집안이니 헛소리하지 말라고 했다. 얼마 뒤 다시 전도했는데 다른 뺨을 세게 맞았다. 얼마나 아팠는지. 그래서 마음에 포기했다. 시간이 흘러 미국에서 코치를 마치고 귀국했는데 장효조 선배에게서 전화가 왔다. '만수야, 놀라지 마라. 나 교회 나간다. 더 놀라운 일이 있다. 바로 내 아들이 목사가 됐다'고 했다.

최동원은 라이벌이면서도 친구다. 그에게 전도도 했고, 암센터에 있을 때도 종종 찾아갔다. 최동원이 신앙을 갖게 되어 마음에 위로가 되었다.

두 야구 천재는 스트레스 때문에 그렇게 세상을 일찍 떠난 것이라고 생각한다."

동남아에 야구 전도사가 된 이유는.

"1904년 미국인 선교사 필립 질레트가 이 땅에 야구를 소개하면서 우리나라 야구 역사가 시작됐듯, 내 삶의 마지막 프로젝트이자 꿈은 인도차이나 반도에 야구를 보급하는 일이다. 56살부터 라오스에서 야구 전파를 시작했는데, 그때 인도차이나 반도의 다섯 나라인 라오스-베트남-캄보디아-미얀마-태국 등에 모두 야구 보급을 하

는 꿈을 꾸었다. 스스로 책정한 80세까지 진행하고자 마음먹고 있
다. 베트남은 열심히 진행 중이고 태국, 미얀마, 캄보디아는 아직
시작조차 안 했다. 내가 다 못하면 따라오는 후배가 그 꿈을 반드시
이어주리라 믿고 있다."

1978년 :
부산고, 더 이상 막강할 수 없다

　1978년 고교야구의 스포트라이트는 부산고등학교 양상문이다. 그 해 부산고는 대통령배, 청룡기, 화랑기 등 전국대회 3개를 휩쓴 최강팀이다. 만일 부산고가 봉황대기와 황금사자기도 출전만 했더라면 우승하여 '1971년 경북고'의 복사판을 기대할 수 있었다. 하지만 1978년 당시 고교 운동선수의 학습권을 보장하고 무리한 체력 소모를 막기 위해 실시된 '전국대회 3개 이상 출전 제한' 규정이 생기면서 이미 대통령배와 청룡기를 우승한 부산고는 봉황대기, 황금사자기, 화랑기 중에서 하나만 골라야 했다.

　부산고 선수들은 당시 서울 대회보다는 부산 국제신문사(국제신보사가 1977년 6월 사명 변경)가 주최하는 화랑기 대회에 출전할 수 밖에 없었는데, 아무래도 향토언론인 국제신문 측의 강력한 로비가 있지 않았을까 하는 추측이다.

그만큼 부산고의 전력은 막강했다. 줄자로 잰 듯한 강속구와 컴퓨터 제구력을 자랑하는 양상문의 공은 사실 당시 고교생 중에 제대로 치는 사람이 없었다. 2021년 SPOTV 해설위원으로 활약하는 양상문을 두고 그의 프로야구 후반기 시절을 떠올리며 "기교파 투수였다"고 말할지 모르지만, 고교시절은 전혀 아니었다. 금테 안경 너머 지적인 외모에서 뿜어져 나오는 강속구가 몸쪽으로 꽉 붙어 들어오면 대부분 타자들이 방망이를 낼 엄두조차 못 냈다.

게다가 포수인 강타자 김호근, 1번 타자인 2학년 조성옥, 2학년 중장거리포 안창완 등으로 구성된 미사일 타선도 다른 학교와 비교 대상이 되지 않았다.

무엇보다 주성노 감독이 오늘날 프로야구에서나 도입될 정도의 수준 있는 작전을 구사, 출전하는 대회마다 우승할 전력이었다. 양상문 투수는 "주성노 감독이 고교 수준으로는 상당히 고급 시스템을 많이 훈련시켜 다른 팀과 근본부터 차별화됐다"면서 "수비 포메이션이 뭔지도 잘 모르는 시대였는데, 지금 프로야구에서나 하는 번트 시프트를 비롯해 고급 훈련을 몸에 익혔고, 결과적으로 우승의 원동력이 된 것 같다"고 밝혔다.

원래 부산고는 부산에서 경남고와 쌍벽을 이루는 학교다. 서울대를 누가 더 많이 합격시키는지, 고교야구도 누가 더 많이 우승했는지 늘 경쟁을 벌이는 두 학교였다. 하지만 부산고 야구는 1972년 황금사자기 결승전에서 4대1로 앞서던 9회말에 군산상고에 대역전을 허용한 이후 계속 침체기를 지냈다. 경남고는 물론, 또 다른 라이벌인 부산상고에도 뒤졌다.

그래서 1975년 부산고 야구부 후원회는 5개년 계획을 세우고 조직적인 후원금 모금과 야구부 지원을 시작했다. 당시 김진영 장군 등 부산고 출신의 유력인사들이 거들고 나섰다. 그런 결실을 활짝 피운 해가 바로 1978년이다. 실제 1978년 부산고가 청룡기를 우승했을 때 이영기 부산고 야구부 후원회장이 공로상을 받은 것도 이와 무관하지 않다.

1978년의 부산고는 급조된 우승팀이 아니었다. 이미 중학시절부터 예고된 전력이었다. 1975년 8월 제22회 전국중학야구선수권대회가 서울운동장에서 열렸는데, 결승전에서 부산 동성중은 충남중을 2대0으로 꺾고 대회 첫 우승을 했다. 동성중은 준결승전에서도 동인천중을 2대0으로 셧아웃 시켰다. 최우수선수상은 동성중 양상문 투수가 받았다. 양상문은 중학교 시절 단 하나의 변화구도 던지지 않고 오직 직구만 던졌을 정도로 볼에 스피드가 있었다. 양상문은 6할의 타율로 타격상도 받았다. 당시 동성중에는 김태룡 유격수, 조성옥 좌익수, 신경식 1루수 등도 있었다. 이 중 신경식은 부산고에 진학했다가 훗날 공주고로 옮겼고, OB베어스의 '학다리' 1루수로 1982년 프로야구 원년 우승에 큰 기여를 했다. 또 1975년 10월 제18회 문교부장관기 전국중학초청대회가 부산 구덕운동장에서 열렸는데 부산 초량중이 준우승을 차지했다. 초량중 투수 김호근은 감투상을 받았다. 이들 양상문, 김호근, 김태룡, 조성옥 등이 부산고에서 만나 뭉쳤다.

양상문은 고1 때부터 '왼팔 최동원'으로 불리며 주목받았는데, 고2 때는 대통령배 결승전에서 오전에 선린상고와 준결승전을 다 던져 완봉승을 거둔 뒤, 오후에 공주고와 결승전에 다시 투입됐으니 위력이 현저히 떨어질 수밖에 없었다. 그런 불리한 여건에도 공주고와 3대4로 접전을 벌였다. 그런 양상문이 드디어 고3이 된 것이다. 특히 양상문은 학구적인 야구선수로 유명한데, 고교 시절부터 마운드뿐 아니라 학업도 우등생이 되기 위해 노력했던 것으로 유명하다. 평소에도 오전수업은 꼭 듣는데, 시합으로 수업에 빠지면 친구들 노트를 빌려서 열심히 베낄 정도로 학업 의욕도 대단했다. 부산고를 졸업하고 고려대에 가서도 불가피한 경우를 제외하곤 거의 모든 수업에 빠지지 않고 참석한 것으로 유명하다. 그런 덕분에 야구선수로서는 드물게 석사학위도 받을 수 있었다.

제12회 대통령배

부산고는 첫 경기인 제12회 대통령배 대회부터 가져갔다. 부산고는 모두 21개 팀이 참가한 이 대회의 첫 경기에서 군산상고를 10대0, 5회 콜드게임으로 제압했다. 광주일고와의 준준결승전에서는 양상문이 4안타 2실점만 허용하며 4대2로 승리했다. 준결승전에서는 인천고를 5대1로 쉽게 격파했다. 양상문은 인천고 타선을 상대로 8회 원아웃까지 노히트노런을 기록하기도 했다.

한편 반대쪽 시드에서는 대구상고가 준결승전에서 경남고를 4대1로 누르고 결승전에 올랐다.

부산고로서는 1962년 제17회 청룡기에서 우승한 이후 16년 만의 정상 탈환을 눈앞에 두었다. 부산고는 1971년 대통령배에서 김정수라는 빼어난 좌완투수가 있었으나 경북고 남우식에게 0대1로 패했고, 1972년 황금사자기에서는 군산상고에 4대5 역전패를 당했다. 그런 역사 속에 1978년 첫 패권을 눈앞에 둔 상황이니 부산고 응원단은 흥분하지 않을 수 없었다.

부산고와 대구상고의 5월 9일 결승전 스토리는 간단했다. 부산고는 양상문, 대구상고는 사이드암 양일환을 내세워 팽팽한 투수전을 펼쳤다. '두 양씨의 대결'이라고 보도한 언론도 있었지만, 양楊상문과 양梁일환은 서로 다른 양씨였다. 대구상고는 횟수가 지날수록 위력을 더하는 양상문에게 8개의 삼진을 당하면서 3안타 밖에 치지 못했는데, 2회말 단 한 번 2루를 밟아본 것이 고작이었다. 부산고 역시 흐느적거리며 던지는 양일환의 커브와 슬라이더에 헛스윙을 남발하면서 8회까지 단 2번의 기회만 가졌다. 드디어 9회초가 왔다. 부산고 3번 김호근이 레프트 쪽으로 2루타를 치자 4번 양상문은 보내기 번트를 댔고, 5번 안창완은 우월 3루타를 쳐 결승점을 뽑았다. 3만 관중석은 열광의 도가니였다. 이어 7번 대타 이종운의 유격수 앞 땅볼 때 안창완 마저 홈인, 결국 2대0으로 승패를 갈랐다.

　우수선수상은 김호근, 우수투수상은 양상문, 감투상은 양일환, 미기상은 대구상고 중견수 신상순, 수훈상은 부산고 1루수 안창완, 타격상은 부산고 조현재(12타수7안타 0.583), 최다안타상(8안타)과 타점상(6타점)은 인천고 투수 김상기, 도루상은 부산고 우익수 조성옥(4개), 감독상은 부산고 주성노 감독이 받았다.

제33회 청룡기

　누구나 예상했지만 부산고는 공포의 팀이 되었다. 6월에 열린 제33회 청룡기 대회는 패자부활전을 적용했다. 승자결승전에서 양상문의 부산고는 이상윤의 광주일고를 3대2로 제압하고 느긋하게 기다렸다. 1년 전 청룡기에서 이상윤에게 홈런을 맞고 패배했던 아픔을 갚아준 셈이다.

　패자결승전에서는 경북고와 광주일고가 맞붙었다. 사실 경북고는 승자준결승전에서 2루타를 3개나 치고도 부산고에 0대2로 져서 패자부활전으로 내려갔었다. 경북고는 언더핸드 투수인 진동한이 광주일고에 5안타, 1실점만 허용하는 호투를 펼쳤다. 광주일고는 기교파 방수원에 이어 6회부터 정통파 이상윤이 구원투수로 마운드에 올랐으나 집중력 부족으로 점수를 내주고 말았다. 6회초 경북고 공격에서 1번 장성욱이 볼넷을 고른 뒤 2번 이정희가 우전안타, 3번 김동재가 좌전안타로 1점을 얻었다. 그러자 광주일고는 강속구의 이상윤을 등판시켰으나 이상윤은 원아웃을 잡은 뒤 폭투를 범해 1점을 다시 허용했다. 이때 3루까지 나간 김동재가 5번 김근석의 2루 땅볼 때 홈으로 들어와 3대0으로 앞서 나가기 시작했다. 진동한의 변화구에 계속 찬스가 무산되던 광주일고는 7회말 4번 이광석이 유격수 실책으로 나간 뒤 투아웃 이후 7번 방수원, 8번 김성권의 연속 안타로 겨우 1점을 만회하는데 그쳤다. 최종 스코어 3대1로 경북고가 이겼다.

한편 부산고는 6월 15일 하루 휴식 날에 자기팀 투수 중에서 경북고 진동한과 같은 잠수함 투수인 김재열을 상대로 강도 높은 배팅 연습을 했다. 진동한의 변화무쌍하고 까다로운 공에 대한 공포증을 없애는데 큰 도움이 됐다고 당시 멤버들은 말했다.

하지만 결과적으로 보면 굳이 그런 노력도 불필요했다. 막상 6월 16일 열린 결승전에서 부산고는 패자부활전에서 격전을 치르느라 지친 진동한과 릴리프로 나온 송상진을 장단 13안타로 난타, 7대0 압승을 거두었다. 부산고로서는 16년만의 청룡기 우승이었다. 경북고 진동한으로서는 연일 완투를 해댔으니 체력에도 한계가 있는 법.

부산고는 보내기 번트 사인이든, 도루 시도든, 강공책이든 그때마다 주성노 감독의 의도대로 선수들이 움직였다. 부산고는 9번 김태룡이 4타수 4안타를 치며 공격에서 수훈갑이 됐다. 김태룡은 3회말 유격수 앞 내야안타로 나가 도루에 성공하면서 득점까지 했고, 5회말에는 우중월 3루타를 때려 1타점을 올렸다.

반면 경북고는 양상문의 위력에 눌려 산발 5안타에 그치고
말았다. 3번 타자 김동재 혼자서 1회초 좌중월 2루타, 6회초 우
월 3루타를 치면서 분전했다. 부산고는 8회에는 승부가 기울었
다고 판단, 양상문과 1루수 안창완을 맞바꾸는 여유도 보였다.
김동재 정도 이외에는 경북고 타선에서 양상문의 공을 제대로
맞히는 타자가 없었다.

최우수선수상은 김호근, 우수투수상은 양상문, 감투상과 최
다안타상(8개)은 경북고 3루수 김동재, 수훈상은 부산고 유격수
장상철, 타격상은 부산고 2루수 김태룡(17타수7안타 0.412), 감독
상은 주성노 감독이 받았다.

양상문은 청룡기 5경기에서 5승을 올렸고, 총 41이닝 2실점
으로 방어율 0.44의 괴력을 과시했다. 경북고 김동재는 매서운
타격과 탄탄한 수비로 정평이 있었는데, 기아타이거즈 코치 시
절인 2010년 6월 뇌경색으로 쓰러져 야구팬을 안타깝게 했다.
기아타이거즈 양현종 투수는 김동재 코치의 쾌유를 위해 수년
간 모자에 'DJ'라는 이니셜을 새기고 다녔다.

부산고가 대통령배에서 대구상고, 청룡기에서 경북고를 격
파하면서 부산고 양상문 투수는 대구 야구팬들에게는 미운털이
박히게 되었다. 양상문 SPOTV 해설위원은 "당시 대구에 있는
지인들에게 모두 미움을 받았다"며 웃었다.

필자는 당시 대구의 고교생이었으나 폐렴 합병증으로 휴학하

고 부산의 한 병원에 내려가 있었는데, 대통령배와 청룡기 결
승전에 대구팀을 응원하다가 부산 사람들과 언성을 높이기도
했다.

제32회 황금사자기

막강 전력의 부산고가 부산 국제신문 주최 제30회 화랑기 대
회 출전을 결정하면서, 사자가 빠진 세렝게티 초원에서 누가
황금사자기를 차지하느냐가 관심사로 떠올랐다.

7월 18일 오후 3시 열린 제32회 황금사자기 대회 결승전은
오랜만에 서울팀끼리 자웅을 겨루었다. 준결승전에서 신일고
는 천안북일고를 5대1, 서울고는 경남고를 5대2로 제압하고 결
승전에서 만났다.

하지만 결과는 신일고의 6대0 일방적인 승리로 싱겁게 끝났
다. 안타 수에서는 14대2로 더욱 격차가 컸다. 서울고에는 경북
고 신화의 주인공인 서영무 감독이 있었다. 그러나 그동안 고
장 났던 투수 김정수가 다시 페이스를 회복한 신일고 마운드는
막강이었다. 김정수는 1학년인 1976년 황금사자기 우승의 주
역이었고, 다시 3학년 때 황금사자기를 거머쥐는 영광을 안았
다. 김정수는 이날 시속 145km 정도에 이르는 강속구에다 바
깥쪽으로 흐르는 슬라이더, 체인지업까지 자신 있게 구사했다.

신일고는 공격도 순조롭게 진행했다. 1회부터 계속 안타를
치면서 서울고를 위협하다가 3회말 김정수의 내야안타로 1점

을 얻었다. 이어 4회초에는 7번 노승진의 좌전안타를 시작으로 2사 만루의 찬스가 왔는데 3번 김경표가 좌전 적시타를 때려 2점을 가산했다. 서울고는 6회 원아웃이 될 때까지 단 1개의 안타도 못 치면서 노히트노런을 당할까 걱정할 정도였다. 6회말 신일고는 3번 김경표가 다시 2타점 2루타를 날려 5대0으로 완전히 승패를 결정지었고, 8회말 양승호의 우월 3루타 등으로 1점을 추가했다. 최종 스코어는 6대0.

서울고 서영무 감독은 "기록상으로는 2개지만, 실제로는 4개의 수비 미스가 패인"이라고 분석했는데, 양 팀은 뚜렷한 전력 차이를 볼 수 있었다. 서울고는 좌완 강속구 윤수봉이 결승전까지 오르면서 혹사한 탓에 위력이 떨어졌고, 6회부터 거포 강타자로도 유명한 우완 김영균이 마운드에 대신 올랐으나 때는 늦었다.

우수선수상은 김경표, 우수투수상은 김정수, 감투상은 서울고 윤수봉, 타격상(18타수9안타 0.500)과 타점상(4타점)은 신일고 김남수, 도루상은 경남고 김종근(4개), 수훈상은 신일고 노승진, 지도상은 신일고 한동화 감독이 수상했다.

우수선수상의 김경표와 우수투수상의 김정수는 MBC청룡에서 뛰던 1986년 11월 3일 안언학과 함께 3명이 예비군 관련 교육을 받고 운전하던 중 버스와 정면으로 충돌하여 김정수는 현장에서 즉사하고, 김경표와 안언학은 중상을 입었다. 김정수는 서울사대부국 5학년 때 야구를 시작하여 청주중학교와 신일중학교를 거쳐 신일고에서 맹활약을 했고, 고려대 시절에는 국가 대표로 활약했는데 26세의 젊은 나이에 그만 세상을 떠나고 말았다. 김경표는 그 사고 후 얼마 있다가 그라운드에 복귀했지만 1990년 이번에는 지방 국도에서 빙판길에 미끄러지는 차량 교통사고를 당하면서 결국 세상을 떠나고 말았다. 안언학은 뇌 수술을 받을 정도였으나 불굴의 의지로 재기하여 OB베어스에서 선수생활을 하다가 은퇴했다.

부산고는 황금사자기 출전을 포기했고, 대신 7월 23일부터 고향에서 열리는 제30회 화랑기 대회에 참가하기로 결정했는데, 우승은 따 놓은 당상이었다. 실제 결과도 그랬다. 7월 30일 열린 결승전에서 양상문은 경기고에 산발 4안타만 허용하면서 3대0 완봉승을 기록했고, 타석에서도 3회말 4번 타자로 2루타를 치는 등 원맨쇼를 펼치면서 우승기를 가져갔다.

최우수선수상은 김호근, 우수투수상은 양상문이라는 등식이 화랑기에서도 그대로 이어졌다. 감투상은 경기고 투수 유성용, 타격상은 7할을 기록한 마산상고 3루수 장군길이 받았다. 부산고 야구 부활에 공을 세운 이진우 부산고 동창회장에게 공로상이 주어졌다.

만일 부산고가 황금사자기와 봉황대기에 출전했다면 어땠을까. 가정법이긴 하지만 적어도 두 대회 중에 최소 1개는 가져갔을 것으로 보인다. 초고교급 양상문의 컴퓨터 구위가 여전했고, 조성옥–김호근–안창완–김태룡으로 이어지는 강타선이 건재하며, 주성노 감독이 동계훈련 등을 통해 성인야구에서 사용되는 고급 전술을 부산고에 정착시킨 점 등이 그렇게 보는 이유다.

양상문 투수는 고려대 2학년 때 어깨부상을 당하며 1년 정도 공백기를 가지게 되고, 이후 공의 위력이 많이 줄면서 스타일이 변하게 된다.

제8회 봉황대기

부산고가 출전하지 않는 상황에서 1978년의 제8회 봉황대기 대회는 살짝 김이 빠졌다. 원래 봉황대기는 전국 모든 고교가 출전하는 게 특징인데 문교부의 다소 엉뚱한 규정 때문에 최강팀이 빠지게 되었으니 말이다. 사실 부산고 말고도 대통령배 준우승팀인 강호 대구상고 마저 불참하면서 대회의 실질적 권위는 많이 손상을 입었다.

그래서인지 제8회 봉황대기 4강은 모두 서울팀이었다. 준결승전에서 서울고는 경기고에 2대1, 선린상고는 충암고에 5대4로 각각 힘겹게 승리했다. 따라서 8월 17일 서울운동장에서 열린 결승전은 황금사자기에 이어 다시 한 번 서울팀의 대결이었다.

서울고로서는 황금사자기 결승전에서 신일고에 패배한 아쉬움을 봉황대기 우승으로 달래고자 1회전 춘천고를 시작으로 목포상고, 재일동포, 휘문고, 경기고를 차례로 격파했다. 선린상고도 전남고, 전주고, 충암고 등을 차례로 이기고 결승전에 도착했다.

드디어 3만3천여 명이 운집한 가운데 열린 이날 경기에서 서울고는 왼손 에이스인 윤수봉이 허벅지 부상으로 초반 3이닝밖에 던지지 못해 적잖이 초조했다. 서울고는 3회말 7번 김영택이 중전안타로 나간 뒤 8번 윤수봉의 번트로 2루까지 갔는데, 9번 신상민이 중전안타를 쳤으나 김영택이 3루를 스친 뒤 홈인하지 못하고 주춤하는 사이 타자 주자 신상민이 1루와 2루 사이에서 런다운 플레이를 유도하는 틈을 타 김영택이 홈에 뛰어들어 선취점을 올렸다.

선린상고도 4회초 5번 김광철이 볼넷, 6번 김문영이 3루 강습 안타로 무사 1-2루를 만들었고, 보내기 번트로 1사 2-3루가 되었다. 이때 서울고의 두 번째 투수 정충민이 폭투를 던져 3루 주자 김광철이 쉽게 홈을 밟아 1대1 동점을 만들었다. 선린상고는 5회초에는 볼넷으로 나간 1번 손창규를 2루에 두고 3번 박순영이 좌중간 2루타로 홈에 불러들였다. 선린상고가 2대1로 한 점을 리드하는 상황이 됐다.

하지만 역전극은 5회말에 벌어졌다. 서울고는 5회말 7번 김영택이 볼넷, 8번 정충민이 총알같이 빠른 우전안타, 9번 신상민이 볼넷으로 원아웃 만루를 만들었다. 이때 1번 전재형이 선린상고 김문수 투수로부터 밀어내기 볼넷을 골라 1점을 얻어 2대2 동점이 되었다. 그러자 선린상고는 스퀴즈 플레이에 대비

해 타석 쪽으로 다가가는 수비를 펼쳤는데, 서울고 2번 김남수
는 이런 모습을 보고 힘 있게 밀어쳐 중전안타를 만들었고, 선
린상고 중견수 박순영이 펌블하는 사이에 2점을 추가로 빼냈
다. 투아웃 이후에는 4번 이승희가 흔들리는 김문수 투수를 공
략해 좌전 적시타로 또 한 점을 빼내 결국 5대2를 만들었고, 이
스코어가 그대로 9회말까지 갔다. 서울고는 5회에 등판한 2학
년 김영균이 선린상고 19타자를 상대로 단 2안타만 허용하는
호투로 추가 실점을 막았다.

최우수선수상은 김영균, 최우수투수상은 윤수봉이 받았다.
우수투수상에는 선린상고 김문수, 충암고 장호연, 경기고 신계
석이 공동 수상했다. 감투상은 선린상고 박순영, 수훈상은 서
울고 2루수 김남수, 타격상은 휘문고 1루수 장영민(0.538), 타점

1978년 봉황대기에서 우승한 서울고 선수들에게 우승기가 전달되고 있다 〈사진제공
=한국일보〉

그 시절 우리는 미쳤다 1970년대 고교야구

상은 충암고 2루수 정용락(6타점), 최다안타상은 서울고 중견수 전재형(12안타), 감독상은 서울고 서영무 감독과 선린상고 박용진 감독, 첫 출전팀에게 주는 장려상은 여수상고, 응원상은 경기고 응원단이 받았다.

서울고의 봉황대기 우승은 팀 부활 4년만의 경사였다. 물론 멤버도 좋았지만, 명장 서영무 감독이 경북고나 대구상고가 아닌 서울고 감독으로서도 명성을 인정받는 대회가 되었다. 1977년 5월 부임한 서영무 감독은 군 자매부대에서 선수들이 유격 훈련을 받게 했고, 서울~대전 간 100여km를 구보로 달리게도 했다. 이렇게 전력을 키워왔기에 황금사자기 준우승, 봉황대기 우승이라는 성과를 거두었다고 할 수 있다.

세계청소년선수권대회 & 전국체전

1978년 고교야구를 언급하면서 빼놓을 수 없는 것이 바로 제10회 세계청소년선수권대회 준우승이다. 베네수엘라에서 열린 이 대회는 한국, 자유중국(대만), 쿠바, 베네수엘라, 푸에르토리코, 콜롬비아, 도미니카, 안티라스 등 8개국 대표팀이 출전한 가운데 9월 29일부터 10월 15일까지 베네수엘라 카라카스에서 개최됐다.

대회 최종일 경기에서 한국은 13회 연장전 끝에 쿠바를 3대1로 꺾고 11승3패로 동률을 기록했는데, 아쉽게도 우승 결정전에서 쿠바에 1대6으로 패해 준우승에 머물고 말았다.

광주일고 이상윤이 최우수선수상과 최다승투수상(6승)을 받으며 강한 인상을 남겼다. 베스트 9에는 이상윤, 김문영, 김상훈이 들어갔다.

◇한국대표단 ▶총무 = 서영무(서울고 감독) ▶감독 = 김영덕(북일고 감독) ▶코치 = 김성근(충암고 감독) ▶투수 = 장호연(충암고), 양일환(대구상고), 양상문(부산고), 이상군(북일고), 이상윤(광주일고), 신계석(경기고) ▶포수 = 박철영(배명고), 김호근(부산고), 한문연(마산상고) ▶내야수 = 정용락(충암고), 양승호(신일고), 김경표(신일고), 김동재(경북고), 한대화(대전고), 장상철(부산고) ▶외야수 = 김정수(신일고), 김상훈(동대문상고), 김문영(선린상고), 최광묵(인천고), 김광림(공주고)

10월 12일부터 17일까지 인천공설운동장에서 열린 제59회 전국체전 야구 고등부 경기에서는 준결승전에서 인천고가 3대 2로 1978년 최강팀 부산고를 제압했고, 광주일고 역시 3대2로 대구상고를 꺾고 결승전에 진출했다.

결승전에서는 인천고(경기)가 4대0으로 광주일고(전남)를 격파하고 감격의 전국대회 우승을 차지했다. 다만 세계청소년야구대회 출전으로 에이스급 선수들이 대거 빠졌음을 감안해야 하는 기록이다.

■ 1978년 제21회 이영민 타격상은 전국 5개 대회에서 타율 4할6푼7리

를 기록한 신일고 1루수 김남수金男洙가 받았다.

■ 진로 − 1978년의 스타들은 유독 고려대를 많이 선택했다. 우선 부산고의 양상문楊相汶−김호근金鎬根 배터리가 고려대를 선택했다. 양상문은 인하대 등에서도 구애를 받았으나, 결국 고려대 쪽을 택했다. 신일고의 김정수金貞洙, 김남수金男洙, 양승호梁承虎, 최홍석崔洪錫 등도 역시 고려대로 갔다. 부산고 2루수 김태룡金泰龍은 동아대로 진학했다. 경북고의 유격수 김근석金瑾錫은 고려대, 3루수 김동재金東再는 연세대, 1루수 황병일黃炳─은 건국대를 선택했다. 광주일고 이상윤李相潤은 한양대로 진학했는데, 대학교 4학년인 1982년 프로야구가 생기면서 투수가 부족한 해태타이거즈의 호출을 받고 대학을 마치지 못한 채 이동했다. 충암고 장호연張浩淵과 대전고 한대화韓大化는 동국대, 동대문상고 김상훈金相勳과 마산상고 한문연韓文挻은 부산 동아대, 대구상고 양일환梁日煥은 건국대로 진학했다. 경기고 투수 겸 유격수 유성용劉誠容은 중앙대, 신계석申桂錫은 경희대에 들어갔다. 인천고 좌완 김상기金相基 투수는 인하대로 들어갔다.

1978년 청룡기 대회에서 역투하는 부산고 에이스 양상문 〈사진제공=양상문〉

1961년생이다. 양상문은 부산고 시절 전국대회 3관왕을 이끈 초고교급 투수였다. 안경을 끼고 철벽에 가까운 피칭으로 '왼팔 최동원'이란 별명을 지녔다. 그의 강속구와 컨트롤은 한 치의 빈틈도 없이 타자의 헛스윙을 유도했다.

졸업 후 고려대에 진학했는데, 대학 1학년 때 최동원과의 맞대결에서 승리해 주목을 받았다. 하지만 대학 2학년 때 부상을 당한 이후로는 고교 시절과 같은 모습은 보기 어려웠다. 실업팀 한국화장품을 거쳐 프로야구 롯데자이언츠와 태평양돌핀스에서 뛰었다. KBO 통산 9시즌 동안 272경기에 출전, 63승79패13세이브, 평균 자책점 3.59를 기록했다. 완벽했던 고교 시절의 모습을 기억하는 사람이라면 혹사와 부상으로 인한 다소 아쉬운 성적임을 알 수 있다. 고교 시절처럼만 던졌어도 프로야구 100승은 쉽게 달성했으리란 전망이다.

은퇴 이후에는 롯데와 LG에서 지도자생활을 했고, 최근에는 SPOTV 해설위원을 맡고 있다. 국내 야구계에서 '공부의 신'으로 불릴 정도로 두뇌가 좋다는 평가를 받고 있는데, 고교와 대학 시절에도 경기만 없으면 수업을 빠지지 않았다. 선수생활 와중에 고려대학교 교육대학원에서 석사학위도 받았다.

부산고 야구를 중흥시켰다는 평가를 받는데.

"1976년 부산고에 입학했더니 야구부를 이대로 두면 안 된다는 움직임이 동문회를 중심으로 시작되었다. 그래서 김진영 장군을 비롯한 각계 선배들이 부산고 야구부 중흥 플랜을 구체화했다. 장기적 안목으로 우수선수를 뽑고, 기금도 조성했다. 때마침 우수선수들이 대거 1학년에 들어오면서 부산고 야구 부흥의 계기가 되었다. 고교시절 3년 동안 이전과 달라진 부산고 야구부 모습을 보여주었다고 자부한다."

초등학교와 중학교 시절에도 야구를 잘했다고 알려져 있는데.

"부산 대연초등학교 시절에는 제2회 회장기 쟁탈 전국국민학교대회에서 서울사대부국과 0대0 공동 우승을 했다. 저쪽 투수는 훗날 신일고 에이스가 된 고故 김정수였다. 최우수선수상도 나와 김정수가 같이 받았다. 제4회 조서희기 전국국민학교대회에서는 결승전에서 인천 창영초등학교에 0대2로 패해 감투상만 받았다. 대연초를 다닐 때 김호근이 같이 뛰었다.

중학교 때는 축구가 하고 싶어 잠시 야구를 쉬었으나 결국 동성중학교에서 야구를 다시 하게 되었다. 동성중 시절에는 제22회 중학 야구선수권대회에서 충남중을 2대0으로 꺾고 우승했다. 준결승전 에서도 동인천중을 똑같이 2대0으로 완봉했다. 내가 최우수선수상 을 받았다.

중학교 시절에는 변화구를 던지면 안 좋다고 해서 선수권대회 5게 임을 모두 직구만 던졌다. 요즘도 프로야구에서 이의리-김진욱- 이승현 등의 젊은 좌완투수에게 가능하면 직구 위주로 승부하라고 권유한다. 투수 수명에 큰 영향을 미치기 때문이다.

무엇보다 중학야구에서는 현재 성인야구와 같은 18.44m의 투수와 포수 간 거리를 줄이는 것이 시급하다. 어린 선수가 먼 거리를 억지 로 던지려다 보니 팔꿈치에 무리가 오고, 투구 폼도 제대로 갖춰지 지 못한다."

고교와 대학 진학 당시에 다른 학교로 갈 뻔 했나.

"당시 동성중을 졸업하고 고교에 진학할 때는 부산상고 출신인 형 님을 통해 부산상고로 가라는 권유를 많이 받았다. 하지만 당시 부 산고가 재창단 의지를 불태우며 야구부를 강화하던 시기였고, 학군 도 맞아서 부산고로 진학했다. 대연초등학교 시절에 같이 야구하던 친구들을 부산고에서 다시 만났다.

대학 진학할 때에도 형님이 인하대 출신이고 좋은 조건까지 제시한 터여서 인하대 진학 얘기가 일부 언론에서 나오기도 했으나, 결국 가고 싶은 고려대로 진학했다."

'왼팔 최동원'이라고 불렸는데 최동원과의 인연은.

"사실 내가 안경을 끼었고 공도 빨라서 '왼팔 최동원'이라는 별명이 따라다녔다. 고1 때 고3인 경남고 최동원 선배와 맞붙었는데 나는 노히트노런을 기록했고, 최동원 선배는 퍼펙트게임을 유지하다가 8회에 내가 안타 1개를 쳐서 무산된 적이 있다. 승부는 비겼다. 또 고려대 1학년 때인 1979년 9월 28일 연세대와 정기전을 가졌는데, 3학년이던 최동원 선배와 맞대결을 벌여 4대1로 승리했다. 천하의 최동원 선배를 이겼다고 좋아했었다.

롯데자이언츠 시절에는 최동원 선배와 룸메이트를 했는데, 노래도 잘 부르고 참 인간적으로 매력 있는 선배였다(양상문은 사단법인 최동원기념사업회 이사를 맡아 부산 사직구장 앞에 최동원 동상을 세우는데 주도적 역할을 했다).

나의 안경은 고교 시절에는 맥아더 장군이 사용하던 스타일의 안경을 썼다. 안경테가 뒤로 흘러내리지 않도록 고무줄을 덧댔는데 아버지가 특별히 제작해 주셨다."

1977년 대통령배에서 준결승전과 결승전을 하루에 다 치렀다는데.

"2학년 때였다. 그 전날 일몰경기가 되니까, 다음날 오전에 선린상고와 준결승전을 치르고 나서 2시간 뒤에 다시 공주고와 결승전을 가졌다. 지금 생각하면 말도 안 되는 경기 스케줄이다.

어쨌든 오전에 선린상고를 이기고 나서 선배들의 권유에 따라 1시간 동안 어깨를 아이싱Icing했다. 그러고 나서 1시간 뒤에 다시 결승전에서 던졌다. 요즘 상식으로 보면 아이싱 하고 나면 그날은 절대 던지면 안 되는데 참 무지한 행동을 했다. 결국 3대4로 아깝게 졌다.

공주고에는 큰 키의 투수 오영세, 포수 김경문이 주력 멤버였다. 김경문 선배는 원래 대구 옥산초등학교를 졸업하고 경상중학교에 입학했는데 부정선수 시비 등 우여곡절 끝에 부산 동성중학교에서 졸업했다. 나의 동성중 1년 선배가 되었다. 내가 동성중 졸업할 무렵, 김경문 선배가 내게도 공주고 진학을 권유했다. 당시는 부모님께서 내가 멀리서 지내는데 반대하셔서 가지 않았다."

고교 시절에 공도 빨랐지만 마치 컴퓨터로 던지는 듯 제구력이 완벽했는데.

"스스로도 신기하게 생각한다. 공상과학영화를 보면 어떤 상황에서 기계가 탁탁 저절로 맞춰지는 것처럼, 나도 포수가 미트를 갖다 대면 정확하게 꽂았다. 저절로 그렇게 되었다. 스트라이크와 볼의 경계점에 던지면 심판도 헷갈릴 정도가 되는데, 그 지점에도 볼을 잘 던졌다. 두산베어스 김태룡 단장이 부산고 동기인데, 내 폼을 휴대폰에 저장해두고는 선수들에게 보여준다고 했다. 얼마 전 기아와 롯데의 경기에서 양 팀 합쳐 볼넷이 20개가 나왔는데, 도저히 프로야구 경기라고 할 수 없다. 스트라이크를 못 던지는 사람이 투수를 하면 안 된다."

1978년 고교팀 3개 대회 출전 제한 규정이 있었는데, 대통령배와 청룡기를 우승한 뒤 왜 봉황대기나 황금사자기 대신 화랑기를 출전했나.

"선수들은 봉황대기에 나가자는 의견이었다. 그런데 '화랑기가 국제신문 주최로 열리는 부산 지역 대회인데 부산고가 출전하지 않으면 어떻게 하나'라는 전방위 압박이 들어와서 그렇게 선택한 것으로 안다. 내가 너무 힘들어서 봉황대기는 출전하지 못하겠다고 말했다는 내용이 어느 블로그에 있던데 전혀 사실이 아니다. 만약 출전 제한 규정만 없었다면 당시 부산고는 1971년 남우식 선배의 경북고처럼 화랑기—봉황대기—황금사자기까지 모두 우승했을 것이다.

그 해 황금사자기는 신일고가 우승했는데, 김정수와 양승호 등 멤버들이 좋아서 부산고와 진검 승부를 해보자는 양교 선배들의 움직임이 있었다. 하지만 세계청소년대회 출전 등으로 무산되고 말았다."

당시 양상문 투수 말고도 부산고 전력이 그렇게 뛰어났는가.

"1978년의 부산고는 굉장히 고급야구를 했다. 주성노 감독은 지금 프로에서 하는 디펜스 시스템을 많이 도입했다. 가령 상대팀 주자가 1루에 나갔을 경우, 1루수가 번트를 대비해 홈 쪽으로 파고들면 1루 주자가 리드 폭을 넓히기 쉬운데 그때 2루수가 빨리 1루에 들어가고 하는 식으로 움직였다. 기본적으로 내가 당시에는 경기 당 안타를 3~4개 밖에 허용하지 않았는데, 투수 견제구로 주자를 잡고 수비 시스템으로 잡고 하면 상대방에서 한 게임에 주자 2명 정도 밖에 내보내지 못하는 상황이 되곤 했다. 점수 내기가 무척 어려웠을 것이다."

고교 시절 같이 뛰었던 선수들의 근황은.

"포수 김호근은 고려대에 같이 진학했는데 저학년 때는 경북고 출신의 손상득 선배가 주전포수를 하는 바람에 출전 기회가 적었다. 아무래도 그렇게 되면 타격 리듬이 많이 끊어지게 되고, 고교 시절과 같은 활약은 보여주기 어렵다.

한 해 후배인 1번 타자 조성옥은 동아대학교를 거쳐 롯데자이언츠에서 활약했고 부산고 감독과 동의대 감독을 지냈는데, 술을 많이 마셨음에도 건강검진을 제대로 하지 않아 결국 2009년 7월 간암으로 세상을 떠났다. 추신수가 조성옥을 '제2의 아버지'라고 불렀다. 사실 은퇴한 야구선수들이 심하게 스트레스 받는 상황에서 건강검진만 제대로 받아도 위험을 예방할 수 있는데, 장효조 선배나 최동원 선배 모두 건강검진을 소홀히 한 것이 화근이 되었다."

특별히 강한 타자나 약한 타자가 있었나.

"빙그레의 장종훈은 홈런타자로 유명했는데, 나는 상대하기 편했다. 별로 안타를 맞지 않았다. 반대로 MBC청룡의 노찬엽에게는 속된 말로 밥이었다. 그날 노찬엽에게 안타 2개만 맞으면 선방했다고 할 정도였다. 투수들에게는 저 타자만 나오면 잘 맞는다는 심리가 있다."

어떻게 투수로서 체력을 길렀는가.

"고교 시절만 해도 근육을 다친다면서 웨이트 트레이닝이나 수영은 하지 말라고 했다. 대신 많이 뛰었다. 마라톤 로드워크를 했다. 부산의 온갖 동네를 다 돌아다니며 러닝을 했다. 요즘 투수들은 러닝머신을 이용하고, 벨트 등 하체운동만 하는 편이라 아쉽다. 투수는 무조건 뛰어야 하체도 좋아지는데 요즘 선수들은 너무 안 뛴다. 박찬호 선수도 경기장까지 10km 거리를 자주 뛰었다고 하지 않는가. 물론 프로팀마다 트레이너가 있긴 하다. 하지만 트레이너는 주로 선수가 부상을 당하지 않기 위한 목표로 운동을 시킨다. 우리가 몸으로 배운 이론과는 다르다."

파고들수록 스포츠 과학은 어렵고, 특히 투수의 경우는 더 그렇다.
"보통 사람의 유연성은 15세쯤 완성되고 그 이후는 유지되기만 한다. 더 이상 유연성이 좋아지지는 않는다. 그래서 체조선수는 15세가 거의 한계다. 프로야구 유망주 투수들 중에 공은 좋으나 몸이 뻣뻣한 선수들이 있다. 유연성이 더 나아지지 않는다 해도 과학적으로 공을 잘 뿌리는 방법은 연구해야 한다. 가령 투수들은 물리학적으로 팔의 각도가 90~110도 정도가 되어야 힘 있는 공을 뿌릴 수 있다. 80도면 정확도는 높아지지만 힘을 못 쓰고, 130도가 되어도 힘이 안 들어간다. 바늘에 실을 끼울 때 팔의 각도가 90도다. 가장 정교함을 요구할 때 필요한 각도다. 투수는 가장 정확하게 던져야 하는데 90~110도 안에서 던지는 게 좋다. 이런 개념을 알고 있으면 좋을 것이다."

1979년 :
준우승만 4번 기록한 인천고 블루스

1979년 10월 26일은 박정희 대통령이 김재규 중앙정보부장에게 시해된 역사적인 날이다. 이로써 1972년 10월 17일부터 시작된 이른바 유신 체제는 막을 내렸고, 12.12 사태를 통해 전두환 보안사령관을 축으로 하는 새로운 군부 세력이 권력을 잡게 된다. 하지만 1979년의 고교야구는 연말에 벌어질 이런 정변을 전혀 예상하지 못한 채 예년과 같은 열기를 이어갔다.

제13회 대통령배

4월 18일부터 열린 첫 번째 전국대회인 제13회 대통령배 대회에서는 훗날 한국야구의 국보급 투수가 된 광주일고 2학년 선동열이 처음으로 위력을 선보였다. 광주일고는 전년도 우승팀이자 가장 강력한 우승 후보인 부산고와의 1회전에서 1회말 얻은 1점을 끝까지 지켜 1대0으로 이겼다. 부산고는 1978년에 대통령배-청룡기-화랑기를 우승한 강팀이었으니 당시 광주일고의 승리는 화제가 되었다. 필자는 TV 화면을 통해 선동열의 투구 모습을 처음 보았다. 부쩍 큰 키와 유연한 몸에서 휘감기듯 나오는 강속구와 슬라이더를 지금까지 생생하게 기억한다.

1979년의 주인공인 인천고는 어땠을까. 당시 인천고는 에이스인 3학년 최계훈과 2학년 정은배가 주로 던졌고, 가끔씩 약체 팀을 맞아 3학년 이승중이 등판했다. 타격 라인도 포수 채태석을 비롯해 이병억-양후승-김명성 등으로 구성돼 대통령배부터 기대를 모았다. 실제로 최계훈은 8강전 동대문상고와 대결에서 9회 투아웃까지 삼진 10개를 잡으며 노히트노런을 이어가다가 마지막에 빗맞은 안타를 허용하면서 아깝게 노히트노런을 놓치고 말았다. 그 여파 때문일까. 준결승전에서 부산상고와 맞붙은 인천고는 윤학길 대신 등판한 이동완을 공략하지 못했고, 7회부터는 윤학길이 올라오면서 계속 빈타에 시달리다가 결국 1대4로 패하고 말았다. 최계훈은 대통령배 대회에서 총 23과 1/3이닝을 던져 25개의 삼진을 뺏고 9개의 안타만 허용하면서 1.56의 방어율을 기록하는 등 최고다운 면모를 보였다.

반대쪽 시드의 준결승전에서는 선린상고가 경북고를 3대2로 누르고 결승전에 올랐다. 경북고는 초반에 에이스 진동한이 무너지자 유격수 김성래까지 마운드에 올라 분전했으나 아깝게 패배했다.

드디어 선린상고와 부산상고, 두 명문 상고의 대결이 벌어졌다. 결승전에서는 부산상고가 우세하리라는 예상이 많았다. 사실 대통령배 서울시 예선 때만 해도 선린상고는 존재감이 없었다. 신일고, 보성고, 대광고, 동대문상고가 4강 대결을 벌일 정도였다. 하지만 선린상고는 본선에서 능력 이상의 결과치를 낳으며 승승장구해 결승전까지 올랐다.

결승전에서 선린상고는 무려 15점이나 빼내는 공격력으로 부산상고를 초토화시켰다. 당시 부산상고 에이스가 훗날 롯데 자이언츠에서 주축 투수로 활약하던 3학년 윤학길이어서 더욱 눈길을 끌었다. 부산상고는 커브와 직구를 교묘히 섞어 던지는 선린상고 3학년 좌완 윤석환의 피칭에 헤매면서 단 1점을 얻는 데 그쳤다.

이날 선린상고가 부산상고의 윤학길과 이동완 투수에게 기록한 15점은 매우 특이했다. 1-2-3-5회에 각각 2점, 6회에 3점, 7회에 4점을 얻었는데 매 이닝 기록한 안타와 점수가 똑같았다. 15안타에 15점을 기록한 것이다.

최우수선수상은 선린상고 1학년 박노준이 받았다. 박노준은 우익수와 투수를 번갈아 맡으며 타격과 주루를 겸비했다는 평가를 받았다. 날렵한 몸매에 독일병정처럼 푹 눌러쓴 모자 밑으로 살짝 엿보이는 앳되고 샤프한 모습은 여학생 팬을 몰고 다닐 조짐을 보였다. 우수투수상은 윤석환, 감투상은 윤학길, 수훈상과 타점상(6점)은 선린상고 유격수 이정철, 타격상은 부산상고 유격수 이동완(0.538)이 받았다. 타격상 2위는 5할을 기록한 인천고 투수 최계훈이 받아 눈길을 끌었다.

감독상을 받은 선린상고 박용진 감독은 언론 인터뷰에서 "2월에 맹장염 수술을 받았음에도 끝까지 잘 던져준 윤석환 투수가 가장 기특하다"고 말했다.

윤석환은 훗날 프로야구 OB베어스 소속으로 1984년 12승8패25세이브, 평균자책점 2.84를 기록하면서 신인왕과 최우수구원상 타이틀을 차지했다. 1984년 한국시리즈 최종일이 시상식 날이었는데, 당시 롯데 최동원의 활약이 너무 눈부셔 신인왕 투표에서 만장일치로 뽑힌 윤석환은 언론의 주목도 받지 못했고 쓸쓸히 버스를 타고 귀가했다고 한다. 원래 윤석환은 내야수 출신으로 배팅 볼을 잘 던졌는데 그것이 감독의 눈에 들었다고 하며, 키도 부쩍 자라 3학년 때는 180cm를 넘었다. 윤석환이 공을 던지는 모습을 보면 오른발을 내딛는 거리나 왼팔을 스윙하는 폭이 아주 짧다. 처음 그 모습을 보면 "저런 폼으로 던지면 공이 포수한테까지 날아갈까"라는 걱정이 들 정도이지만, 실제론 위력이 있었고 타자들이 타이밍을 맞추기도 매우 어려웠다. 롯데에 있다가 2022년 SSG로 옮긴 노경은 투수와 피칭폼이 비슷하다는 전문가들이 많다.

제34회 청룡기

6월 15일 김종필 국무총리의 시구로 개막된 제34회 청룡기 대회는 모두 20개 학교가 참가했다. 예선전을 치른 뒤 4강에는 선린상고와 부산 3개 팀만 남았다.

준결승전에서는 선린상고와 부산상고가 대통령배 결승전에 이어 다시 격돌했는데, 이번에도 선린상고가 2대0으로 이겼다. 특히 선린상고 좌완 윤석환은 7회 투아웃까지 부산상고 타선을 퍼펙트로 막아냈으니, 부산상고로서는 '선린상고 공포증'이란 말이 나올 법했다. 또 부산고는 에이스 안창완의 호투로 경남고를 3대1로 눌렀다.

열흘간의 열전 끝에 6월 26일 열린 결승전은 전년도 우승팀 부산고와 대통령배 우승팀인 선린상고가 맞붙었다. 부산 야구 팬들 입장에서는 선린상고에게 부산상고가 당한 수모를 부산고가 대신 갚아주기를 소원했다.

선린상고는 윤석환이 1회초 부산고 3번 조성옥에게 내야안타, 4번 안창완에게 볼넷을 허용한 데 이어 더블스틸까지 허용하면서 조짐이 좋지 않았다. 주자 2-3루에서 5번 이재성이 좌전 적시타를 때려 2점을 먼저 얻었다. 선린상고도 1회말 비슷한 찬스를 맞았으나 삼진을 당하면서 무산되고 말았다. 안창완의 떨어지는 커브는 위력이 좋았다.

부산고는 2회초에도 다시 윤석환을 맹공했다. 2루타 2개가 연속으로 터지면서 1점을 추가했다. 윤석환은 결승전까지 오르면서 피로가 누적되었는지, 마운드를 1학년 박노준에게 넘겼다. 윤석환과 박노준은 봉천초등학교와 선린중학교를 졸업한 선후배 사이.

안창완과 박노준의 투수전으로 팽팽하게 가던 경기는 6회초 부산고 6번 김성현이 박노준의 초구를 강타하여 좌월 솔로 홈런을 기록하는 등 2점을 추가하면서 승부를 갈랐다. 선린상고는 6회말 유지홍의 솔로 홈런 등으로 추격전을 벌였지만 역부족이었다. 결국 5대2로 끝났다.

당시 부산고 주성노 감독의 전략은 이랬다. 좌완 윤석환이 나올 것에 대비해 평소 좌완투수를 상대로 연습게임을 자주 했다는 것. 또 윤석환이 주자 견제가 약하고 선린상고 외야진의 몸이 무거운 점을 간파, 초반에 더블스틸을 시도했는데 성공했다는 설명이다.

부산고 좌익수이자 1번 타자인 조성옥은 최우수선수상과 도루상(6개)을 함께 받았다. 빠른 발과 정확한 타격을 자랑하던 조성옥은 은퇴 이후 동의대 감독을 하던 2009년 간암으로 세상을 떠나 많은 팬들의 아쉬움을 샀다. 타격상은 5할4푼5리를 기록한 부산상고 중견수 김이수, 우수투수상은 부산고 안창완이 받았다.

그런데 이번 청룡기 대회에서는 고교야구사에 기록적인 연장전이 초반에 벌어졌다. 바로 봉황대기 2회전에서 서울 상문고와 대구상고가 벌인 연장 23회 경기다. 이틀에 걸쳐 5시간 28분간의 사투를 벌인 이 경기는 결승전 못지않은 화제였다.

6월 21일 벌어진 양 팀 간 경기는 연장 14회까지 벌였으나 1대1 동점으로 일몰 서스펜디드 게임이 선언됐고, 이튿날 연장

15회부터 다시 시작했다. 양 팀은 팽팽한 투수전을 계속했는데 결국 상문고가 23회초 4번 김영신의 결승 2루타 등이 터지면서 2점을 내 3대1로 이겼다. 당시 대형 포수로 주목받던 김영신은 경기가 끝난 뒤 자신의 유니폼 백넘버가 23이어서 23회에 끝날 것을 확신했다는 조크를 하기도 했다. 대구상고로서는 20회말 1사 만루의 찬스를 번트 미숙 등으로 무산시킨 것이 너무도 안타까웠다.

키 184cm에 대형 강속구 투수로 주목받던 대구상고 좌완 권기홍은 23이닝 동안 탈삼진 28개에 12안타만 허용하는 역투를 펼쳤다. 물론 상문고의 두뇌파 투수 김봉근도 단 11안타만을 허용하며 호투했다.

당시 상문고의 대형 포수 김영신은 졸업 이후 동국대에 진학했는데, 1984년 LA올림픽 국가대표 포수로 출전하는 등 유망주로 손꼽혔다. 하지만 프로야구 OB베어스에 입단한 뒤 조범현이나 김경문 등의 선배에게 밀리기 시작하면서 1986년 8월 15일 향년 25세를 일기로 비극적 선택을 한 것으로 보인다. OB베어스 측은 그를 애도하는 의미에서 등번호 54번을 영구 결번 처리했다.

청룡기에서는 또 준준결승전에서 부산상고와 광주일고가 맞붙었는데, 당시 2학년 선동열이 완투한 경기였다. 양 팀은 호각세를 보였는데, 결국 부산상고가 3대2로 이겼다. 이날 선동열은 9회 동안 9개의 삼진을 빼앗고 7개의 안타를 허용했다. 대통령배 때와 비교하면 공의 스피드는 더욱 빨라졌고, 슬라이더의 예리함도 갈수록 돋보이기 시작했다. 하지만 아직 '무등산 폭격기'의 조용한 예고편에 불과했다.

제31회 화랑기 & 제1회 대붕기

1979년의 고교야구를 다루면서 빼놓을 수 없는 것은 부산에서 열리는 국제신문사 주최 화랑기에 맞서 대구에서도 매일신문사 주최로 대붕기라는 동일한 규모의 대회가 시작됐다는 점이다. 같은 기간에 열리는 전국대회라 전국의 고교팀들은 선택을 해야만 했다.

제31회 화랑기 대회는 7월 25일부터 전국 17개 팀(청주고, 부산상고, 경동고, 동산고, 경북고, 명지고, 부산고, 동대문상고, 강릉고, 경남고, 상문고, 경기고, 군산상고, 인천체고, 북일고, 광주상고, 신일고)이 출전한 가운데 부산 구덕운동장에서 개최, 8월 1일 벌어진 결승전에서 부산고가 군산상고를 2대0으로 제치고 우승했다. 부산고로서는 청룡기 우승에 이어 전국대회 2관왕을 했는데, 청룡기와 화랑기는 모두 2년 연속 우승을 한 것이기도 했다. 최우수선수상에는 부산고 안창완 투수, 우수투수상은 부산고 노상화 투수, 감투상은 군산상고 좌완 조도연 투수, 수훈상은 부산고 김성현 포수, 타격상은 7할을 기록한 부산상고 좌익수 김완수가 받았다.

한편 화랑기에 맞서 대구에서 처음으로 열린 제1회 대붕기 대회는 역시 7월 25일부터 전국에서 18개 팀(마산상고, 대구고, 대구상고, 목포상고, 전주상고, 인천고, 보성고, 대광고, 충암고, 대전고, 심석종고, 배재고, 세광고, 경남상고, 춘천고, 광주일고, 장충고, 중앙고)이 참가한 가운데 대구 시민운동장에서 개최, 8월 1일 끝난 결승전에서 배재고가 인천고를 3대2로 제치고 우승했다. 사실 인천고는 전주상고–대구고–충암고를 물리치고 결승전에 올라왔는데 최계훈이 3경기 모두 완투했고, 그 중에서 대구고와 충암고에게는 완봉승을 거두었다. 배재고 2학년 김진원이 정통파 스타일이긴 했지만 인천고가 못 칠 투수는 아니었는데 계속 끌려갔다. 1979년 인천고의 4개 대회 준우승 블루스가 시작되는 순간이었다.

최우수선수상은 김현찬 배재고 1루수, 우수투수상은 김진원 배재고 투수, 감투상은 최계훈 인천고 투수, 수훈상은 채태석 인천고 포수, 타격상(5할)은 이태봉 배재고 우익수가 받았다. 미기상은 이창호 배재고 중견수, 도루상은 양후승 인천고 2루수, 감독상은 손흥기 배재고 감독이 받았다.

제9회 봉황대기

제9회 봉황대기 대회는 전국에서 46개교가 참가한 가운데 8월 5일 막을 올렸다. 1978년 3개 대회 이상 출전 제한 규정은 흐지부지된 상태였다.

이 대회에서는 훗날 가장 짜릿한 역전승으로 불리는 경기가 펼쳐졌다. 사실 군산상고가 1972년 황금사자기 결승전에서 1 대4로 지고 있다가 9회말 4점을 낸 것도 대단하긴 했지만, 결승전이라는 프리미엄이 있었기에 더욱 더 화제가 된 측면이 있다.

그런데 봉황대기에서 8강 진입을 위해 대구고가 전년도(1978년) 우승팀 서울고를 상대로 벌인 희대의 역전승은 게임 자체로 보면 진정한 '역전의 명수' 드라마라고 할 수 있다. 양 팀이 주고받은 안타는 18개씩 모두 36개로, 1967년 농협과 제일은행 경기 때와 최다안타 타이기록이었다. 양팀 득점 27점도 기록이었다.

그 날은 8월 16일이었다. 서울고가 1회초 3점을 선취하자 대구고가 1회말 곧장 5점을 내 5대3으로 뒤집었다. 이후 대구고는 박재현이 호투하면서 서울고 타선을 막아 나갔고, 4회말에 2점을 추가하면서 7대3으로 스코어를 벌렸다. 서울고가 5회초에 1점을 내자 대구고는 어림없다며 5회말에 다시 1점을 추가했다. 그때까지 스코어는 8대4로 대구고가 앞섰다. 하지만 드디어 서울고의 막강 화력이 불을 뿜기 시작했다. 7회초에 2점, 8회초에 5점, 9회초에 2점을 연속으로 내면서 9회말 대구고 공격이 시작되기 전에 8대13으로 서울고가 압도했다. 8회초에 5점을 낼 때는 초고교급 4번 타자 김영균이 센터 펜스를 넘어가는 대형 3점 홈런을 치기도 했다. 관중들은 모두 서울고가 이겨 8강에 진출할 것으로 내다봤다. 이미 1차전에서 권기홍이 이끄는 대구상고도 격파한 서울고여서 대구고까지 제치면 대구팀

킬러가 될 순간이었다.

하지만 대구고는 기적의 역사를 만들어냈다. 9회말 선두타자 3번 김오웅이 볼넷을 골라 나간 뒤 4번부터 7번 타자까지 연속으로 안타를 치고 나갔다. 드디어 8번 타자 김영국이 등장했다. 그는 서울고 투수 박동경으로부터 13대13 동점을 이루는 3루타를 때린 데 이어 박동경의 폭투로 자신까지 홈인, 결국 14대13으로 경기를 뒤집었다. 관중들은 믿을 수 없는 3시간 37분의 대 역전극에 경악했고, 열광하는 대구고 선수들을 뒤로 하고 서울고 선수들은 쓸쓸히 그라운드를 빠져 나갔다.

드디어 봉황대기 준결승전에서는 광주상고가 천안 북일고를 5대3으로, 인천고는 대구고를 7대0으로 격파하고 결승전에 올랐다. 광주상고 윤여국 투수는 북일고 4번 이정락에게 홈런을 허용했으나 차분하게 타선을 막고 차근차근 점수를 뽑아 승리했다. 또 인천고 최계훈 투수는 서울고에 기적의 역전승을 거둔 대구고 타선을 상대로 빠른 공을 뿌리며 안타 4개 밖에 허용하지 않았다. 당시 우리나라에 갓 도입된 스피드건에 찍힌 최계훈의 스피드는 시속 137km였다. 당시 최동원이 140km/h 정도를 찍었는데, 요즘 스피드건 기준으로 재면 아마 10km/h 이상 더해야 했을 것이다. 그렇다면 최계훈의 137km/h는 요즘 기준으로 150km/h에 육박했으리라 짐작된다. 최계훈은 곱상한 외모 덕분에 여고생 팬도 많았지만, 마운드에서 던지는 공은 총알같이 빨랐다. 요즘 상당수 국내 프로야구 투수들이 기본적으로 140km/h 이상은 기록하지만, 당시 고교야구를 기억하는 사람들은 투수들의 위력이 지금보다 결코 못하지 않았다고 보고 있다.

광주상고로서는 봉황대기 첫 우승을 눈앞에 두고 있어 사기가 하늘을 찔렀다. 인천고도 봉황대기 직전에 열린 대붕기 결승전에서 패배했던 배재고에 설욕전을 펼치고 올라와 기분이 좋은 상태였다. 인천고 입장에서는 1977년 황금사자기 결승전에서 광주상고에게 연장 끝에 2대3으로 석패했던 기억을 말끔히 씻을 절호의 기회이기도 했다.

다만 양 팀 에이스가 지쳐 있는 것이 문제였다. 광주상고는 준결승전까지 언더핸드 윤여국 투수가 5게임을 완투한 탓에 피로가 누적된 상태였다. 윤여국은 흐느적거리는 모션으로 오른손이 땅을 스치듯 낮게 깔리며 공을 뿌리는 스타일인데, 공이 춤추듯 직선과 곡선을 그리며 포수 미트로 파고들었다. 주무기는 싱커였다. 인천고 역시 최계훈이 거의 혼자서 모든 경기를 역투했는데, 결승전에서는 이승중의 뒤를 이어 3회부터 등판했다.

결승전에서 윤여국과 최계훈은 6회까지 한 치의 양보도 없이 팽팽한 평행선을 이어나갔다. 하지만 7회초 최계훈이 난조에 빠졌다. 광주상고는 선두 5번 노영석의 중전안타, 6번 윤의요의 볼넷에 이어 7번 김치성의 보내기 번트로 1사 2-3루를 만들었다. 8번 윤여국은 볼카운트 2-2 때 최계훈이 던진 아웃코너 직구를 그대로 밀어쳐 안타를 만들었다. 3루 주자 노영석과 2루 주자 윤의요가 모두 홈인해 2대0을 만들었다. 인천고 박정석 감독은 그 볼 하나로 졌다고 탄식했을 정도로 중요한 순간이었다. 윤여국은 투수이면서도 밀어 치는데 능했으므로 승부를 인코너로 걸어야 했다는 것.

광주상고는 8회에도 1사 2-3루에서 5번 노영석의 희생플라이와 6번 윤의요의 내야안타로 2점을 추가했고, 뒤이어 7번 김치성이 좌중간 3루타로 1점을 더해 5대0으로 만들면서 승부를 갈랐다. 1971년 팀을 창단한 광주상고로서는 두 번째 전국대회 우승이었다.

1979년 봉황대기에서 인천고를 꺾고 우승한 광주상고 선수단에게 우승기가 주어지고 있다 〈사진제공=한국일보〉

한편 3-4위전에서는 천안북일고가 3학년 사이드암 강속구 투수 김진욱과 2학년 컨트롤 마법사 이상군 콤비가 계투 작전을 펼치면서 대구고를 6대3으로 눌렀다. 대구고는 심규영, 김강익, 박재현 등 투수 물량 공세를 폈으나 북일고 타선에는 역부족이었다.

이 대회 최우수선수상과 수훈상은 윤여국, 최우수투수상은 최계훈, 감투상은 김진욱 북일고 투수, 타격상은 15타수9안타로 6할을 기록한 임창호 대구고 3루수, 도루상은 4개를 기록한 양후승 인천고 2루수, 감독상은 강의선 광주상고 감독과 박정석 인천고 감독이 받았다. 보통 준우승팀 투수에게는 감투상을 주곤 했는데 최계훈이 워낙 잘 던져서 최우수투수상을 주었다.

한편 봉황대기와 황금사자기의 중간에 열린 일본고교선발팀 초청 한일고교야구대회는 한국팀이 3연승을 거두었다. 압도적이라고 할 정도로 우위였다. 일본팀은 고시엔 대회 우승팀 미노시마箕島 고교 주전 10명을 주축으로 구성되었다.

한국팀은 신일고 한동화 감독의 지휘 아래 김봉근(상문고), 윤여국(광주상고), 최계훈(인천고), 권기홍(대구상고), 이정희(경북고), 노영석(광주상고), 김영균(서울고), 이순철(광주상고), 김경표(신일고), 이재성(부산고), 조성옥(부산고), 심재혁(광주일고), 구희철(경북고) 등으로 구성됐다.

9월 22일 1차전에서 한국팀이 2대1로 승리한데 이어, 23일 2

차전에서도 한국팀은 9회말 8번 최계훈의 굿바이 히트로 1대0으로 승리했다. 24일 열린 3차전에서는 한국팀이 일본 선발 에가와에게 5회까지 노히트노런을 당한 반면, 1회초 유격수의 잇따른 실책으로 0대2로 끌려가는 상황이었다. 하지만 6회말 투아웃에서 2번 타자부터 6번 타자까지 5타자 연속 안타를 터뜨리며 4점을 얻어 경기를 뒤집었다. 7회말에도 한국은 9번 이군노가 2루타로 나간 뒤 1번 심재혁의 좌전안타로 홈인, 쐐기를 박았다. 국내 대회에서는 준우승의 스타였지만 인천고 최계훈은 1회초 2사후부터 등판해 특유의 강속구를 통해 9회까지 일본 타선을 안타 1개로 꽁꽁 묶었다.

제33회 황금사자기

국내 고교야구의 실력은 완전히 평준화 모드로 들어가 대회마다 우승팀이 달라지는 모습을 보였다. 제33회 황금사자기 대회에서도 새로운 팀이 우승기를 가져갔다. 물론 1968년 임신근 투수와 1971년 남우식 시절에 황금사자기를 가져간 경북고이지만, 상대적으로 전력이 불안했던 1979년에 차지한 우승이라 더욱 빛이 났다.

그 대회에서는 고교야구 사상 첫 끝내기 만루 홈런이 나왔다. 경북고 김성래는 전주고와 경기에서 연장 10회말 2사 만루에서 강상진 투수의 제5구를 받아쳐 좌중간 펜스를 훌쩍 넘기는 홈런으로 마무리 지었다.

김성래는 이에 앞서 1차전에서는 당시 유망주로 통하던 광주
일고 선동열에게서 3점 홈런을 때렸는데, 선동열에게 친 홈런
이 김성래의 고교 첫 홈런이기도 했다. 김성래는 삼성라이온즈
에서 활약하던 1993년 8월 6일에도 평소 거의 홈런을 맞지 않
는 해태타이거즈 선동열로부터 솔로 홈런을 친 적이 있다.

10월 7일 열린 준결승전에서 경북고는 김봉근이 역투한 상문
고를 4대1로 격파했다. 반대쪽 시드에서 인천고는 강릉고와 서
울고를 격파하고 준결승전에 진출, 다시 한 번 대구고를 만나
정영만의 3점 홈런과 채태석의 솔로 홈런 등을 묶어 13대3으로
대파했다. 대구고는 봉황대기 준결승전에서 인천고에 패배해
결승전 진출이 좌절됐는데, 황금사자기에서도 같은 상황이 벌
어진 것이다. 그것도 찬스를 좀 잡을 만하면 최계훈이 마운드
에 올라 대구고 타선에 찬물을 끼얹고 말았다.

하지만 대구고는 비극의 조연이고, 비극의 주연은 바로 인천
고였다. 앞의 2개 전국대회에서 준우승을 차지했으니 이번에는
진짜 우승하고픈 열망이 얼마나 컸을까. 하지만 운명의 여신은
장난을 치고 싶어 했다.

10월 8일 열린 결승전은 완연한 투수전이었다. 경북고는 서
브마린 진동한 투수가 인천고 타선을 상대로 현란한 체인지오
브페이스를 통해 4안타만 내주고 삼진 8개로 꽁꽁 묶었다. 공
격에서는 2회초 7번 송상진이 내야안타, 8번 최무영이 좌전안
타로 2사 1-2루를 만들었다. 이때 9번 진동한이 최계훈의 2구

슬로볼을 밀어쳐 우전안타를 만들었는데 2루주자 송상진이 전력을 다해 홈으로 질주했다. 이 1점이 결승점이 되리라고 누가 생각했을까. 이후 인천고는 여러 번의 찬스를 만들었으나 단 한 번도 3루를 밟지 못했고, 결정타를 날리는 선수도 없었다. 인천고는 9회말에 너무 답답한 나머지 3명의 타자를 모두 대타로 내세웠으나 진동한은 죄다 삼진으로 처리하면서 기염을 토했다.

경북고 유격수 김성래는 최우수선수상, 타점상(8타점), 도루상(3개) 등 3관왕을 차지했다. 팔목과 허리가 특이하게 유연하다는 평가를 받는 김성래는 연세대를 거쳐 삼성라이온즈에 들어왔는데 1987년과 1993년 두 번이나 프로야구 홈런왕을 차지하기도 했다. 우수투수상은 진동한 경북고 투수, 타격상은 11타수6안타(0.545)를 친 상문고 한상천, 감투상은 최계훈 인천고 투수, 감독상은 성기영 경북고 감독이 받았다.

전국체전 & 야구대제전

인천고는 10월 12일부터 17일까지 6일간 대전공설운동장에서 열린 제60회 전국체전 준결승전에서 천안 북일고를 3대1로 이기고 결승전에 올라가 전주고와 2대2 무승부를 이루었다. 운명의 여신은 끝까지 인천고를 외면했는데 이번에는 추첨패를 하고 말았다. 전주고는 준결승전에서도 부산상고와 4대4로 비겼으나 추첨에서 승리하여 올라가는 등 추첨 복이 터졌다.

1979년을 돌아볼 때 인천고는 마치 비극의 주인공이라도 되겠다고 작정한 듯 마지막 전국체전까지 추첨으로 패배하는 안타까운 사연을 고교야구사에 남겼다.

전국대회 4관왕도 아니고 전국대회 4번 준우승이라는 특이한 기록을 남긴 인천고는 1979년의 진정한 주인공 팀일지도 모른다. 그리고 최계훈 투수를 1979년 최고의 스타로 불러도 전혀 손색이 없을 것이다.

실제로 최계훈은 9월의 일본 고시엔 대회 우승팀 방한 경기에서 한국팀이 3전 전승을 했을 때나, 11월 하순부터 12월 초순까지 한국 고교선발팀이 자유중국(대만)에 가서 2승1무2패를 기록할 때도 모두 한국팀 에이스로 맹활약했다. 그는 현재 호주에 이민 가서 살고 있다.

1979년 시즌의 마지막은 제1회 야구대제전이 장식했다. 대한야구협회가 야구계 통합 기념사업으로 실업–대학–고교 현역 선수들이 출신 고등학교 별로 출전하는 올스타전을 개최한 것이다.

10월 20일부터 전국 26개 고교(군산상고, 성남고, 신일고, 선린상고, 장충고, 배재고, 동산고, 대구상고, 보성고, 광주상고, 부산상고, 상문고, 마산상고, 경북고, 배명고, 중앙고, 동대문상고, 부산고, 대전고, 경남고, 휘문고, 충암고, 인천고, 서울고, 배문고, 광주일고)가 출전한 가운데 서울운동장에서 시작됐다. 완전한 친선게임 분위기여서 별로 진지함이라곤 엿보기 어려웠다. 요즘 유행하는 TV '예능' 코너의 분위기도 엿보였다.

그런 중에도 11월 11일 끝난 결승전에서 전숲경남고가 전선린상고를 6대3으로 누르고 우승했다. 이에 앞선 준결승전에서는 전선린상고가 3대0으로 전대구상고를 눌렀고, 전경남고는 전부산고를 4대1로 격파했다.

최우수선수상과 타격상(0.579)은 전경남고 김용희, 우수투수상은 전경남고 최동원, 방어율 우수투수상은 전선린상고 이길환, 수훈선수상과 최다홈런상(4개)은 전경남고 우경하, 최다도루상은 전선린상고 이해창이 수상했다. 최우수감독상은 전경남고 박영길 감독이 받았다.

- 1979년 제22회 이영민 타격상은 전국 5개 대회에서 타율 4할5푼7리를 기록한 부산상고 중견수 김이수金利秀가 받았다.

- 진로 – 최고 투수인 인천고 최계훈崔桂勳은 동향인 인하대로 진학했다. 경북고 진동한陳桐漢은 고려대로 간 반면, 같은 언더핸드인 광주상고 윤여국尹汝國은 성균관대를 선택했다. 좌완투수인 선린상고 윤석환尹錫環 역시 성균관대로 들어갔다. 경북고 김성래金聲來와 부산상고 윤학길尹學吉은 연세대로 진학했다. 연장전 혈투의 주역이었던 상문고 김봉근金奉根은 동국대, 대구상고 권기홍權奇弘은 건국대를 선택했다. 부산고 안창완安昌完 투수 역시 건국대로 진학했다. 부산상고의 이영민 타격상 수상자 김이수金利秀는 한양대로 갔다. 140km/h에 육박하는 사이드암 투수로 춘천중학교 시절부터 전국구 투수로 이름을 날리던 천안북일고 김진욱金鎭旭은 부산 동아대로 진학했다.

1961년생이다. 김성래는 대구 옥산초, 경운중(옛 경북중), 경북고, 연세대를 졸업하고 삼성라이온즈에서 주포로 맹활약했다. 동아일보가 2016년 황금사자기 대회 70주년 기념 최고 올스타 투표를 한 결과 2루수 부문에 김성래가 꼽혔다. 185cm의 큰 키를 자랑하는 김성래는 국내에서 가장 타격 폼이 유연하고 부드럽다는 평가를 받고 있다. 1988년 9월 6일 전주 해태전에서 1루

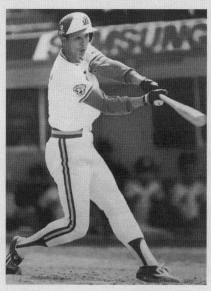

삼성라이온즈 시절의 김성래 〈사진제공=삼성라이온즈〉

수 김성한과 충돌, 무릎 십자인대가 끊어지는 부상을 당하기도 했으나 재활에 성공했다. 1987년(22개)과 1993년(28개), 두 번에 걸쳐 프로야구 홈런왕을 차지했다. 1993년에는 페넌트레이스 MVP에 선정되기도 했다. 프로야구 통산 0.277의 준수한 타율에 147개의 홈런을 기록했다.

2011년부터 5년간 펼쳐진 삼성라이온즈 왕조시대에 경북고 후배인

류중일 감독을 도와 코치로서 성실한 모습을 보였다. 한화 코치를
끝으로 현장에서 물러났다.

학창 시절을 돌아보면.

"대구 경운중학교 때는 몸도 약했고 키도 작았다. 초등학교 때 컸다
가 중학교 때 별로 자라지 않았던 것이다. 중학교와 고교 시절에는
유격수를 주로 맡았는데 가끔씩 투수도 했다. 선발 투수의 컨트롤
이 나빠지면 내야수로서 볼이 정확하다는 평을 듣던 내가 마운드에
올랐다. 하지만 2학년인 1978년까지만 해도 개인 기량은 약했던 것
같다. 많은 연습을 거쳐 고3 때부터 제대로 뛰었다. 졸업 후에는 은
행이나 실업팀이 괜찮아서 나도 원래 한일은행을 가려고 했다가 결
국 연세대로 진학했다. 실제로 고교 동기인 이정희는 농협에, 구희
철은 한일은행으로 갔다."

1979년 황금사자기 대회에서 상복이 터졌는데.

"그 대회에서 최우수선수상, 타점상, 도루상을 모두 차지했다. 특히
여러 투수들과 만난 기억이 생생하다. 결승전에서 만난 인천고 최
계훈 투수는 한화에서 코치로 같이 근무했는데, 1979년 당시 고교
투수 중에는 제일이었다. 최계훈은 예선전부터 결승전까지 혼자서
다 던졌고, 스피드는 145km/h 정도에 제구력이 좋았다. 지금은 가
족과 함께 호주로 이민 가 있다.

전주고 강상진 투수에게는 고교야구 사상 최초로 10회말 굿바이 역
전 만루 홈런을 뽑아냈다. 볼 카운트가 2-2이었고, 슬라이더가 가
운데로 온 것 같았다. 강상진은 투구 폼이 다이내믹했는데 고려대

진학 이후 전주고 감독을 지낸 것으로 안다."

황금사자기 대회에서는 선동열 투수에게 홈런도 기록했다.

"사실 고교 시절의 첫 번째 홈런을 선동열에게서 쳤다. 2회전에서 광주일고와 붙었는데 선동열에게서 3점 홈런을 때렸다.

다른 타자들은 선동열을 어려워하고 나도 선동열과 대결한 전체 기록은 별로 좋지 않지만, 타석에 서면 그리 어렵게 느껴지지 않았다. 예전 최동원 선배나 박동희 투수의 경우 공을 뿌리는 타점이 위에 있어 공이 잘 보이지 않았다. 그에 비해 선동열은 공을 최대한 끌고 나오느라 공을 놓는 타점이 낮아서 오히려 공이 잘 보였다. 물론 사람마다 개인차가 있고, 반대로 평가하는 사람도 있다. 내 경우에는 선동열 공이 아무리 빨라도 빠르다는 느낌이 잘 안 들었다. 공이 잘 보이니 쉽게 잘 죽지는 않았던 것 같다. 프로에 와서도 선동열에게 홈런 1개를 쳤다."

당시 경북고 진동한 투수도 점수를 잘 허용하지 않았는데.

"진동한은 포항중 출신인데 저학년 때부터 잘 던졌고, 언더핸드인데도 제구력이 좋았다. 결승전에서 그 당시 인천 출신들이 언더핸드 투수에 약한 징크스를 갖고 있다고 했는데, 실제로 그랬다. 우연의 일치인지 인천을 기반으로 한 태평양이나 청보도 언더핸드에 약했던 것 같다. 진동한은 그동안 야구 지도자생활을 하다가 지금은 포천에 살고 있다."

프로야구에서 두 번이나 홈런왕을 차지한 비결이 부드러움에 있었다고 평가하는데.

"유연성이나 부드러움은 운동선수로는 가장 바람직한 덕목이지만, 노력해도 안 되는 사람이 있는 반면에 나처럼 손목과 허리가 부드럽게 타고난 사람도 있다. 물론 노력도 많이 했다. 스트레칭을 자주 했다. 30대 초반부터 중반까지는 몸이 부드러워진다고 식초도 많이 먹었다. 당시 가수들이 춤을 출 때 식초를 먹으면 부드러워진다고 해서 매일 한 컵 먹기도 했다.

다만 아무리 부드러워도 힘이 없으면 안 된다. 그러자면 웨이트 트레이닝을 많이 해야 한다. 사실 경북고 시절에는 학교에서 웨이트 트레이닝 대신 덴마크 체조, 서키트 트레이닝Circuit Training(여러 종류의 운동을 섞어서 휴식 없이 계속 돌아가면서 수행하는 운동)을 많이 했다. 그 시절에는 웨이트 트레이닝이라는 개념이 없었고, 학교에 가면 감독님이 그렇게 시켰다. 동계훈련 때는 시즌보다 더 힘들게 훈련했다. 요즘은 겨울에도 야구기술만 가르치니까 선수들의 몸이 약하다. 몸집만 크고 체력은 약하다. 동계훈련이 그렇게 중요한데, 아마추어도 그렇고 프로마저도 기술만 가르치니까 체력적으로 못 쫓아간다. 개인적으로 고교 시절에 덴마크 체조와 서키트 트레이닝이 힘을 기르는데 도움이 됐다."

삼성라이온즈 왕조시절 경북고 3년 후배인 류중일 감독 옆에서 코치직을 잡음 없이 잘 수행했는데, 그렇게 할 수 있었던 비결은.

"SK와이번스를 그만두고, 일본 1년 연수를 마치고 귀국했는데 삼성라이온즈에서 불러서 갔다. 선동열 감독이 물러나면서 류중일이 감

그 시절 우리는 미쳤다 1970년대 고교야구

독이 되었다. 사실 운동 세계에서 후배가 상사이면 힘들다. 그런데 당시 일본에서 보니 감독보다 연배가 높은 사람이 코치도 많이 하더라. 그러니 일단 류중일 감독을 잘 보좌하여 팀이 잘 돌아가게 하는 일이 나의 미션이라고 생각했다.

그런 결심을 하기까지 오랜 시간이 안 걸렸다. 류중일 감독과는 선수 시절에도 친하게 지냈고, 감독-코치 시절에도 잡음 없이 잘 지냈다. 수석코치를 하면서 느낀 점은 내가 말하기보다 잘 듣는 게 중요하다는 것이다. 많이 들어서 팀에 도움이 되도록 하는데 온 관심을 쏟았다. 프로 선수 시절에는 우승을 못했는데 코칭스태프로 있으면서 많은 우승을 하게 되어 기뻤다."

1979년 인천고 3학년 최계훈의 인천고 감독 시절 〈사진제공＝최계훈〉

1961년생이다. 인천고 투수 최계훈은 한국 고교야구사에서 '준우승 전문투수'라는 아쉬운 별명을 갖고 있다. 그도 그럴 것이 고3 때인 1979년 대붕기-봉황대기-황금사자기-전국체전 등 무려 4개 전국대회에서 모두 준우승에 머물렀기 때문이다. 고1 때인 1977년 황금사자기 준우승까지 합치면 아쉬움은 더 커진다. 당시 고교 제일의 강속구 투수였던 그는 서울사대부국 시절부터 재능을 뽐내던 야구천재였다. 초등학교 5-6학년 때 괌에서 열린 극동지역 리틀야구에 한국대표팀 투수로 참가했고, 큰형의 권유로 서울에서 인천으로 옮겨와 인천남중과 인천고를 졸업했다. 고교 시절의 혹사로 인해 대학과 프로에서 고교 때와 같은 두각은 나타내지 못했다. 졸업 후 인하대를 거쳐 프로야구 삼미슈퍼스타즈, 청보핀토스, 태평양돌핀스 등에서 주로 활약했다. 은퇴 이후에는 태

평양, 현대, SK, 롯데, LG, NC, 한화 등에서 두루 코칭스태프를 지
냈고, 2008년부터 2010년까지는 모교인 인천고 감독을 지냈다. 지
금은 호주로 이민 가서 살고 있다.

**1979년 당시 인천고 최계훈 투수는 깔끔하면서도 위력 있는 강속구를
던졌다. 최동원에 크게 뒤지지 않는 스피드였다. 그런데 대학과 프로에
가서는 오히려 고교 시절보다 못했다는 지적이 있다. 고교 시절에 너무
혹사한 것이 원인이라는 평가가 있는데.**

"고교 시절에는 스피드건 자체가 정밀하지 못했지만, 나름 내 공이
꽤 빠른 축에는 들어갔던 것 같다. 요즘은 기기 발달과 함께 정확도
가 더 높아졌겠지.

그리고 고교 시절에 그 당시 상황에 따라 몸을 혹사한 부분도 없지
는 않다. 다만 그보다는 인하대학교 2학년인 1981년 2월 실업팀
롯데자이언트와의 경기에서 어깨를 크게 다친 것이 타격이 컸다.
1980년대 초반에는 스포츠 의학이 발달하지도 않았었고 재활 프로
그램도 없는 상태에서 개인 훈련과 치료로 극복하느라 시간이 많이
걸렸다."

**1979년 당시 대붕기, 봉황대기, 황금사자기, 전국체전(결승전에서 경기 스
코어는 비겼으나 전주고에 추첨 패) 등 4개 대회에서 준우승하면서 '준우승
전문'이라는 다소 아쉬운 닉네임이 붙기도 했다. 에이스로서 소감이 남
다를 텐데.**

"야구를 하는 사람으로서 우승을 하지 못한 부분에 대해 안타까운
마음이 없지는 않다. 하지만 준우승을 4번이나 할 수 있었던 것도

참 감사한 일이라고 생각한다. 전국체전에서는 전주고와 결승전 경기 자체는 비겼는데 금메달을 줘야 하니 추첨을 할 수밖에 없었다. 그런데 추첨에서도 져서 준우승했다. 준우승을 4번 했지만 우리의 실력은 늘 정상급이라는 인정은 받았다."

인천고 1학년인 1977년 황금사자기 결승전에서 광주상고에 연장전 끝에 2대3으로 석패를 했는데, 1979년 봉황대기에서 또 광주상고에게 0대5 패배를 했다. 인천고는 당시 양후승, 이병억, 채태석, 김명성, 정영만 등 타선도 강했는데 광주상고 언더핸드 윤여국의 볼을 너무 못 쳤다는 아쉬움이 든다. 마찬가지로 황금사자기에서도 경북고 언더핸드 진동한의 볼을 제대로 공략하지 못하고 0대1로 패했는데, 당시 인천고 타선이 언더핸드 투수에게 취약했다고 할까, 아니면 모두 너무 지쳐서일까.

"그 당시 언더핸드 투수에 대한 공략을 제대로 하지 못했던 것이 사실이다. 물론 많은 경기로 지쳤을 수도 있었겠지만 유독 인천고가 언더핸드 투수에 대해 약했음을 인정한다."

1979년 대통령배 대회 8강전에서 동대문상고를 맞아 9회말 2아웃까지 노히트노런을 기록하다가 놓쳤다. 그때 심정이 참 안타까웠을 텐데.

"투수로서 최고의 영예 중 하나인 노히트노런을 끝까지 이어가지 못해 그 당시에 몹시 안타까웠다. 투수라면 누구나 다 노히트노런을 하고 싶은 욕심이 있다. 그런 멋진 결과를 바라보고 열심히 노력하는 거겠지. 당시에는 너무 안타까웠지만 좋은 경험이었다."

서울사대부국 시절에 리틀야구 국가대표로 출전했고, 인천남중 때는 많은 전국대회에서 우승했는데, 독특한 야구 감각이나 센스는 타고났는지 궁금하다.

"좋은 감각, 잠재적인 능력 등은 선수에게 꼭 필요한 부분이라고 생각한다. 거기에다 부단한 노력이 더해진다면 최상의 결과를 달성하게 되겠지. 나도 어릴 때부터 투수와 여러 포지션을 다 경험했고, 그것을 토대로 나 자신의 주특기를 찾아 나간 것 같다."

고교 시절 본인만의 독특한 연습 노하우가 있었는지.

"매일 꼭 해야 하는 루틴을 정해 놓고 이에 따라 끊임없는 노력을 했었다. 하루에 1000개의 섀도 피칭shadow pitching(투수가 공 대신 타월 같은 소도구를 가지고 포수도 없이 실전에서 타자를 대하는 것과 똑같은 투구 폼으로 혼자서 하는 피칭 연습)을 매일 하고, 웨이트 트레이닝과 러닝을 끊임없이 하며 체력과 기술을 기르려고 노력했다. 지금 와서 돌아보면 고교 시절에는 그저 야구만 생각하고 야구와 함께 살았던 것 같다."

지금 고교야구 선수들에게, 특히 투수들에게 해주고 싶은 조언은.

"지금은 그 당시와 달리 좋은 음식, 체계적인 훈련법, 좋은 환경이 있다. 하지만 그때 선수에 비해 마운드에서 근성과 끈기가 약하지 않나 생각한다. 체력과 기술을 동시에 키워야 한다.
학부형들도 너무 지나치게 자기 자식의 영달에만 관심을 가지는 것은 바람직하지 않다고 생각한다. 또 지도자들은 야구에 대한 올바른 지식과 경험을 꾸준히 쌓아 가야 제대로 된 투수 지도가 가능할 것이다."

더 하고 싶은 말은.

"야구인으로서 나를 기억해주어 정말 감사하다. 나는 호주에 이주
하여 가족과 함께 살고 있지만 마음은 여전히 한국 야구와 함께 하
고 있다."

11

1980년 :
정치적 격동에도 인기를 더한 고교야구

1970년대가 끝나고, 드디어 1980년대가 시작되었다. 하지만 1979년 12.12 사태로 실권을 잡은 신군부는 '서울의 봄'이라는 민주화운동이 진행되는 과정에서 김영삼, 김대중, 김종필 등 이른바 3김金이 이끄는 정치 질서를 매우 불만스럽게 바라보고 있었다. 그런 와중에 발생한 5.18 광주민주화운동은 고교야구에도 적지 않은 영향을 미쳤다.

무엇보다 지리적으로 5.18의 한가운데 있었던 광주 고교팀들은 6월에 열린 청룡기 대회 자체를 참석하지 못하는 불운이 겹쳤다. 훗날 국보급 투수로 불리는 선동열의 능력으로 보아 광주일고는 1980년에 최소 3개의 전국대회는 우승할 수 있는 전력이었다. 그러나 정치적 요인에 영향을 받지 않을 수 없었다.

제14회 대통령배

5월 1일 서울운동장 야구장은 걸쭉한 남도 사투리가 경기장을 가득 메웠다. 사상 처음으로 광주의 동향 학교끼리 전국대회 결승전에서 맞붙었다. 광주일고와 광주상고는 누가 호남 야구의 부활을 주도하는지 치열한 자존심 경쟁을 벌이던 터였다. 광주일고는 1975년 대통령배를 우승했으나, 광주상고는 1977년 황금사자기와 1979년 봉황대기를 거머쥔 경험을 바탕으로 한 치도 양보할 수 없다는 기세였다.

이들이 맞붙은 제14회 대통령배 대회에는 전국 20개 팀이 출전했다. 광주일고는 1회전에서 군산상고와 맞붙었는데, 4대4 동점이던 9회초 2사 3루에서 5번 타자인 투수 선동열이 적시타를 터트리며 힘겹게 승리했다. 광주일고는 2회전에서 2학년 박노준과 김건우가 소속된 선린상고를 맞아 2학년 차동철이 완투하고 유격수 허세환이 맹타를 터트리면서 5대1로 승리하고 8강에 올랐다. 선동열이 던지지 않은 가운데 선린상고를 격파했으니 대단한 상승세였다. 차동철이라는 든든한 후배가 있었기에 선동열이 고교 시절 상대적으로 혹사의 위험에서 벗어난 것도 다행이었다. 실제로 선동열의 아버지는 고생하는 후배 차동철에게 보약도 자주 지어주었는데, 차동철은 그 고마움을 잊지 않고 있다.

광주일고는 준준결승전에서 이효봉 투수가 이끄는 대전고를 8대1 콜드게임으로 누르고, 준결승전에서는 선동열이 단 4안타

만 내주는 동시에 공격에서도 득점과 타점을 올리는 등 맹활약
하면서 충암고에 4대0 완봉승을 거두었다.

반대쪽 시드의 광주상고도 만만찮은 성적으로 결승전까지 올
라왔다. 광주상고는 첫 번째 경기에서 에이스 김태업이 부산고
1학년 좌완투수 김종석과 팽팽한 투수전을 벌인 끝에 4대2로
승리하여 8강에 올랐다. 준준결승전에서 광주상고는 신일고와
8회까지 1대1로 팽팽했으나 9회초 김태업의 결승타로 2대1로
승리했다. 준결승전에는 안언학이 역투한 중앙고에 2대1로 역
전승했다.

이렇게 결승전에 올라온 두 학교는 더 이상 양보할 수 없는
벼랑 끝에 섰다. 당시 두 학교는 에이스와 유격수가 주목의 대
상이었다. 광주일고는 선동열과 허세환, 광주상고는 김태업과
이순철이 학교의 간판으로서 기필코 이기겠다는 의지를 드러
냈다.

결론은 선동열과 허세환의 승리였다. 광주일고에 부임한 지
1년 된 조창수 감독은 광주상고에 비교적 강했던 2학년 차동철
을 선발로 기용한 뒤 선동열은 7회에 등판시키며 광주상고의
허를 찔렀다. 광주상고 타자들은 선동열 대비책을 잔뜩 세워놓
은 상태였기 때문이다. 6회까지 2안타만 허용하면서 호투하던
차동철이 7회에 2점을 허용하자 즉각 선동열로 교체됐다. 반면
타선에서는 장단 13안타를 터뜨리며 광주상고를 8대2로 격침
시켰다. 광주일고는 3회말 볼넷으로 나간 1번 임창엽이 2번 최

상주의 내야안타와 3번 허세환의 좌전안타로 홈인, 선제점을 기록했다. 4회말에는 1사 만루에서 최상주의 좌전 적시타로 1점을 추가하고, 허세환의 유격수 앞 땅볼을 광주상고 유격수 이순철이 어이없게 놓치는 틈에 주자 2명이 추가로 홈인하면서 일찌감치 승부를 결정지었다.

1980년 대통령배 대회에서 우승한 뒤 포즈를 취한 광주일고 조창수 감독(왼쪽)과 선동열 투수 〈사진제공=조창수〉

최우수선수상은 선동열에게 돌아갔는데, 그는 타격에서도 14타수5안타(0.357)로 2위를 차지했다. 허세환은 타격상(0.444)-최다안타상(8안타)-최다타점상(4개)-수훈상-도루상(3개) 등 5관왕을 차지해 유격수 대결에서 완벽한 승리를 기록했다. 허세환은 당시 '제2의 김재박'이란 별명을 들을 정도였으나, 아쉽게도 대학 진학 이후에는 고교 시절 만큼의 명성은 남기지 못했다. 감투상은 광주상고 김태업이 받았다. 감독상은 1967~1968년 임신근 투수를 주축으로 한 경북고 전성시대에 3번 타자를 쳤던 조창수 광주일고 감독이 받았다. 광주일고가 우승한 날은 전신前身 광주서중으로부터 따져 개교 60주년을 맞는 뜻 깊은 날이기도 했다.

제35회 청룡기

5.18 광주민주화운동의 여파로 광주 고교들은 청룡기 대회에 모두 빠졌다. 1980년 광주상고 2학년이었고 훗날 해태타이거즈의 주전 포수로 활약했던 장채근 홍익대학교 감독은 유튜브에서 자신의 5.18 체험을 말했다. 그는 대통령배 대회가 끝나고 광주 시내 계림동에 있는 병원에서 맹장염 수술을 받았다. 입원 4일째 군인들이 들어와 대학생을 잡으러 다녔는데, 장채근은 덩치가 커서 양림동 집에서 숨었다고 한다. 그는 당시 사망자와 부상자를 숱하게 보았고, 총소리도 들었다고 했다.

이렇듯 광주팀이 모두 빠진 가운데 6월에 제35회 청룡기 대회가 개막됐다. 준결승전에서 선린상고는 나성국-박노준(4회)-나성국(5회)이 이어 던지며 이효봉이 완투한 대전고에 5대 0으로 완봉승했다. 이효봉은 대구중 시절 김태업(전남중-광주상고), 이상군(청주중-천안북일고)과 함께 가장 주목받는 중학야구 3인방이었다.

또 마산상고는 준결승전에서 좌완 이영윤이 완투하며 중앙고를 7대3으로 눌렀다. 마산상고는 안타를 5개 밖에 못 쳤지만 6개의 볼넷과 2개의 실책을 적절하게 묶어 7점이나 올렸다.

6월 23일 열린 결승전에서 청룡기는 1969년 이후 11년 만에 선린상고 교정으로 돌아갔다. 1969년 당시는 박준영과 서종수 등의 투수가 맹활약하던 선린상고 전성기였다. 비록 광주일고라는 최고 강팀이 빠진 대회에서 우승한 것이라 진가가 떨어지

긴 했지만 그래도 우승이 어디인가. 사실 선린상고와 마산상고
는 동계훈련 때 2차례 연습경기를 가졌는데 두 번 다 선린상고
가 승리한 바 있다. 결승전 날 20대의 버스를 타고 상경한 마산
상고 응원단은 16년 만에 전국대회 결승에 오른 모교의 우승을
위해 목이 터져라 응원을 했다.

  선린상고는 3학년 에이스 나성국, 마산상고는 사이드암 에이
스 박동수를 각각 선발로 내세웠다. 선린상고는 2회말 선두 5
번 김건우가 좌익선상을 흐르는 2루타를 치고 나간 뒤 1사후 7
번 나성국의 적시타로 홈인, 선제점을 올렸다. 3회말에도 9번
김웅대가 우전안타로 나간 뒤 투아웃 이후 3번 이정철의 좌전
안타와 4번 류지홍의 2루타로 2점을 추가했다. 마산상고는 마
운드를 박동수에서 좌완 이영윤으로 넘겼다. 피칭 동작과 공이
꽤 빨라서 주목받는 사이드암이던 박동수는 충암고와의 연장
전에서 어깨를 다친 후유증이 컸고 계속 혼자 던지느라 피로가
누적됐다. 마산상고는 5회초에 1사후 6번 박덕춘이 실책성 내
야안타로 진루한 뒤 7번 백진승이 2루타를 때려 절호의 찬스를
만들었다. 좌타자인 8번 이석훈이 나오자 선린상고는 박노준으
로 투수를 교체했는데, 박노준은 이석훈을 볼넷으로 내보내고
말았다. 원아웃에 만루. 이 찬스에서 마산상고 9번 대타 조영천
은 투수 앞 땅볼을 쳤고, 투수 박노준은 공을 홈으로 던져 3루
주자를 잡고 포수 김현성은 다시 1루로 던져 타자 주자까지 잡
았다. 마산상고로서는 순식간에 2명이나 죽어버렸으니 가장 아

까운 찬스였다. 선린상고는 7회말에도 3안타를 집중하면서 마산상고를 무너뜨리고 말았다. 최종 스코어 5대0.

이날 선린상고 우승의 주역은 클린업트리오 3번 이정철(3타수2안타), 4번 류지홍(4타수4안타), 5번 김건우(4타수3안타)의 막강 타력이었다.

최우수선수상은 선린상고 2학년으로 투수와 우익수를 맡은 박노준에게 돌아갔다.

제10회 봉황대기

전국의 모든 고등학교가 참가하는 제10회 봉황대기 대회는 광주팀도 모두 참가한 가운데 뜨거운 열전을 진행했다. 1980년의 봉황대기는 특기할 만한 기록들이 많이 나왔다. 돌아온 에이스 선동열은 7월 24일 개막된 봉황대기 첫날 두 번째 게임에서 경기고를 상대로 4대0 노히트노런을 기록했다. 경기고는 투수 신계석이 졸업하고 난 1980년에는 다소 전력이 약화됐다. 선동열은 이날 6회에 볼넷 2개, 8회에 몸에 맞는 공 1개를 주었을 뿐이다. 선동열은 고3이 되면서 145km/h가 넘는 빠른 공을 던졌고, 특히 마구魔球로 불리는 주무기인 슬라이더의 각도가 날로 예리해지던 시절이었다. 광주일고는 5회말 8번 김민영의 투런 홈런 등으로 쉽게 경기고를 이겼다.

그러나 광주일고는 7월 29일 열린 중앙고와 2회전에서 심판진의 무리한 경기운영 탓에 탈락하고 말았다. 사실 중앙고와 광주일고의 경기는 전날인 7월 28일 빗속에서 1대0 스코어로 2이닝을 마쳤으나 더 이상의 진행이 불가능할 정도여서 다음 날로 미루어졌다. 7월 28일에는 계속 내린 비로 경기 시작 자체가 불가능한 상황이었는데도 대한야구협회가 강행을 했고, 경기를 중단할 때도 변칙으로 규칙을 적용했다는 비판을 받았다. 보통 5회를 경과하여 정식 게임이 인정되지 않으면 서스펜디드 게임이 될 수 없고 노 게임이 선언되는 것이 원칙인데, 대한야구협회는 2이닝을 인정하고 이튿날 경기 속행을 고집했다. 어쨌든 7월 29일 아침 7시 30분부터 시작된 경기는 몸이 풀리지 않은 선동열이 몇 번의 찬스에서 점수를 허용하면서 0대3이 되었고, 광주일고는 7회초 2점을 따라 붙었으나 중앙고 투수 안언학의 호투에 말려 결국 2대3으로 패배하고 말았다.

8월 3일에는 존재감이 약했던 청주 세광고가 청룡기 우승팀 선린상고를 2대1로 꺾는 파란이 일어났다. 세광고는 우완 정통파 투수 민문식이 투타에 걸친 활약으로 선린상고를 2대1로 격파하고 준준결승에 올랐다. 민문식은 투수를 시작한 지 1년 밖에 되지 않았으나 묵직한 강속구가 호평을 받았다. 선린상고의 강타선을 8회까지 산발 4안타로 봉쇄했고, 9회말에는 3안타를 허용하긴 했으나 1실점으로 막았다. 세광고는 7회초 안타를 치고 나간 3번 김정묵을 5번 민문식이 깨끗한 좌전 적시타로 홈인시켰고, 6번 송영재의 2루타 때 자신마저 홈인하면서 2점째를 올렸다.

봉황대기에서는 또 다른 재미있는 경기도 나왔다. 8월 2일 11회 연장전 끝에 천안 북일고가 4대3으로 이기고 있는 상황에서 부산고는 고의성이 엿보이는 지연작전을 벌였다. 투수는 스파이크 끈을 고쳐 매는가 하면, 타자는 타석 언저리를 맴돌기도 했다. 결국 11회말 부산고가 3대4로 리드 당한 상태에서 2사 후 볼 카운트 2-2에서 일시정지 게임이 된 것. 다음날인 8월 3일 양 팀은 완전히 복장을 갖춘 채 정식 게임을 속개했고, 북일고 이상군 투수는 공 1개만 던졌는데 부산고 타자 이종운이 헛스윙 삼진 당하면서 경기가 끝나는 희한한 상황이 벌어졌다.

선동열의 노히트노런에 이어 타격에서도 의미 있는 기록이 나왔다. 8월 5일 열린 준준결승전에서는 전통의 강호답지 않게 그 해 처음으로 전국대회에 출전한 대구상고가 세광고를 상대로 20개의 안타를 터뜨리며 12대6으로 압승했다. 이날 경기에서 대구상고 5번 타자 이종두는 고교야구 사상 처음, 한국 야구 사상 두 번째로 사이클링히트를 기록했다.

이종두는 첫 타석에서는 삼진을 당했으나, 다음 타석부터는 홈런-2루타-3루타-1루타 순으로 대기록을 수립했다. 일명 '올마이티Almighty' 즉 전능한 타자라는 별칭이 붙는 기록이 바로 사이클링히트다. 다만 마지막 타석의 안타는 사실 우중간을 빠져나가는 장타였으나, 감독의 지시대로 2루를 향해 뛰지 않고 1루에 그대로 머물렀다. 당시 대구상고가 12대3으로 앞서 있는 상황이라 굳이 2루까지 뛸 필요도 없었다. 원래 이종두는

1980년 8월 5일 봉황대기 세광고전에서 고교야구 최초로 사이클링히트를 기록한 대구상고 이종두(배번 11번)가 3회초 투런 홈런을 치고 홈인하고 있다. 가수 겸 탤런트 유이의 아버지인 김성갑(배번 7번) 선수가 환영하고 있다 〈사진제공=한국일보〉

180cm가 넘는 대형 투수였으나 타자로 전향했고, 이후 한양대와 삼성라이온즈에서 주축 타자로 맹활약했다. 참고로, 한국 최초의 사이클링히트는 그 해 4월 4일 대학야구 봄철 리그에서 경북고 출신인 건국대 황병일 선수가 기록한 것이 처음이었다.

봉황대기 대회 4강은 천안 북일고, 배재고, 광주상고, 대구상고 등 4개 학교로 좁혀졌다. 서울권, 영남권, 호남권, 중부권 각각 1개 팀이 고루 진출하면서 명실상부한 고교야구 평준화를 이룬 모습이었다.

결승전에서는 북일고와 배재고가 맞붙었다. 북일고는 빠른 공을 던지는 1학년 안성수를 선발로 기용했다가 2회부터는 에이스 이상군에게 마운드를 넘겼으며, 배재고는 에이스 김진원이 계속 던졌다. 6회까지 양 팀 모두 3루를 밟아보지 못했을 정도로 팽팽한 투수전을 벌였다.

북일고는 7회초 5번 김경호가 김진원으로부터 10구째 만에 끈질기게 볼넷을 골라 나갔다. 김경호는 4구째에 파울 플라이를 쳤는데 배재고 1루수가 잡을 뻔하다가 놓쳤다. 너무 아쉽다고 생각해서인지 김진원은 다소 흔들렸고, 6번 김상국에게 중전안타, 7번 대타 최재명에게 볼넷을 허용하면서 노아웃 만루의 위기를 맞았다. 8번 이상군은 포수 파울플라이로 죽었다. 1사후 9번 대타 이강호가 1루 앞 땅볼을 쳤는데 3루 주자 김경호가 홈에 뛰어들다가 전진수비하던 배재고 1루수에게 걸려 포스아웃됐다. 노아웃 만루가 투아웃 만루가 되면서 기회가 사라지는 듯했다. 이때 등장한 1번 타자 김용대의 타구는 원 바운드로 투수 키를 넘는 내야땅볼이었는데 배재고 유격수 안종만이 김용대의 빠른 발에 당황했는지 1루에 높은 악송구를 던졌고, 공이 펜스까지 굴러가면서 2명의 주자가 홈인해 결승점이 되고 말았다. 최종 스코어 2대0.

북일고 유격수 전대영이 최우수선수상을, 이상군이 최우수투수상을 받았다. 우수투수상에는 배재고 김진원, 대구상고 김덕철, 광주상고 김태업이 공동으로 받았다. 수훈상은 북일고 포수 김상국에게 돌아갔다. 김상국은 삼성라이온즈의 거포인 김

1980년 봉황대기 결승전에서 배재고를 꺾고 우승한 천안 북일고 선수들이 운동장을 돌며 환호하고 있다. 가운데 포수 김상국, 맨 왼쪽이 홈런포로 유명했던 4번 타자이자 1루수 김영로 〈사진제공=한국일보〉

동엽의 아버지. 대구상고 이종두는 타격상(16타수9안타 0.563), 최다타점상(6개), 특별상(사이클링히트)을 받아 기염을 토했다. 광주상고 4번 타자인 최영조도 타격 2위(15타수8안타 0.533)와 최다도루상(6개)을 받았다. 감독상은 북일고 김영덕 감독이 받았다.

천안 북일고는 신일고와 더불어 '투자가 과감할수록 돌아오는 수익도 커진다'는 격언을 잘 실천한 학교다. 북일고라는 학교 자체가 1976년에 설립됐고 야구부는 이듬해인 1977년에 창단되었는데, 모 재단인 한국화약 측의 극진한 지원에 힘입어 빠른 시간에 고교야구 강자로 올라섰고 결국 우승기까지 가져갔다. 한국화약 김종희 회장은 청주중학교 에이스 투수 이상군을 직접 스카우트할 정도로 북일고 야구에 대한 애정이 컸다고 한다. 당시 2천여만원을 들여 고교팀으로는 드물게 국제 규모의 잔디 전용구장을 만들었고, 동계훈련을 위한 60m 길이의 대형 비닐하우스와 실내체육관 등도 완비했다. 여기에다 일본 프로야구에서 활약했고 국가대표 에이스도 지낸 김영덕을 감독으로 영입, 하루 5시간의 맹훈련을 통해 성과를 이뤄냈다. 북일고는 1978년에는 황금사자기와 화랑기에서 4강에 진출했고, 1979년 봉황대기에서는 3위를 차지하면서 서서히 이름을 알려왔다.

한편 3-4위전에서는 대구상고가 광주상고를 10대0으로 맹폭했다. 봉황대기 2연패를 노렸던 광주상고로서는 많이 허탈했겠지만, 에이스인 김태업이 우익수로만 뛰고 유격수 이순철은 4개의 실책을 범하는 등 무성의한 태도를 보였다. 대구상고는 훗날 삼성라이온즈의 주전 3루수를 맡았던 김용국의 2루타 등 장단 14안타와 볼넷 4개로 대승을 거두었다.

제32회 화랑기 & 제2회 대붕기

통상 봉황대기 이전에 열렸던 부산 화랑기 대회와 대구 대붕기 대회가 1980년에는 봉황대기가 끝난 8월 하순에 열렸다. 8월 23일 부산 구덕운동장에서 열린 제32회 화랑기 결승전에서는 천안 북일고가 선린상고를 2대0으로 셧아웃 시켰다. 북일고는 이상군, 선린상고는 나성국이 팽팽한 투수전을 벌였는데, 북일고가 5회말 단 한 번의 찬스에서 집중력을 모아 2점을 얻었다. 봉황대기에서 우승(8월 8일)한 지 보름만에 다시 전국대회 우승을 차지한 것이다. 북일고 유격수 전대영이 최우수선수상, 이상군이 우수투수상을 받았다. 타격상은 선린상고 박노준이 21타수13안타(0.619)로 받았다.

다만 1979년부터 대구에서 대붕기가 신설되면서 부산 화랑기의 권위가 좀 약화된 것은 사실이다. 8월 26일 대구시민운동장에서 열린 제2회 대붕기 결승전에서는 세광고와 인천고가 맞붙었는데, 세광고가 7대1로 인천고를 제압했다. 인천고는 1979년 준우승 4관왕을 했는데, 1980년에도 계속 불운이 이어졌다. 세광고는 서울에서 열리는 중앙 4개 대회에서는 우승하지 못했지만, 1977년 화랑기를 우승한데 이어 3년 만에 전국대회 패권을 차지했다.

세광고는 에이스 민문식이 투타에서 맹활약했다. 1회초 1번 송영재가 인천고 정은배의 공을 강타해 좌월 솔로 홈런을 쳤고, 2번 이상철이 좌전안타를 치고 나간 뒤 3번 민문식이 역시 좌월 투런 홈런을 날려 3점을 선취했다. 민문식은 5회에도 몸에 맞는 공으로 출루한 2번 이상철을 1루에 두고 다시 한 번 좌월 투런 홈런을 날렸다. 반대로, 인천고는 9회말 1사 만루에서 1번 김명성의 희생플라이로 겨우 1점을 뽑았다. 최종 스코어는 7대1.

그 시절 우리는 미쳤다 1970년대 고교야구

세광고 민문식 투수는 최우수선수상, 타격상 3위(0.400), 타점상(7개) 등을 받았다. 준결승전에서 선동열의 광주일고를 연장 10회에서 격파하는데 공을 세운 세광고 언더핸드 한희민 투수가 우수투수상, 인천고 중견수 이경석이 17타수10안타(0.588)로 타격상과 최다안타상(10개), 인천고 정은배 투수가 감투상을 받았다.

제34회 황금사자기

1980년의 마지막 대회는 제34회 황금사자기 대회로, 천안북일고가 3관왕을 차지하느냐 아니면 광주일고-선린상고-세광고 등이 2관왕을 차지하느냐가 관심사였다. 정말 한 해의 마지막 대회답게 강호 20개 학교가 참가했는데, 절묘하게도 4강에는 그 해 우승 경험이 있는 4개 학교가 모두 올라왔다.

10월 3일 열린 준결승전에서 청룡기 우승팀 선린상고는 대봉기 우승팀 세광고를 10대3으로 대파해 봉황대기에서의 패배를 설욕했다.

또 대통령배 우승팀 광주일고는 연장 10회 끝에 봉황대기-화랑기 우승팀 천안북일고를 4대2로 꺾었다. 광주일고는 9회말 북일고 7번 최재명에게 주자일소 2타점 3루타를 맞고 패전의 위기까지 갔으나, 선동열이 빠른 볼로 8번 김대중을 스트라이크아웃 시키면서 연장전으로 갔다. 광주일고는 10회초 9번 최성호의 우익선상을 흐르는 3루타 등으로 2점을 추가하면서 승리를 굳혔다. 북일고로서는 에이스 이상군을 9회에 교체한 것이 화근이 되었다. 이상군 본인의 설명으로는 당시 피곤을 느끼지 못한 상태였는데, 그냥 감독이 교체를 지시했다고 한다.

드디어 결승전이 벌어진 10월 4일. 이날은 한국의 국보급 투수 선동열에게 잊을 수 없는 날이 되었다. 광주일고는 2회초 좌전안타로 출루한 4번 류창원을 7번 최상주의 적시타로 불러들여 1점을 선취했다. 이에 선린상고도 4회말 4번 류지홍의 중월 2루타로 1대1 동점을 만들었으나, 광주일고가 5회초 2안타를 묶어 다시 한 점을 얻으며 2대1로 앞서갔다.

선동열의 공은 위력이 있었지만 지나치게 선린상고를 의식하는 듯 보였다. 6회말 이경재가 볼넷을 골라나갔고, 보내기 번트로 2루까지 진출한 뒤 3번 박노준의 중전안타 때 홈인해 다시 2대2를 만들었다. 곧이어 4번 류지홍이 다시 중견수의 오른쪽을 뚫는 2루타를 치면서 박노준 마저 불러들여 3대2로 역전했다.

하지만 그때까지만 해도 승패를 장담할 수 없었다. 그러다가 마침표를 찍는 일이 벌어졌다. 선린상고는 8회말 2사후 2번 이정철을 1루에 두고 3번 박노준이 오른쪽 담장을 넘기는 투런홈런을 때려 광주일고의 추격에 쐐기를 박았다. 반면 광주일고는 9회초 1점을 만회하는데 그쳤다. 최종 스코어는 5대3.

선동열은 당시를 이렇게 회고한다. "대통령배 우승 이후 광주민주화운동으로 청룡기에는 출전 자체를 못하면서 좌절감이 컸다. 봉황대기에서 노히트노런을 기록하고 나서 방심하고 있다가 다음 경기에서 졌다. 황금사자기에서는 박노준과 김건우에게는 절대 맞아서 안 된다는 생각에 과도하게 긴장한 것 같다. 그것이 오히려 안 좋은 결과를 낳은 것 같다. 마음을 비우고 평소처럼 부드럽게 던지면 되었을 텐데. 이후 피칭을 하는 데 큰 교훈이 된 순간이다."

선린상고 4번 타자 류지홍은 최우수선수상, 타격상(16타수9안타 0.563), 타점상(12타점), 수훈상을 휩쓸어갔다. 우수투수상은 박노준, 감투상은 선동열, 감독상은 선린상고 구본호 감독이 받았다.

흔히 선린상고는 박노준과 김건우만 잘한 것으로 팬들 기억에 남아 있지만, 실제로는 모든 선수들이 고른 활약을 보여주었다. 황금사자기 대회에서 선린상고는 139타수50안타를 기록해 팀 타율이 3할6푼이나 됐다. 준우승팀 광주일고가 3할, 북일고가 2할1푼7리인 점을 감안하면 엄청난 폭발력이다. 류지홍, 이정철, 김웅대, 김건우, 나성국 등 5명이 타격 10걸에 들어갔을 정도다.

- 1980년 제23회 이영민 타격상은 타율 4할4푼6리를 기록한 선린상고 김건우金健友에게 돌아갔다.

- 진로 – 고교 졸업 최대어인 광주일고 선동열宣銅烈은 스카우트 열풍 속에 결국 고려대를 선택했다. 광주상고의 김태업金太業과 이순철李順喆, 배재고의 김진원金鎭元, 인천고의 이병억李秉億 등은 연세대로 진학했다.

건국대는 대구상고의 이강돈李康敦과 김성갑金性甲(가수 유이의 아버지)을 뽑아갔다. 북일고의 이상군李相君, 대구상고의 김용국金用國과 이종두李鍾斗는 한양대로 진학했다. 세광고 민문식閔文植과 광주일고 유창원柳昌元은 동국대로 향했다. 광주일고 유격수 허세환許世煥은 인하대로 입학했다.

1980년 광주일고 3학년 선동열宣銅烈

1963년생. '무등산 폭격기'로 불리는 선동열은 자타가 인정하는 한국 제일의 국보급 투수다. 투수의 3대 요소인 속도Velocity, 제구력Location, 볼끝의 변화Movement 등이 모두 한국 최고였다. 그가 몸쪽 공을 던지면 심판조차 움찔했다고 하며, 특히 그의 슬라이더는 마구에 가깝다는 평가를 받고 있다.

선동열은 광주에서 태어나 무등중, 광주일고, 고려대를 졸업했

1980년 대통령배에서 우승하고 최우수선수상을 받은 광주일고 선동열 〈사진제공=선동열〉

다. 야구를 하던 친형이 어린 나이에 백혈병으로 사망하면서 선동열은 부모님의 기대와 관심을 한 몸에 받고 성장했다. 1981년 제1회 세계청소년야구선수권대회와 1982년 제27회 세계야구선수권대회에서 모두 MVP를 받은 것은 선동열 시대의 서막에 불과했다. 1985년 해태타이거즈에 입단한 뒤 11시즌 동안 367경기에 출전해 146승40패132세이브를 기록했다. 정규 시리즈 MVP 3회, 투수 골

든글러브 6회를 차지했다. 11시즌 통산 평균자책점은 1.20이다.

이어 일본으로 건너간 선동열은 초반 부진에 빠졌으나 이를 잘 극복하고 4년 동안 10승4패98세이브, 평균자책점 2.70을 기록하면서 '나고야의 태양'으로 불렸다. 이후 국내로 돌아와 삼성라이온즈와 해태타이거즈에서 감독을 지냈고, 국가대표 감독도 맡았다.

최근에 책을 자주 펴내면서 새로운 야구 인생을 맞은 듯하다.

"2019년 자서전과도 같은 〈야구는 선동열〉을 펴낸 데 이어, 2021년 〈선동열 야구학〉을 출간했다. 메이저 리그에 가서 공부하려다가 코로나19 때문에 못 갔고, 야구를 좋아하는 분들과 스터디 모임해서 나온 결과물이다. 현장에서 경험만 가지고 감독을 하다가 이론적으로 공부를 해보았는데, 다시 이를 현장에 적용해보고 싶다. 요즘은 전문지식이 없으면 선수들이 무시한다. 예전에는 자기 경험으로만 가르쳤으나 요즘은 빅데이터가 없으면 안 되고, 각종 첨단기계를 사용한 코칭을 해야만 한다.

100일 정도 열심히 책을 써서 펴냈다. 전체적으로 '우리가 사용하던 야구용어 자체가 잘못돼 있구나'라는 걸 절감했다. 류현진이 그리 빠른 공이 아닌 데도 메이저 리그에서 통하는 이유를 '피치 터널'이란 개념으로 설명했다. 지금까지 우리가 후배들을 잘못 가르치고 있었다는 문제의식 속에서 현장 경험과 함께 새로운 야구이론을 많이 공부한 책이라고 보면 된다.

또 여러 팀에 가서 강의하는데 서슴없는 질문을 많이 받는다. 가령 예전 삼성라이온즈 감독 시절에 3천 개 투구론을 말한 적이 있는데, 그것이 아직도 유효한가라는 질문이 있었다. 투수가 완성 단계까지 가려면 그 정도 공을 던져야 한다는 말이었다. 사실 요즘 젊은 투수들은 너무 안 던져서 문제다. 정상급 투수와는 무관한 얘기이지만."

광주일고 시절로 돌아가 보자. 1979년 고2 때 대통령배에서 부산고를 4대0으로 완봉승하면서 주목받기 시작했다.

"그때 스피드가 130km/h 초반 정도 나왔다. 1년 사이에 스피드가 10km/h씩 늘어났다. 1980년 고3이 되어 4월에 열린 첫 대회인 대통령배를 우승했다. 사상 처음으로 광주 학교끼리 결승전에서 맞붙었다. 광주에 돌아와서는 두 학교가 카퍼레이드를 같이 했다. 물론 준우승한 광주상고의 기분이 그리 좋지는 않았겠지만. 6월의 청룡기는 5.18 민주화운동 때문에 광주팀이 아예 출전하지 못했다. 5.18만 아니었다면 당시 광주일고와 광주상고의 멤버들이 아주 좋았기에 전국대회를 다 석권했을지 모른다."

고교 시절 광주상고 이순철 선수에게 홈런을 맞았다는데.

"고1 때 이순철에게 홈런을 맞았다. 원래 전남고에 야구부가 있었는데, 해체가 되면서 광주상고로 다 옮겼다. 광주일고보다 광주상고 멤버가 더 좋다고 할 정도였다. 그때만 해도 이순철이 주전은 아니었다. 그러다가 광주 지역 예선전 겸 추계 리그 결승전을 했는데, 1대1 원아웃에서 이순철이 대타로 나와서 결승 홈런을 쳤다. 그러면서 이순철이 계속 시합을 뛰게 되었다. 당시 공을 던지고 나서 '아, 실투했다'는 느낌이 드는 순간, 광주 야구장 레프트 펜스 뒤의 철문으로 공이 날아가 탕하고 맞는 소리가 났다. 큰 실수는 잊으면 안 된다. 그날 이후로는 이순철과 여러 번 맞붙었지만 한 번도 안타를 맞지 않았다. 고연전高延戰 때도 마찬가지다. 완전히 봉쇄했다. 야구선수는 그런 근성이 있어야 한다고 본다."

1977년 중학 시절만 해도 이상군—이효봉—김태업이 트리오 스타 투수였고, 선동열이란 이름은 별로 유명하지 않았는데.

"초등학교 때부터 야구를 시작했지만 고정적인 투수는 아니었다. 외야수, 내야수, 심지어 중학교 때는 포수도 봤다. 본격적으로 송정중학교 2학년 때부터 투수 수업을 했다. 초등학교와 중학교는 2군데를 다녔는데, 송정서국민학교에서 송정동국민학교로 전학했고, 중학교도 송정중에서 무등중으로 옮겼다. 중학교 시절에는 김태업이나 이상군 같은 친구들이 유명했지.

나는 광주일고에 진학했는데, 때마침 투수 출신으로 1984년 LA올림픽 국가대표 감독을 지낸 김청옥 감독이 맡으셨다. 학교 관사에서 기거하셨는데, 내가 단체훈련을 마치고 저녁에 도시락 먹고 나서 개인훈련 할 때마다 섀도 피칭Shadow pitching을 하면서 많이 가르쳐 주셨다. 그분의 영향력이 컸다고 생각한다. 또 조창수 감독님이 후임으로 오셔서는 한양대나 실업팀 롯데자이언트가 전지훈련 왔을 때 여러 선배들이 조언을 하도록 해주셨는데 큰 도움이 되었다. 폼 자체는 고2 때부터 거의 완성이 되어갔다. 당시 키가 182cm에 몸무게가 65kg이었으니 홀쭉한 편이었다.

지금 돌아보면 선수 시절의 내 폼은 완벽하지는 않았다. 몸 전체가 활처럼 구부러져 신체에 부담이 가는 자세였다. 그러나 나의 몸에 적합한 폼으로 조금씩 바꿔 가면서 최적의 밸런스를 찾으려고 했다."

1980년 봉황대기에서 노히트노런을 기록했는데.

"그때 경기고를 상대로 노히트노런을 기록해서 기억에 남는다. 그 다음 경기도 기억에 남는다. 중앙고와 경기를 했는데, 비가 내려서 힘든 데도 경기를 강행하더니 이튿날 서스펜디드 게임으로 가져갔 다. 지방팀에게는 상당히 불리한 결정이었고, 이해하기 어려웠다. 이튿날 3회부터 재경기를 했는데 아침 7시 30분부터 시작했다. 새 벽 4시 30분에 일어나 준비하느라 소동을 벌인 것이 기억난다."

1980년 황금사자기 결승전에서는 박노준에게 홈런을 맞고 선린상고에 패배했는데.

"40년이 지나도 아직도 기억에 남는다. 그때 박노준을 너무 의식했 던 것이 패배 요인이었다. 사실 박노준과 김건우만 잡으면 된다는, 필요 이상으로 의식을 하다 보니 오히려 실투가 나왔다. 박노준이 잘 치기도 했지만, 내가 다른 타자들을 상대할 때보다 힘이 많이 들 어갔고 그러다 보니 제구력이 안 된 측면이 있다.

그 해 5.18 이후 광주는 여러 가지 여건상 정상적인 훈련이 불가능 한 경우가 많았고, 그런 어려움을 딛고 전국대회에 출전했었다. 가 정법이긴 하지만 5.18이 없었다면 전국대회 3관왕 정도는 했을 것 같다."

1985년 7월 2일 프로야구 데뷔전에서 잘 던지다가 8회에 삼성에 5점 을 주면서 패전투수가 됐는데.

"7회까지 4안타 무실점으로 막다가 8회에는 투아웃을 잡는 동안 5 개 안타를 맞고 5실점을 했다. 프로 첫 무대에서 패배한 것이 오히려 잘 됐다고 생각한다. 아마 그때 쉽게 이겼더라면 자만심에 들떴을 것이다. 프로야구 데뷔전에서 7회까지는 자신감을 얻었고, 8회에는 겸손을 배웠다."

천하의 국보 투수 선동열도 고교와 대학과 프로에서 맞은 적이 있는가.

"당시 거의 모든 운동부에서 학교 폭력이 일상화된 시절이었다. 다만 학교별로 차이는 있는데 광주일고만 해도 그리 세게 맞지는 않았다. 감독이 선배들에게 자제를 시켰다. 고려대로 진학하니 안 맞는 날이 없으면 이상할 정도였다. 최동원 선배도 연세대 다닐 때 박철순 선배에게 맞아서 좀 시끄러웠다. 시대 분위기가 그랬는데, 일부에선 잘못 맞아서 운동 못하는 사람도 있었다고 들었다. 요즘이라면 절대 있을 수 없는 일이지만, 당시에는 분위기가 그랬다. 지금와서 그분들 만나면 '그때 왜 그렇게 많이 때렸어요'라고 한마디 건넨다. 또 당시는 프로야구인데도 구타가 있었다. 선배들이 모이라고 하면 한두 대씩 맞는 경우가 있었다."

광주일고 시절 엄청나게 뛴 것으로 알려져 있는데.

"당시 광주일고에서 무등산장까지 17km 정도를 1주일에 2번 정도는 꼭 뛰었다. 증심사 쪽에서 올라가는 경사길이다. 그리고 광주일고에서 송정리 집까지 4시간 뛰는 것도 기본이었다. 요즘 선수들은 너무 안 뛰어서 문제다."

트레이드 마크인 공포의 슬라이더는 어떻게 배웠나.

"광주일고 출신으로 영남대를 다니던 방수원 선배에게 고1 때 처음

배웠고, 2학년 때부터 실전에 적용했다. 내가 손가락이 다른 투수에 비해 짧은 편이라, 내 몸에 맞도록 슬라이더 그립을 약간 변형시켰다. 계속 던지면서 연구했다. 어느 정도 힘을 가하느냐에 따라 공의 회전력이 종으로 횡으로 차이가 난다. 다양한 슬라이드 그립을 개발하여 카운트 잡는 것과 위닝샷 잡는 것으로 나누어 던졌다. 공을 받는 포수에게 항상 물어 보고 '위닝샷은 이게 좋겠다'는 식으로 의논했다. 그런 과정을 통해 연습 때 자신감이 붙었지만 시합 때는 한 번이라도 실투를 하면 안 되기 때문에 실전 적응에는 오랜 시간이 걸렸다. 그렇게 하여 공포의 슬라이더가 만들어졌다.

흔히 다른 투수들은 슬라이더라면 검지와 중지를 모아 비틀어 던진다. 그러나 나는 중지를 공의 솔기에 걸치고 검지를 중지 위에 살짝 올렸다. 중지 하나로 솔기를 챘다. 외국인 투수들이 보면 웃었다. 손가락이 긴 그들에게는 이상했을 것이다.

한때는 포크볼을 던지고 싶었는데, 손가락 가운데 살이 많아서 찢으려고 병원을 갔더니 의사가 '잘못하면 직구 스피드까지 안 날 수 있다'는 말을 해서 포기했다.

나는 보통 포심 50%, 슬라이더 30%, 커브 10%, 싱커 10%의 비율로 던졌다. 공을 던질 때 어깨보다 팔꿈치가 떨어지면 변화구 자체에 각이 없어진다. 좋은 투수일수록 공의 정체를 숨기는 피치 터널이 길다."

그나마 선동열의 공을 친 타자들이 있는가.

"일본 가기 전인 1993년과 1994년 두 해 정도는 내가 직구와 변화구를 던질 때 습관적으로 폼에 변화가 있다는 걸 간파한 일부 타자들이 내 공을 좀 쳤다. 하지만 일본에 가서는 고쳤다. 사실 투수가 완벽하게 공을 던지면 치는 타자는 거의 없다. 타자는 10번 중에 3번만 치면 성공인데, 투수는 10번을 던져서 8번 이상은 잡아내야 한다."

다시 고교 시절 얘기를 해보자. 5.18 당시에 군인들이 집으로 들어왔다면서.

"당시 광주 시내에서는 훈련 여건이 마땅찮아 방수원 선배도 송정리 우리 집에 와 있었다. 그때만 해도 청룡기 대회에 나갈 연습을 하는데, 학교 운동장을 사용하지 못하니 투수와 포수들 7명 정도는 광주 시내에서 약간 변두리에 있는 송정리 우리 집 여관에 와서 연습했다. 연습을 마친 선수들이 동네 친구들과 함께 집 부근 극장의 영화 포스터를 보다가 때마침 계엄군이 지나가니까 약간 욕설을 한 모양이었다. 군인들이 '누가 그랬는지 찾겠다'며 우리 집으로 들어와 대검을 장착한 M16을 가슴에 대며 다그쳤다. 무서웠다. 그때 아버지께서 빌다시피 하며 잘 설명했다. 그러다가 어떤 대위가 오더니 '빨리 와'라고 해서 군인들이 모두 나갔다. 아버지가 아니었으면 큰일 날 뻔 했다."

아버지 선판규씨께서 다양한 보양식을 먹이셨다는데.

"아버지께서 몸에 좋다는 건 많이 챙겨주셨다. 특히 자연산 장어를 푹 고아서 먹여 주셨는데, 아마 그걸 가장 많이 먹었다. 남들은 뱀이라고 하는데, 실제로 뱀은 별로 먹은 적이 없다. 장어를 고면 흡수가 잘 된다고 들었다. 어쨌든 아버지가 주시는 것은 군말 없이 잘

그 시절 우리는 미쳤다 1970년대 고교야구

먹었다. 아버지의 사랑이었지. 그밖에 가물치, 잉어, 붕어도 많이 먹고, 오소리도 좋다고 해서 먹었다."

선동열과 최동원은 영원한 비교 대상이다.

"최동원 선배는 나의 멘토이다. 내가 어렸을 때 목표를 가지고 야구를 시작했는데, 그때 최동원 선배가 롤 모델이었다. 정말 보고 배울 점이 많은 선배다.

우선 열정이다. 자기 직업의식이 투철하다. 볼 던질 때 매우 진지하다. 기본적인 러닝이 대단하다. 그 형은 게임을 마치고 난 뒤에도 2시간을 계속 뛴다. 기본기에 충실한, 하체가 튼튼한 자기관리 방법이다. 보통 완투를 하게 되면 실핏줄이 다 터져 있다. 그런 상황에서 조깅을 하면 매우 좋다고 생각한다. 유산소 운동으로 몸을 풀어버리는 것이다. 다만 2시간씩 뛰는 건 과다하다는 생각이 드는데, 최동원 선배는 항상 그렇게 했다. 다음 경기에 대한 회복이 빨라져 연투가 가능했던 비결이 거기에 있었다고 생각한다. 예전 미국의 전설적인 강속구 투수 놀란 라이언은 무조건 자전거를 탄다고 했다. 요즘은 팀마다 과학적 프로그램이 되어 있어 투구를 마치면 수영이든, 조깅이든, 덤벨이든 시키고 회복 속도를 보아가며 캐치볼을 하도록 한다.

나와 최동원 선배의 차이는 연투 능력이다. 내가 못 따라간다. 사실 나는 시합이 끝나고 나면 그날 저녁에는 러닝을 전혀 안 했다. 그런데 최동원 선배의 연투 능력은 남달랐다. 1984년 한국시리즈 4승이 말이 되는 소리인가."

1980년 봉황대기에서 팀을 우승으로 이끈 북일고 이상군 투수 〈사진제공=이상군〉

1962년생. 이상군은 한국 야구에서 몇 안 되는 '컨트롤의 마법사'로 불린다. 연투에 능해 '고무팔'이라는 별명도 가지고 있다. 청주중학교 시절부터 주목받는 에이스였고, 천안 북일고등학교에서 본격적으로 꽃을 피웠으며 한양대학교를 졸업한 뒤 프로야구는 1986년 연고지인 빙그레 이글스에 창단멤버로 들어갔다. 언더핸드 한희민과 함께 팀의 선발투수진을 이끌었다. 1996년에 잠시 은퇴했다가 1999년에 복귀해 한국시리즈 우승 멤버로 활약했다. 프로야구에서 딱 100승을 채우고 은퇴한 뒤에는 주로 한화에서 지도자생활을 했으며, 2022년 현재 모교인 북일고 감독을 맡고 있다.

1977년 청주중학교 시절 대통령기와 선수권 대회를 모두 우승했는데.

"중3 때 2관왕을 했다. 그때는 정통파 투수라는 소리를 들었다. 키가 173cm로 중학생 치고는 큰 편이었고, 구속도 빨랐으며, 직구와 커브 2개만으로 승부했다. 멤버도 좋았다. 물론 그 해부터 중학야구는 7이닝만 하는 걸로 바뀌긴 했다. 결승전에서 선린중을 만났는데, 당시 박노준과 김건우가 있었다고 하는데 중학교 때는 별다른 기억이 나지 않는 선수들이었다."

당시 전남중 김태업, 대구중 이효봉과 함께 중학야구 트리오였는데.

"중학교 때는 선동열이 그리 유명하지 않았다. 대신 김태업, 이효봉, 나 이렇게 3명이 트리오로 유명했다. 이효봉은 공이 빨랐고, 덩치가 컸던 김태업은 던지고 치는 것도 다 잘했다. 이효봉은 부친의 모교인 대전고와 고려대로 진학했고, 김태업은 전남고로 진학했다가 광주상고로 옮겼고 대학은 연세대로 진학했다."

청주에 있는 세광고를 가지 않고 천안에 있는 북일고로 진학할 때 당시 김종희 한국화약 회장의 스카우트 제의가 있었나.

"청주중학교를 졸업할 때 서울의 충암고와 신일고 등에서 스카우트 제의가 강했다. 당시 북일고는 개교한 지 1년 밖에 안 됐는데, 김영덕 감독이 유명한 투수 출신이라 아버지가 김영덕 감독을 보고 북일고를 선택했다.

물론 김종희 회장님이 많이 좋아하셨다고 들었다. 내가 대학생 때 회장님이 작고하셨는데, 북일고 측에서 '회장님이 각별히 좋아하셨으므로 오라'고 해서 조문도 하고 운구도 했다.

항간에 내가 김승연 회장님과 술 친구라는 말이 있는데 전적인 오해다. 사실 나는 술을 못 마신다. 다만 빙그레 시절 페넌트레이스 1등을 했을 때 김승연 회장님이 선수단을 서울로 초대했고 회장님이 주는 잔만 받았던 것이 전부다. 그러고는 김승연 회장님과 개인적인 인연이 없는데, 그런 글이 인터넷에 날 때마다 난감하다. 사실이 아니다."

1980년 봉황대기에서 에피소드가 많았다는데.

"부산고와 붙었는데 서스펜디드 경기가 되었다. 사실 그날 경기를 끝내야 하는데 주성노 감독이 시간 끌기에 들어갔다. 경기 마무리를 지을 수 있는 데도 일몰에 걸리려고 투수나 타자들이 일부러 시간을 끌었고, 정말 일몰에 걸렸다. 부산고 마지막 타자의 카운트가 투스트라이크 원볼이었다. 다음날 새벽에 일어나 몸 풀고 정식 시합을 재개했다. 공 1개만 던졌는데, 스트라이크가 아닌 볼이었지만 타자가 스윙해서 삼진으로 경기가 끝났다. 희한한 경기였다.

봉황대기 결승전에서는 배재고와 붙었는데 그 쪽 김진원 투수가 잘 던졌다. 우리는 내가 예선전부터 준결승전까지 혼자 완투하다 보니 김영덕 감독이 후배 안성수를 선발로 내보냈다. 그런데 배재고 1번 타자가 친 공이 라이트 펜스 앞에서 잡히자마자 김영덕 감독이 놀라서 나를 투입했다. 9회까지 완봉으로 끝냈다."

후배 안성수도 스타급 선수였는데 너무 일찍 세상을 떠났다.

"볼이 빨랐다. 한양대를 졸업하고 빙그레와 한화에서 뛰었는데, 볼은 빨랐지만 제구력에 문제를 보여 어려움을 겪었다. 나중에 심판

그 시절 우리는 미쳤다 1970년대 고교야구

도 했었다. 천안 지역에서 이런 저런 사업을 하다가 2008년 43세의 나이에 심장마비로 별세했다. 술을 너무 좋아했다. 참 아쉬운 후배였다."

1980년에 부산 화랑기도 우승했다. 당시 박노준과 김건우가 있던 선린상고를 2대0으로 꺾었는데, 나름 공략 전략은.

"당시 나는 구속이 좋아 정통파라는 소리를 들었다. 고등학교에 와서 김영덕 감독으로부터 슬라이더를 배우면서 많이 재미를 보았다. 중학교 시절에는 전혀 이름도 기억나지 않던 박노준과 김건우가 1979년부터 이름을 날려 약간 경계하긴 했지만, 내 나름대로 제구력과 변화구에 자신 있어 정면으로 붙었는데 고교에서도 맞았던 기억은 없다."

봉황대기와 화랑기에 모두 전대영이 최우수선수상을 받았는데.

"유격수를 보았는데 수비와 타격이 모두 좋았다. 초창기에는 홈런도 많이 쳤으나 몸이 안 좋아서 일찍 선수 생활을 은퇴했다."

천안 북일고는 야구부 지원이 좋은 것으로 유명한데.

"웨이트 트레이닝 장소는 고등학교로서는 최고다. 먹는 것이나 야구용품 지원도 상상 못할 정도로 좋았다. 하루 세 끼 고기 떨어지는 날이 없었다. 그래서 늘 감사드린다. 서울 신일고도 지원이 좋았다고 들었다. 청주중 2년 선배인 김정수 투수가 신일고로 가서 참 잘했다."

투수가 컨트롤이 좋아지려면 어떻게 해야 하나.

"나는 힘으로 던지는 게 아니고 컨트롤로 맞춰 잡는 스타일이었다. 그러다 보니 '고무팔'이란 소리를 들을 정도로 몸에 큰 무리가 없었다. 사실 컨트롤은 선천적으로 타고 나야 하는 측면이 있다. 물론 노력해서 좋아지긴 하지만 완벽해지진 않는다. 컨트롤이 좋아지려면 우선 어릴 때부터 신체단련을 잘해야 한다. 특히 하체 밸런스가 너무 중요하다. 공이 손을 떠나는 릴리스 포인트에 영점이 잘 잡혀야 한다.

요즘은 예전보다 구속은 빨라졌는데, 제구력이 부족한 투수가 너무 많다. 프로야구 스카우터 입장에서도 피지컬과 구속만 보다 보니, 고교야구 선수들이 구속에만 신경 쓰게 되고, 제구력은 약화되고 있다. 중요한 건 포수를 보고 던져야 한다는 점이다. 와인드 업부터 끝까지 포수를 보고 던져야 하는데 말처럼 쉽지가 않다."

지금까지 가장 까다로웠던 타자는.

"롯데자이언츠의 김용철 선배가 내 공을 가장 잘 쳤다. 많이 맞았던 기억이 있다. 그 밖에 다른 타자들에게는 특별히 약했다는 느낌은 없다."

고교야구 선수들에게 조언한다면.

"모교 감독으로 1년을 해보고 나니 선수들이 예전보다 많이 약한 것 같다. 북일고 만의 문제가 아니고 모든 학교가 그렇다고 한다. 체력도 그렇고, 멘탈도 그렇고. 엄청 약하다는 생각이다. 선수는 훈련을 많이 해야 부상을 적게 당하는데, 조금만 제대로 시키려고 하면 여기저기 아프다는 선수가 많다. 물론 학교에서도 열심히 가르치지만, 중요한 것은 본인들이 스스로 알아서 강하게 해야 한다는 점이다."

12

1981년 :
탄탄한 기본기로 4관왕을 달성한 경북고

1980년의 극심한 정치적 혼란이 겉으로는 안정되던 1981년. 야구계 내부적으로 프로야구 창단에 대한 논의가 구체화되면서 야구인들은 적지 않은 기대감을 갖고 있었다. 그렇다고 해서 매 경기마다 관중석이 꽉꽉 차는 고교야구 열기가 당장 줄어들 조짐은 없었다.

컬러 TV 방송이 본격화되면서 오히려 1981년은 고교야구가 절정의 인기를 구가하던 시기였다. 전국대회가 개최되면 라디오에서는 모든 경기를 실황 중계했고, 매일 밤 TV에서는 '고교야구 중계석'이라는 프로그램을 만들어 모든 경기의 하이라이트를 보여주었다. KBS 정회준 아나운서는 주로 그날의 화제 선수를 인터뷰했다. 주말에는 교육방송이던 KBS-3TV까지 동원해 모든 경기를 생중계하던 시기였다.

1981년 고교야구의 챔피언이 누가 될지에 대해 언론에서는

그 시절 우리는 미쳤다 1970년대 고교야구

긴 문장을 할애하지 않았다. 1학년 때인 1979년부터 에이스로 활약하면서 전국대회 우승과 준우승을 자주 하던 선린상고의 박노준과 김건우가 드디어 3학년이 된 터라, 과연 이들이 전국 4개 또는 5개(화랑기나 대붕기 중에서 택일할 경우) 대회 중 몇 개를 휩쓸지에 관심이 쏠린 한 해였다.

선린상고 다음으로는 전년도 2관왕인 천안 북일고나 서울의 신흥명문 신일고 등이 강세를 보일 것으로 전망됐다. 1980년에 단 한 번도 4강에 오르지 못했던 경북고는 좌완 에이스 성준, 2학년 유격수 류중일 정도가 주목을 받았을 뿐 관심 대상이 아니었다.

하지만 결과적으로 많은 착각이 있었다. 따지고 보면 선린상고가 1979년과 1980년에 우수한 성적을 기록한데 대해 박노준과 김건우가 절대적 역할을 했다고 보는 시각이 있지만, 필자는 그리 동의하지 않는다. 사실 마운드에서는 윤석환과 나성국이 혁혁한 공로를 세웠다. 타격에서는 류지홍이나 이정철 같이 찬스 때마다 장단타를 때리던 선수들이 있었기에 좋은 성적이 가능했다. 박노준과 김건우가 상당한 활약을 한 것은 맞지만, 마치 그 둘만 있으면 무적이 되리라는 생각이 착각임은 1981년의 결과가 말해준다.

실제로 1981년은 박노준-김건우의 거품이 꺼지는 한 해였다. 두 사람은 여중생-여고생의 팬레터는 물론이고, 온갖 선물 공세에 시달린다고 할 정도로 이른바 오빠부대를 몰고 다니는 아이돌급 인기를 누렸지만, 1981년은 그 거품이 정확하게 꺼지는 한 해였다. 결론적으로, 1981년의 최고 스타는 선린상고 박노준이 아니라 경북고 성준이었으며, 선린상고 김건우가 아니라 경북고 문병권이었다.

제15회 대통령배

1981년의 첫 대회인 제15회 대통령배 대회부터 "선린상고와 박노준은 올해는 아니야"라는 결과가 터져 나왔다. 5월 7일 가장 강력한 우승후보였던 선린상고가 무명이었던 광주 진흥고에게 0대2로 패하는 '이변'이 벌어진 것이다.

훗날 해태타이거즈에서 한국시리즈 단골 승리투수로 불린 진흥고 좌완 김정수는 '까치' 또는 '낙지'라는 별명에 걸맞게 호리호리한 몸매에다 허리를 꼿꼿이 세우고 왼팔의 스윙을 크게 하는 독특한 투구 모션으로 남다른 강속구와 슬라이더를 던졌다. '선린상고에게는 져도 본전'이라는 생각이 김정수의 마음을 편안하게 했을지도 모르겠다. 김정수는 훗날 해태타이거즈에서도 이름을 날렸는데, 집안 형편이 어려워 야구를 잘해야 돈을 벌 수 있다는 의지가 고교 시절부터 빛을 발했다고 봐야 한다.

선린상고 타선을 맞이한 김정수의 공은 회가 지날수록 위력을 더했고, 타자들의 방망이는 허공을 갈랐다. 산발 6안타만 허용했다. 당시 TV 중계에 잡힌 김정수의 빨랫줄 같은 강속구는 고교생 수준이 아니었다. 반면 진흥고는 4회초와 8회초 두 차례나 선린상고 내야수비의 악송구로 1점씩 올렸다.

진흥고뿐 아니라, 호남 열풍은 거셌다. 군산상고는 서울의 강호 장충고를 10대1, 7회 콜드게임으로 물리친 것을 시작으로 파죽지세로 결승전까지 올랐다.

반대쪽 시드에서는 천안 북일고가 역시 승승장구하며 결승전까지 올라왔다.

5월 15일 열린 결승전에서는 군산상고의 1학년 조계현 투수가 확실한 스타로 도장을 찍었다. 스리쿼터 스타일로 공을 던지는 조계현은 진흥고 김정수와 비슷해서 타자와 만났을 때 전혀 주눅 들지 않고 정면승부를 걸고 윽박지르는 스타일이었다. 훗날 해태타이거즈 시절에 그에게 붙여진 '싸움닭', '팔색조' 등의 별명이 고교 시절에도 그랬다.

군산상고는 결승전에서 전년도 2관왕인 북일고를 5대3으로 꺾고 우승했다. 1976년 김용남과 김성한이 활약하던 시절 이후 5년 만에 정상을 탈환한 것이다.

승부는 초반에 나고 말았다. 북일고의 강속구 투수 안성수는 대구고와의 준결승전에서 완투한 여파로 피로가 쌓여서인지 1회초 1번 김평호와 4번 임동구에게 볼넷을 준 데 이어 5번 조계현에게 우익선상에 떨어지는 2루타를 맞으며 2점을 주었다. 2회초에도 잇따른 볼넷과 2번 고장량에게 중전안타 등을 연달아 허용하며 3점을 더 주고 말았다. 북일고는 이후 투수를 하인수로 교체했는데, 그는 9회까지 군산상고 타선을 산발 4안타로 묶는 호투를 했으나 때는 너무 늦었다. 북일고 김영덕 감독도 하인수가 완투할 힘이 없어 안성수를 선발로 냈는데 그게 잘못이었다고 말했다.

반대로, 군산상고는 선발로 강대호를 냈다가 1회말 북일고 2번 이강호에게 2루타를 맞자마자 금방 조계현을 등장시켰다. 조계현은 등판하자마자 2명의 타자를 삼진으로 잡으면서 기세등등했다. 북일고는 후반에 구위가 떨어진 조계현을 계속 공략해 6회말 2점, 7회말 1점을 얻으며 맹추격전을 펼쳤다. 군산상고 백기성 감독은 직접 마운드로 올라가 다소 흔들리는 조계현을 추스르면서 추가 실점을 허용하지 않고 위기를 탈출했다.

군산상고의 1학년 배터리 조계현 투수와 장호익 포수는 둘 다 군산남중 시절에 청룡기 중학야구대회를 2년 연속으로 우승하기도 했다. 조계현은 슬라이더와 커브가 주무기인데 무엇보다 정면 승부를 거는 두둑한 배짱이 고교생답지 않았다. 조계현은 연세대와 해태타이거즈를 거치면서 스피드까지 더 붙여 위력적인 투수로 계속 거듭났다. 2021년 기아타이거즈 단장으로서 경영자 역할도 했던 그는 연세대 경영학과를 다닐 때 나름 친구도 많이 사귀고 경영학에 대한 공부도 열심히 했다고 한다.

대통령배 대회 최우수선수상은 군산상고 임동구, 우수투수상은 조계현, 그리고 타격상 1위는 대구고의 천재 2루수 강기웅으로 12타수8안타(0.667)를 기록했다. 2위는 북일고 포수 김상국(5할), 3위는 대구고 배효욱(5할)이 받았다. 타율이 같아도 안타 수가 많으면 순위가 달라진다.

제36회 청룡기

대통령배가 끝날 때까지만 해도 1981년의 패권은 선린상고를 주축으로 한 서울세와 북일고 중심의 충청세, 그리고 군산상고를 필두로 한 호남세의 각축이 될 것 같았다. 하지만 전혀 예상치 못했던 최고 강자가 청룡기 대회부터 모습을 드러냈다.

초여름치고는 더웠던 6월에 열린 제36회 청룡기 대회는 준결승전에서 선린상고가 충암고를 9대4로, 경북고가 광주일고를 6대4로 격파하고 결승전에 올랐다.

경북고는 첫 번째 경기인 마산고와 대결에서 6회까지 1대2로 끌려가다가 7회에 4점을 내면서 겨우 역전승을 했고, 준준결승전에선 동산고를 9대2, 7회 콜드게임으로 격파했지만, 광주일고와 준결승전은 우천 속에 성준과 홍순호가 계투하면서 힘들게 이겼다.

반면 선린상고는 대통령배 대회에서 진흥고에 완봉패 당한 치욕을 반드시 씻겠다면서 1회전 군산상고를 4대2, 강기웅의 대구고를 3대1, 8강전에서는 동산고를 3대0, 준결승전에서 충암고를 9대4로 제압하는 등 기세 좋게 올라왔다.

6월 21일 열린 결승전은 연장전까지 가는 3시간 56분의 대접전이었으나, 안정된 수비를 바탕으로 기본기가 탄탄한 관록의 경북고가 한 수 위였다. 반면 선린상고는 여러 가지 문제점을 한꺼번에 노출한 경기였다.

오후 1시 반에 시작된 경기에서 경북고는 상대방의 허를 찌르듯 1학년 언더핸드 문병권을 등판시켰고, 선린상고는 좌완 박노준을 선발로 내세웠다. 선린상고는 1회말 1번 김웅대가 1루를 튕기는 행운의 안타로 출루한 뒤 3번 박노준의 내야안타로 1점을 먼저 얻었다. 경북고 2루수가 침착했다면 아웃시킬 수 있는 평범한 내야땅볼이었는데, 안타로 만들어 주었다.

경북고도 만만찮았다. 2회초 선두 4번 최무영이 볼넷을 고르고, 보내기 번트로 2루까지 갔다. 6번 조형섭이 유격수 앞 땅볼을 쳤는데 선린상고 유격수가 이를 잡아 1루에 악송구했고, 그 공을 겨우 잡은 1루수도 홈으로 뛰어드는 최무영을 잡으려고 던졌으나 성공하지 못했다. 스코어 1대1. 경북고는 이어 7번 노국성이 깨끗한 우전안타를 치고, 투수 박노준의 폭투까지 겹쳐 1점을 더 얻었다. 경북고 2대1 선린상고.

반격에 나선 선린상고는 2회말 6번 이경재가 내야안타, 7번 박지원이 야수선택으로 나간 뒤 9번 조홍기가 다시 볼넷을 얻어 1사 만루를 만들었다. 투아웃 이후 등장한 2번 김국진은 2타점 우전 적시타를 때려 다시 한 번 경기를 뒤집었다. 선린상고가 3대2로 앞서갔다.

양 팀은 소강상태를 보이다가 경북고가 7회초 찬스를 잡았다. 선린상고는 좌완 박노준에 이어 우완 김건우가 마운드를 이어 받았다. 원아웃 이후 8번 문병권이 우전안타, 9번 김윤영이 볼넷을 고른 뒤 선린상고 포수 김국진의 패스트볼로 2-3루가 되었다. 선린상고는 다시 박노준을 마운드에 올렸으나 1번 류중일 마저 볼넷으로 걸어 나갔다. 1사 만루의 기회였다. 이때 2번 권택재가 2루 앞 땅볼을 쳤는데, 선린상고 2루수 김건우가 3루 주자를 잡으려고 홈에 뿌렸으나 주자는 살았다. 계속된 만루 상황에서 유격수와 3루수가 신들린 듯 연속으로 에러를 범했다. 7회초를 마친 상황에서 스코어는 경북고가 5대3으로 리드했다.

이런 상황에서 선린상고는 7회말 1번 김웅대가 볼넷, 3번 박노준의 안타로 만든 투아웃 2-3루 상황에서 5번 조영일이 좌전적시타를 날려 기어이 5대5 동점을 만들었다.

경북고는 문병권을 내리고 8회부터 에이스 성준이 마운드에 올라 선린상고 타선을 봉쇄했다. 극심한 긴장 속에 팽팽한 무득점의 상황이 이어졌다. 드디어 연장 11회초가 되었다. 경북고는 선두 9번 김윤영이 중전안타로 나갔는데, 비가 심하게 내려 잠시 더그아웃으로 모두 대피했다. 글러브와 배트 할 것 없이 물기로 미끄러운 상태였지만 고교생의 투혼은 이를 극복했다. 경기는 재개됐고, 투아웃 이후 3번 홍순호는 박노준의 시속 119km짜리 직구를 받아쳐 좌전 적시타를 때려냈다. 3루 주자 김윤영은 마치 어린아이처럼 두 손을 번쩍 높이 들고 껑충껑충 뛰어서 홈으로 들어왔다. 오후 5시 30분 성준이 던진 마지막 공이 2루수가 잡는 내야플라이로 끝나면서 경기는 6대5, 경북고의 우승으로 마감했다.

당시 주최사인 조선일보의 분석에 따르면 청룡기 20게임에서 나타난 실책은 모두 66개로, 게임당 평균 3.3개를 기록했다. 하지만 우승팀 경북고는 4게임에서 고작 3개 밖에 범하지 않았고, 특히 결승전에서는 무실책을 기록했다. 반면 선린상고는 잇따른 실책으로 자멸하고 말았다. 박노준과 김건우라는 스타 플레이어에 의존한 팀 운영이 얼마나 부실한가를 보여준 사례였는데, 이는 봉황대기에서도 그대로 재현되고 말았다.

청룡기 대회 최우수선수상은 경북고 조광덕, 우수투수상은 성준, 수훈상은 홍순호, 타격상은 12타수7안타로 0.583을 기록한 충암고 임명선이 차지했다. 감독상은 경북고 구수갑 감독이 받았다.

제1회 세계청소년선수권대회

1981년 7월은 미국 오하이오 주에서 제1회 세계청소년선수권대회가 열렸다. 당시 기준으로 18세인 1963년생 이하만 참가가 가능했다. 따라서 1962년생인 고교생 박노준-성준-김정수 등은 제외되는 반면, 1963년생 대학생인 선동열과 상업은행 소속 구천서는 국가대표에 포함됐다. 이밖에 군산상고 1학년 투수 조계현을 필두로 대구고 강기웅, 북일고 조양근, 선린상고 김건우 등도 대표팀에 승선했다. 김건우는 176cm, 76kg의 당당한 체격에서 뿜어 나오는 강속구가 특기. 김건우는 7월 16일 예선 A조 3차전에서 네덜란드를 상대로 노히트노런을 기록했는데, 삼진 13개에 볼넷은 2개 밖에 허용하지 않았다.

한국은 3전2선승제로 열린 미국과 결승전에서 3대1과 3대2로 연속 승리하며 정상에 올랐다. 고려대 1학년 선동열은 이 대회에서 MVP를 받으며 바야흐로 한국의 에이스가 되기 위한 시동에 들어갔다.

제3회 대붕기 & 제33회 화랑기

경북고와 선린상고의 불꽃 튀는 스토리는 봉황대기에도 그대로 이어졌다. 그에 앞서 부산에서는 화랑기, 대구에서는 대붕기 대회가 벌어졌다. 마치 봉황대기의 전야제라도 되는 듯한 분위기였다. 8월 4일 대구 시민운동장에서 열린 제3회 대붕기 결승전에서 창단 5년째인 대구고는 마운드 난조의 대통령배 우승팀 군산상고를 7대1로 대파했다. 팀 창단 이후 처음으로 전국대회 우승을 차지한 것이다.

대구고는 1회초 군산상고 선발 강대호와 두 번째 투수 이동석을 상대로 5개의 사사구四死球에다 8번 전종화와 9번 이상영의 안타 2개를 묶어 대거 5점을 얻으면서 승부를 결정지었다. 군산상고 에이스 조계현은 어깨 고장으로 마운드에는 오르지 못했다. 대구고 투수 이성근은 컨트롤 위주의 피칭으로 단 5안타로 군산상고 타선을 묶었다.

최우수선수상은 대구고 이성근, 우수투수상은 대구고 이만우, 타격상은 11타수5안타(0.455)를 기록한 대구고 임순태가 받았는데, 그는 미기상과 도루상도 함께 차지했다. 이성근은 원래 포수였으나 컨트롤이 좋고 커브의 각도가 치기 힘들어 평소 배팅 볼을 많이 던졌으며, 에이스 이만우가 난조에 빠지면 즉각 포수 마스크를 벗고 마운드로 올라가기도 했다.

하루 뒤인 8월 5일에는 부산 구덕운동장에서 제33회 화랑기 결승전이 열렸다. 이 경기에서 신일고는 강호 선린상고를 상대로 연장 12회 끝에 3대2로 승리했다. 선린상고로서는 청룡기에 이어 다시 한 번 연장전에서 뒤로 물러나고 말았다. 신일고는 2회말 선린상고에게 2점을 먼저 내주었으나, 1대2로 지고 있는 상황에서 9회초 전병국이 좌전안타로 나가 2루 도루에 이어 과감한 3루 도루를 시도했는데, 선린상고 포수가 3루로 악송구하면서 극적으로 동점을 이루고 연장전에 들어갔다. 12회초 에러로 나간 6번 장광일을 1루에 두고 7번 곽승훈이 통렬한 중월 3루타를 작렬시켜 3년 만에 다시 고교야구 정상에 올라섰다.

최우수선수상은 신일고 2루수 곽승훈, 우수투수상은 신일고 이재홍, 타격상은 선린상고 1루수 조영일(20타수10안타 0.500), 수훈상과 도루상은 신일고 중견수 전병국이 받았다. 미기상은 신일고 유격수 민경삼이 받았다. 1963년생인 민경삼은 고려대에서 석사까지 받았고, MBC와 LG에서 선수로 뛰었으며, SK와 이번스와 SSG랜더스의 사장까지 올랐다. 감독상은 프로야구에서도 맹활약했던 김성근 신일고 감독이 받았다.

제11회 봉황대기

대붕기와 화랑기를 마친 팀들은 속속 상경했다. 드디어 전국 49개 고교가 참가한 가운데 8월 6일 박영수 서울시장의 시구로 마산고와 광주상고가 첫 경기를 벌이면서 제11회 봉황대기 대회가 시작됐다.

첫 경기에서 광주상고는 훗날 해태타이거즈의 주전포수로 맹활약했던 4번 장채근이 대회 1호 솔로 홈런을 때리는 등 14안타를 퍼부어 마산고를 8대5로 격파했다. 장채근은 고교 시절부터 183cm, 80kg의 큰 체격으로 주목받는 대형 포수였다.

8월 10일에는 1학년만으로 구성된 신생팀인 포철공고가 9회 말까지 동대문상고에 1대3으로 뒤지고 있었으나 원아웃 이후 3번 타자가 1루타, 4번 타자는 2루타, 5번 타자는 3루타를 치고, 6번 타자는 야수선택으로 출루한 뒤 투수 겸 7번 타자인 류명선의 통쾌한 결승타로 4대3으로 경기를 뒤집어 파란을 일으켰다. 포철공고의 4번 타자로 '리틀 장효조'로 불리는 정성룡은 대회 5호 홈런을 치기도 했다. 투수 류명선은 대구중학교 시절에는 별로 이름이 없었으나 포철공고에 들어와 유태중 감독으로부터 스파르타 훈련을 받고 공이 빨라지면서, 동대문상고 31타자에게 5안타만을 허용하는 호투를 했다. 당시만 해도 키가 168cm로 투수로서는 조금 작은 편이었다. 포철공고의 돌풍은

2회전에서 인천고에 2대4로 역전패하면서 막을 내렸으나 인천고도 진땀을 흘렸다. 4번 김동기가 8회말 솔로 홈런을 날리면서 안심할 수 있었다.

1학년의 선전은 포철공고 만이 아니었다. 1학년만으로 구성된 신생팀인 대구 성광고는 7회까지 서울고에 0대3으로 뒤졌으나, 8회말 2사 만루에서 터진 1번 조상헌의 주자일소 우중간 2루타를 포함해 4안타를 몰아치면서 6대3으로 대역전극을 펼쳤다. 사실 성광고는 이 경기 이전까지 공식 대회기록이 3승1무9패였다. 조상헌은 대구중 시절 유격수로 문교부장관기와 대통령기를 석권한 스타였지만, 드래프트에 의해 경북고나 대구고가 아닌 성광고에 배정되어 처음엔 무척 낙심했지만 마음을 고쳐먹고 봉황대기에 출전했다고 한다.

성광고는 신생팀 돌풍을 계속 일으켰는데, 8월 14일 2회전에서는 1977년 대통령배 우승팀이었던 명문 공주고를 6대3으로 격파하고 16강에 오르기도 했다. 1학년 투수 오영석이 8이닝 동안 7안타만 허용하고 5개의 삼진을 잡는 호투를 했다.

역전의 명수인 군산상고가 역전패 당하는 일도 벌어졌다. 8월 13일 열린 2회전 경기에서 대붕기 우승팀 대구고는 대통령배 우승팀 군산상고 조계현의 위력적인 슬라이더에 밀리면서 9회말까지 0대2로 뒤졌다. 하지만 꿈같은 9회말. 군산상고 유격수의 1루 악송구, 이만우의 적시 2루타로 무사 2-3루가 되었는데, 군산상고는 더블플레이를 생각했는지 강타자 이성근을

고의볼넷으로 내보내 무사 만루가 되었다. 이것이 화근이었다. 다음 타자 배효욱이 중전안타를 때려 1점을 얻은 데 이어, 때마침 군산상고 조계현이 던진 2루 견제구가 외야로 빠지면서 2명의 주자가 모두 홈인해 결국 3대2로 꿈같은 역전승을 거두었다. 안타 수에서 12개와 5개로 압도적 우위를 보이던 군산상고로서는 허탈하기 그지없는 상황이었지만 어쩌랴. 아무리 역전의 명수라고 하지만 때로 역전을 당하면서 그 타이틀을 굳건히 지켜 나갈 수밖에 없는 일이다.

8월 18일 벌어진 3회전 경기에서 청룡기 우승팀 경북고는 좌완 에이스 성준이 무거운 직구와 커브로 화랑기 우승팀 신일고의 강타선을 3안타로 틀어막고 3대0으로 승리하면서 8강에 진입했다. 경북고는 주전포수 신성철의 컨디션 난조로 대신 포수 마스크를 쓴 2학년 김윤영이 적시타를 때려 승리에 기여했다. 같은 날 선린상고 역시 세광고를 3대0으로 누르고 8강에 진입했다.

8월 19일. 이번에는 대붕기 우승팀 대구고가 탄력을 받아 보성고를 맹타하여 14대1로 5회 콜드게임승을 거두고 8강에 도착했다. 그동안 포수를 보다가 상황이 급해지면 마운드에도 종종 오르던 4번 타자 이성근은 이날은 계속 포수 마스크만 쓰고 있었다. 북일고도 안성수와 하인수(9회)가 계투하면서 인천고를 6대1로 쉽게 이기고 8강에 진입했다.

8월 22일. 경북고는 재일동포를 물리친 청주고를 상대로 3학년 좌완 기교파 박춘석이 6이닝을 역투하고 에이스 성준이 7회 부터 이어 던지면서 5대1로 완승, 4강에 진입했다. 또 부산상고는 광주상고와 맞붙어 좌완 이현택이 4번 장채근에게 대회 11호 투런 홈런을 맞기는 했으나 우완 정상립을 계투시키면서 5대3으로 승리, 4강에 합류했다.

대회 초반 맹위를 떨쳤던 폭염은 다소 수그러들었지만 선수들의 플레이와 관중들의 함성은 더욱 뜨거웠다. 빨랫줄 타구가 서울운동장 하늘을 가를 때마다 환호와 탄식은 엇갈렸다. 드디어 8월 24일 봉황대기 준결승전이 열렸다. 경북고와 부산상고, 선린상고와 북일고가 우승을 향한 냉엄한 승부를 펼쳤다.

선린상고는 북일고와 대결에서 우완 김건우가 33타자를 맞아 산발 4안타와 삼진 7개로 완투하는 동시에, 7번 포수 조홍기의 4타수3안타 등 10안타를 퍼부어 5대0으로 완봉승했다. 북일고는 안성수와 이강호(9회)가 마운드에 올랐으나, 선린상고의 불같은 타선을 감당하지 못했다.

한편 경북고는 부산상고 좌완 이현택의 변화구에 눌려 고전하다가 4회초 볼넷으로 나간 5번 조광덕이 7번 김대식의 중전안타로 겨우 선제점을 올렸다. 그러다가 7회에 가서 폭발했다. 선두 9번 노국성이 중전안타로 나가자 1번 류중일과 2번 권택재가 잇달아 절묘한 번트로 살면서 무사 만루가 되었다. 3번 홍순호는 기다렸다는 듯 주자를 일소하는 3타점 2루타를 날렸고, 원아웃 이후 5번 조광덕과 6번 김윤영의 안타가 계속 터지면서

1점을 추가했다. 이어 7번 김대식의 스퀴즈 번트로 한 점을 추가하면서 7회에만 5점을 얻었다. 경북고는 1학년 언더핸드 문병권이 6회 원아웃까지 3안타 무실점으로 호투했고, 이후 에이스 성준이 나와 부산상고 11타자를 맞아 안타를 허용하지 않으면서 완벽하게 틀어 막았다. 스코어는 6대0.

8월 26일. 드디어 대망의 결승전 날이 밝아왔다. 관중석은 문자 그대로 입추의 여지없이 꽉꽉 들어찼다. 청룡기에 이어 계속 제압하려는 경북고와 청룡기의 패배를 반드시 설욕하려는 선린상고의 결의는 불을 뿜었다. 당시 일간지 체육면은 물론, 스포츠 신문들은 성준과 박노준의 사진을 크게 맞세워 결승전 향방을 예측하는 기사를 톱으로 올렸다.

예상대로 경북고는 좌완 에이스 성준, 선린상고는 우완 김건우를 선발로 내세웠다. 1회초 경북고 1번 류중일은 김건우의 높은 직구를 그대로 받아쳐 좌중간 2루타를 날렸다. 상쾌한 출발이었다. 2번 권택재가 보내기 번트를 댔지만 플라이볼이 되었는데, 선린상고 1루수 조영일이 공을 떨어트려 노아웃 1-2루가 됐다. 경북고 응원석은 열광했지만, 이후 범타가 연속되면서 찬스가 무산됐다.

득점 찬스를 놓치면 위기가 오는 법. 선린상고는 1회말 공격에서 원아웃 이후 2번 김국진과 3번 박노준의 연속 안타, 4번 김건우의 고의 볼넷으로 만루가 되었다. 성준은 5번 조영일을 아웃시키면서 이대로 위기를 끝내나 싶었지만, 6번 이경재에

1981년 8월 26일 봉황대기 결승전에서 선린상고 박노준이 1회말 홈 슬라이딩을 하다가 발목을 접질리는 장면 〈사진제공=한국일보〉

게 좌전 적시타를 맞고 말았다. 경북고 좌익수 조광덕이 홈으로 던진 공이 포수 옆으로 빠지는 악송구가 되면서 3명의 주자가 모두 홈인했다.

　하지만 선린상고에게 갑자기 짙은 그늘이 드리웠다. 훗날 박노준 자신의 언급대로 발은 빠르고 타격은 잘하지만 몸이 뻣뻣하고 유연성이 부족한 탓이었을까. 홈으로 뛰는 과정에서 포수가 공을 잡고 태그하는 줄 알고 몸을 잠시 움찔했는데, 그러면서 슬라이딩의 리듬을 잃어버린 듯 했다. 발목을 심하게 접질리고 말았다. 박노준은 들것에 실려 나가고 선린상고 선수들의 표정에는 어둠이 드리워졌다. 워낙 박노준 중심으로 움직이고 김건우가 옆에서 지원하는 형태로 팀이 움직여 왔기에, 무언가 심상치 않음을 본능적으로 느꼈을 것이다. 김건우 역시 자신의 뒤에 박노준이 있다면 편하게 던졌을 터인데, 이제 자신이 최후의 보루가 되었다는 생각에 어깨에는 많은 힘이 들어갔을 것으로 추정된다.

0대3으로 뒤지고 있던 경북고는 4회초 볼넷과 도루로 만든 투아웃 2루의 찬스에서 7번 조형섭이 친 타구를 선린상고 우익수 박정규가 놓치면서 1점을 만회했다. 스코어 1대3. 6회초에도 김건우가 난조를 보이면서 안타 없이 다시 1점을 빼앗겼다. 바로 4번 최무영이 볼넷으로 나간 뒤 패스트볼과 폭투로 홈인한 것이다. 스코어 2대3. 서울운동장의 짙은 야간 조명만큼이나 분위기가 뒤숭숭했다. 이때 선린상고는 어깨 통증을 호소하는 김건우 대신 투수를 이바오로로 교체하면서 잠시 위기를 모면했다. 오히려 6회말에는 투수 이바오로가 2루타를 치고 나간 뒤 5번 조영일의 적시타로 홈인, 점수를 2대4로 만들었다.

하지만 운명의 8회초가 왔다. 박노준도 김건우도 던질 수 없는 상황에서 젖 먹던 힘까지 다해 역투하던 이바오로였으나 경북고 3번 홍순호에게 볼넷을 허용했고, 이어 다음 타자들에게 2루수 김명배가 두 번, 포수 조홍기가 한 번의 실책을 저지르면서 4대4 동점이 되었다. 경북고는 여기가 승부처라고 판단하고 계속 밀어붙였다. 6번 김윤영, 7번 문병권, 8번 노국성이 3연속 안타를 때리면서 결국 6대4로 경기를 뒤집었다.

경북고 투수 성준은 1회 이후 안정을 되찾았고, 7회부터는 1

학년 문병권이 나와 언더핸드 특유의 지저분한 변화구를 통해 9회까지 선린상고 타선을 1안타로 틀어막았다. 이날 경북고가 친 안타는 김건우에게 3개, 이바오로에게 4개였는데 필요할 때마다 나온 적시타라는 점이 인상적이었다. 김건우가 실점 2점에 자책점 2점을 기록한 반면, 이바오로는 실점 4점에 자책점은 0점이었다. 그만큼 선린상고 수비가 에러를 남발했다는 의미다. 박노준과 김건우에게 의존하던 팀의 허약성을 그대로 노출한 게임이었다.

문병권이 최우수선수상, 성준이 최우수투수상을 받았다. 우수투수상은 선린상고 김건우, 북일고 하인수, 부산상고 이현택

1981 봉황대기 대회에서 우승한 경북고 홍순호 주장이 우승기를 들어 보이고 있다. 맨 오른쪽은 투수 성준 〈사진제공=성준〉

이 함께 수상했다. 타격상은 14타수8안타(0.571)를 기록한 북일고 1루수 김현택이 받았다. 타점상은 북일고 포수 김상국(7타점), 미기상은 경북고 유격수 류중일이 받았다. 감독상은 경북고 구수갑 감독에게 돌아갔다.

한편 3-4위전에서는 북일고가 부산상고를 4대0으로 꺾었다. 신장 190cm인 북일고 7번 김현택은 봉황대기 타격 1위를 했는데, 이날도 3타수2안타로 승리에 기여했다.

3만5천여 명의 관중 가운데 2만여 명은 마지막 시상식까지 다 지켜보았다. 경북고 팬들은 환호를, 선린상고 팬들은 아쉬움과 걱정하는 마음으로 운동장에 울려 퍼지는 올드랭사인을 뒤로 하고 내년을 기약했다.

이제 박노준 본인의 설명을 토대로 봉황대기 결승전 당시 부상 상황을 보자. 8월 24일 4강전에 이어 예정돼 있던 8월 25일 결승전이 비로 하루 순연된 것이 불운의 전조였다고 한다. 1회말 5번 이경재의 적시타 때 홈으로 뛰어들었는데, 볼이 포수 뒤로 빠진 줄도 모르고 포수를 피하기 위해 사이드 슬라이딩을 하는 순간 왼쪽 발 스파이크에 붙어 있는 쇠징이 땅에 박히면서 발목이 돌아가고 말았다는 것. 엄지발가락이 뒤로 돌아가 복숭아뼈의 바깥쪽 두 군데가 부러졌고, 안쪽에 있는 인대는 모두 끊어져 15cm의 철심과 나사로 고정시키고 인대를 잇는 대수술을 받아야 했다. 결승전 전날 비가 오지 않았더라면 먼지를 일으키며 멋진 슬라이딩을 했겠지만, 물먹은 모래땅이라 미끄러지지 않았다고 한다. 이후 그는 다시 생각하고 싶지 않은 통증을 느꼈으며, 그 아득한 통증과 함께 박노준의 화려했던 고교야구는 끝이 났다.

한국병원에 입원해 있는 동안 구수갑 감독, 성준 투수를 비롯한 우승팀 경북고 멤버들이 병문안을 다녀갔다. 여학생들의 병원 방문도 끊이지 않았고, 팬레터도 하루 100여 통이 오면서 박노준은 오빠부대의 원조처럼 여겨지고 있다. 10월 29일에 퇴원한 그는 졸업 이후 고려대에 진학했고 OB베어스 등에서 뛰었지만, 투수냐 타자냐의 갈림길에서 어정쩡하게 둘 다 하는 바람에 그저 평범한 성적을 기록하면서 고교시절과 같은 인기는 누리지 못했다. 2022년 현재 안양대학교 총장으로 재직하고 있다.

제35회 황금사자기

드디어 1981년의 마지막 전국대회인 제35회 황금사자기 대회가 열렸다. 스타인 선린상고 박노준과 경북고 성준은 둘 다 부상으로 인해 아예 출전 자체를 하지 못했다.

사람들은 과연 경북고가 청룡기, 봉황대기에 이어 황금사자기까지 손에 넣을지 주목했다. 연초만 해도 우승 후보에 거론되지 않던 경북고가 탄탄한 조직력과 빈틈없는 기본기를 바탕으로 최강 후보로 꼽히게 되었다. 한편으로 사람들은 이미 맛이 간 선린상고가 얼마나 더 추락할지 걱정스레 지켜보았다.

경북고는 에이스 성준이 한일고교야구 때 왼손 새끼손가락 부상을 당하면서 황금사자기 출전을 하지 못하는 상황이었다. 그래도 경북고는 팀워크를 바탕으로 한 해 동안 스토리텔링을 해나가는 팀이었다. 황금사자기에서도 경북고는 준결승전에서 부산고와 만나 1학년 문병권이 초반부터 맞아 나간 데다 반대로 부산고 2학년 좌완 김종석의 시원시원한 쾌속구에 밀려 8회까지 2대4로 뒤지고 있었다. 팬들은 드디어 경북고가 주인을 만나는가 싶었다.

하지만 역시 경북고였다. 9회초 원아웃 이후 3번 홍순호가 다소 위력이 떨어진 김종석의 한가운데 직구를 그대로 받아쳐 동점 투런 홈런을 때려냈다. 열광하고 낙심하던 3만 관중석의 엇갈린 모습이 늦가을 서울운동장의 오후 태양을 부끄럽게 만들었다. 4대4 동점이었다. 김종석은 극도로 흔들리기 시작했다. 경북고는 이미 기氣 싸움에서 이겼다. 4번 최무영이 우전안타로 나간 뒤 5번 김윤영의 좌전안타 때 3루까지 진출했고, 6번 김대식이 과감하게 투스트라이크 이후에 번트를 대면서 홈까지 들어왔다. 드디어 5대4로 게임을 뒤집었다. 이것이 끝이 아니었다. 7번 왼손타자 구윤은 혼이 나간 김종석의 공을 후려쳐 큼지막한 우월 투런 홈런을 날리면서 스코어를 7대4로 만들었다. 가공할 만한 경북고의 타선에 관중석은 경악했고, 부산고는 9회말 공격에서 별다른 힘도 쓰지 못하고 주저앉고 말았다.

반대쪽 시드에서는 '까치' 투수 김정수를 앞세운 광주 진흥고가 3회말 오귀섭의 3점 홈런 등으로 대구상고를 6대1로 완파하고 결승전에 올랐다.

경북고와 진흥고의 결승전은 관록과 신예의 대결이었으나, 역시 경북고의 파워를 진흥고가 깨기에는 역부족이었다. 경북고는 부상 중인 성준도 아니고, 1학년 문병권도 아니고, 3루수인 복병 홍순호를 마운드에 올렸다. 대구중학교 시절부터 가끔씩 마운드에 오르기는 했지만 통상적인 투수는 아니었다. 홍순호는 평소 정확한 3루 수비를 바탕으로 배팅 볼도 많이 던지면서 컨트롤과 코너워크가 좋다는 평가를 받아왔다. 청룡기에서는 광주일고와 비가 퍼붓는 준결승전에서 성준을 도와 마운드에 오른 적도 있다. 황금사자기에서는 1회전에서 약체 심석종고를 맞아 9이닝을 완투한 기록도 있다. 그래도 결승전이니까 문병권이 나올 것으로 예상하고 준비했는데, 역시 구수갑 경북고 감독은 이번에도 투수 용병술에서 허를 찔렀다.

이에 화답하듯 홍순호는 마치 3루수가 공을 잡아 1루에 송구하듯 편안한 투구 모션으로 진흥고 타자들을 착착 요리해갔다. 1, 2, 5회에 각각 1안타를 맞긴 했지만 나머지 이닝은 아주 편하게 무실점으로 막았다.

경북고는 3회말 2사 1-3루에서 3번 홍순호가 내야안타를 때려 1점을 먼저 얻었다. 5회말에는 1사 만루에서 진흥고 1루수가 4번 최무영의 타구를 잡아, 타자를 먼저 잡고 홈에 송구했는데 세이프가 되면서 1점을 추가했다. 만약 홈에 먼저 송구했더

라면 더블플레이도 가능했던 상황이었으나 순간적인 판단 착오
가 폭풍을 불러왔다. 이어 등장한 5번 구윤이 2타점 적시타를
쳤다. 결국 5회말에 3점을 추가하면서 스코어 4대0으로 승부를
중반에 미리 결정짓고 말았다. 최종 스코어 6대0.

　진흥고 에이스 김정수는 초고교급이라는 평가에 걸맞게 황금
사자기 대회에서 호투하며 팀을 결승전까지 올려놓았지만, 혼
자 힘으로 경북고를 상대하기에는 벅찼다.

　최우수선수상은 부산고와 준결승전에서 동점 투런 홈런으로
팀을 구사일생시켰고 진흥고와 결승전에서 완봉승까지 거둔 홍
순호가 받았다. 우수투수상은 문병권, 감투상은 김정수, 수훈

1981년 황금사자기에서 우승하고 대구 시내 카퍼레이드를 벌이는 경북고 선수단
〈사진제공＝성준〉

상은 구윤, 타격상은 대구상고 중견수로 '제2의 장효조'로 불리던 이정훈이 16타수9안타(0.563)로 받았다.

경북고의 승리 신화는 제62회 전국체전까지 이어졌다. 경북고는 준결승전에서 상대 팀과 비겼다가 추첨으로 이겼고, 10월 15일 결승전에서는 인천고를 만나 4회말에 7점을 내는 등 9대4로 이겨 금메달을 차지했다. 당시 경북고 멤버들은 정말 전국체전에서는 힘을 빼고 출전했는데, 그게 더 효과를 보았는지 우승을 차지했다고 한다. 구수갑 감독의 용병술, 탄탄한 기본기, 빈틈없는 조직력을 바탕으로 이른바 4관왕의 자리에 올랐다.

1981년 경북고 멤버들은 4관왕을 기념하여 이후 사관회四冠會라는 모임을 만들어 지금까지 운영하고 있다. 당시 선수들은 물론, 야구를 하지 않던 일반 재학생까지 회원으로 어울려 뛰고 있다. 에이스였던 성준, 홍순호, 최무영, 조광덕 등이 각자 바쁜 중에도 참가하고 있다.

- 1981년 제24회 이영민 타격상은 경북고 우익수를 맡고 있는 좌타자 구윤具潤이 4할4푼4리의 타율로 받았다.

- 진로 – 경북고와 선린상고 졸업생의 진로가 관심사였다. 고려대는 선린상고 박노준朴魯俊, 경북고 4번 타자 최무영崔武永을 데려갔다. 한양대는 경북고 성준成埈과 권택재權宅宰, 선린상고 김건우金健友, 북일고 김상국金相國, 대구고 이성근李成根을 뽑아갔다. 권택재의 경우 고교 시절에는 무난한 수준이었으나, 한양대에서 맹활약을 펼치면서 국가대표 1

루수로 활약했지만 프로야구 진출은 거부했다. 진흥고 김정수金正洙는 연세대로, 경북고에서 황금사자기 우승의 일등공신이었던 홍순호洪淳浩와 구윤具潤은 중앙대로 진학했다. 광주일고 차동철車東哲은 건국대를 선택했다. 차동철은 2022년 현재 건국대 감독을 맡고 있다. 광주상고의 거포 장채근張彩根은 성균관대로 진학했다. 현재 홍익대 감독을 맡고 있다. 황금사자기 대회에서 타격 2위를 기록했던 대구상고 투수 김훈기金勳基는 영남대로 들어갔다. 서울고 투수 박동경朴東炯은 상업은행에 들어갔다가 1983년 삼성라이온즈로 이적했다.

1981년 경북고 에이스 성준이 9월 한일고교야구대회에서 역투하고 있다 〈사진제공=성준〉

1962년생. 성준은 1981년 경북고가 4관왕(청룡기-봉황대기-황금사자기-전국체전)을 차지할 때 좌완 에이스 투수였다. 대구 효성초등학교 4학년 때 야구를 시작했고, 계성초등학교로 전학해서는 공부도 꽤 잘했다. 대구중학교를 거쳐 경북고 시절에는 묵직한 강속구에다 절묘한 코너워크로 팀의 우승을 견인했다. 지금도 사관회四冠會란 이름으로 1981년 당시의 선수와 일반 학생이 어울려 친목 야구대회를 갖고 있다.

한양대를 거쳐 1986년 삼성라이온즈에 들어가 첫해 '롯데 킬러'로 이름을 날렸다. 삼성라이온즈가 1986년 전기리그에 기록적인 16연승을 할 때 신인 성준이 5승을 기록했다. 그는 프로 통산 14시즌에 97승66패8세이브, 평균자책점 3.32의 준수한 성적을 기록했다. 완투승은 32회로, 그 중 완봉승이 10회나 된다. "처음 프로무대에 등판했을 때 스피드가 145km/h를 웃돌고, 위에서 내리꽂는 폼이 참 좋았다"고 당시 삼성라이온즈 이만수 포수는 증언했다. 프로 초반에는 직구와 슬라이더 위주로 승부했으나, 부상과 혹사로 스피드가 떨어지자 투구 인터벌을 길게 하면서 타자의 타이밍을 빼앗는 마운드 운용을 했다. 그래서 '느림의 미학' 등 여러 가지 별명이 나왔다. 성격이 반듯하고 신중하며 타고난 효자로 유명하다. 그의 글에는 문학가적 소질이 엿보인다. 야구를 안 했다면 국어교사가 꿈이었다고 한다. 은퇴 이후에는 SK와이번스 수석코치, 삼성라이온즈 퓨처스 감독 등을 역임했고, 2020년부터 수성대학교 투수코치를 지내고 있다.

1981년 당시 경북고가 대통령배에 출전만 했다면 우승했을 것 같은데.
"당시 대통령배 대구경북 예선전에서 포철공고에 패배하면서 본선에 진출하지 못했다. 포철공고는 빠른 공을 던지는 류명선 투수와 장효조 선배를 닮은 정성룡 타자가 있었는데, 거기에 발목이 잡혔다. 아마 대통령배 본선에 출전했다면 우리가 우승했을 가능성이 높다."

경북고 시절 스스로의 투구를 평가하면.
"저학년 때부터 선배들에게 배팅 볼을 많이 던지면서 힘과 컨트롤을 길렀다. 고3에 올라갈 무렵 경북고 대선배인 이선희 투수가 학교에 와서 많이 가르쳐 주셨다. 같은 좌완이라 여러 가지로 배운 점이 많았다. 고교 시절에는 공이 아주 빠르진 않았으나 무브먼트가 좋아서 타자들이 내 공을 맞추어도 파울볼이 나는 경우가 많았다. 봉황대기 때 강호 신일고를 상대로 3대0 완봉승을 거둘 때가 대표적인 경기였다."

**1981년 당시 선린상고 박노준과 김건우를 연속으로 이긴 비결은 무엇
이라고 생각하는가.**

"그 시절 경북고가 선린상고를 제압한 것은 기본기 덕분이라고 생
각한다. 당시 경북고는 에러가 거의 없었다. 유격수를 맡은 류중일
을 비롯해 평소 기본기와 수비 훈련을 철저히 했다. 하지만 선린상
고는 실책을 남발하면서 무너졌다.

박노준은 중학교 1학년 때 리틀야구 대표로 출전해서 강호 대만을
이긴 스타였다. 대구중 시절에도 선린중 박노준과 라이벌이었다.
박노준과 악수를 나누면 손을 꽉 잡는다. 당시의 박노준은 남과 다
르다는 엘리트 의식이 있어 보였고, 나는 학교에서 앞산공원까지
늘 뛰면서 '박노준을 이기자'는 결의를 다졌다. 김건우도 라이벌이
었지만, 같은 좌완인 박노준을 꼭 이겨야 한다는 정신력이 당시 선
린상고를 격파한 비결인 것 같다."

팀의 에이스인데, 1981년 황금사자기 대회에는 왜 출전하지 못했는가.

"9월 초에 열린 한일韓日고교야구에 출전했는데, 타석에서 일본 투
수가 던진 공에 왼손 새끼손가락이 맞아 미세 골절이 일어났다. 부
상을 입고 왼손에 깁스를 하는 바람에 그 해 나머지 경기에는 출전
하지 못했다. 당시 경북고 선수층이 두터워 내가 없으면 문병권, 박
춘석, 홍순호 등이 차례로 자기 몫을 해냈다."

1981년 4관왕을 기념하여 만든 사관회가 지금까지도 이어지고 있는데.

"고교 시절 일반 학생을 공신, 야구부를 야신이라고 불렀다. 사관회는 공신이 3분의2 정도 차지한다. 회장도 공신이 계속 맡고 있다. 10년 넘게 사관회 친목경기에 참가하고 있다.

한양대 다닐 때 동료가 된 김건우에게 '경북고와 선린상고의 졸업생들끼리 다시 한 번 붙어보자'고 제안했는데 이뤄지지 않았다. 저쪽은 자기들끼리 별다른 커뮤니케이션이 없는 것 같았다."

당시 대구의 중학교에 우수선수가 많아 서울에서 많이 스카우트했다는데.

"1970~1980년대 대구 지역 중학교 출신 중에 우수선수가 많아 다른 지역 학교에서 많이 스카우트해갔다. 서효인, 이효봉, 박흥식, 구천서, 안언학 등이 모두 대구에서 중학교를 다녔다. 나도 대구중 시절에 중앙고와 신일고에서 스카우트 제의가 들어왔다. 천안 북일고 같은 곳은 당시 꽤 많은 현금을 제시하고 우수선수를 뽑아갔다."

지금 경북고 출신 야구선수들 모임인 경구회慶球會 회장을 맡고 있다. 경북고 야구의 전통은 무엇인가.

"1981년 당시에는 권오갑 교장 선생님, 구수갑 야구부장님 등 두 분의 '갑' 선생님께서 아주 철저하게 지도하고 관리하셨다. 야구부원도 일반 학생과 똑같은 복장과 가방으로 오전 8시까지 등교하여 4시간 수업은 꼭 듣도록 했다. 그래서 야구부뿐만 아니라 일반 학생들과도 교분을 쌓았다.

경북고는 걸출했던 선배들이 학교를 자주 찾아와 가르치고 독려하는 것이 특징이다. 스타들이 많아 후배들에게 실질적인 도움을 주었다. 무엇보다 고교야구 최다 우승학교라는 전통과 자부심이 배어 있었던 것 같다.

경구회 회장으로서 친목과 상호부조를 위해 노력하고 있다. 임신근, 최광수, 황규봉, 임종호, 이기호, 손태민 같은 선배들이 돌아가셔서 마음이 아프다."

프로 투수 후반기에 투구 인터벌이 꽤 길어졌는데.

"14년 프로 생활을 하는 동안 갈수록 구속이 떨어지고 타자를 상대하기가 버거워졌다. 초기에는 직구와 슬라이더 만으로 밀어붙였는데 나중에 구위가 떨어지면서 구종도 다양화했다. 말년에는 그것도 힘들어서 인터벌 싸움을 걸었다. 포수의 사인을 본 뒤에도 모자와 로진백을 한참 만지다가 타자가 집중력을 잃을 즈음 공을 손에서 떠나보냈다. 어떤 때는 반대로 빨리 가기도 했다. 나로서는 프로에서 오래 살아남기 위한 전략이었다."

● 참고문헌 ●

▶ 홍순일 편저, 한국 야구사 연표(1896~1979), 한국야구위원회 & 대한야구협회, 2013.

▶ 조선일보, 1967년 7월 1일자 4면~1981년 10월 16일자 9면.

▶ 중앙일보, 대통령배 고교야구대회 관련기사.

▶ 동아일보, 1967년 10월 2일자 4면~1981년 10월 5일자 8면.

▶ 한국일보, 1971년 8월 15일자 4면~1981년 8월 27일자 11면.

▶ 청룡기 전국고교야구선수권대회 홈페이지
(http://www.hsbaseball.kr/main_bd.htm).

▶ 남갑균 엮음, 야구용어사전, 지성사, 2001.

▶ 삼성라이온즈, 삼성라이온즈 21, 2003.

▶ 김은식 지음, 야구의 추억, 이상, 2009.

▶ 김은식 지음, 기아타이거즈 때문에 산다, 브레인스토어, 2011.

▶ 김은식 지음, 삼성라이온즈 때문에 산다, 브레인스토어, 2012.

▶ 선동열 지음, 야구는 선동열, 민음인, 2019.

▶ 선동열 지음, 김식 정리, 선동열 야구학, 생각의힘, 2021.

▶ 스포츠서울야구팀 지음, 이것이 야구다, 스포츠서울, 2011.

▶ 이경렬, 고려대학교 교육대학원 체육교육전공 석사학위논문, 관람자의 구술을 통해 본 고교야구 변화과정, 2016. 01. 08.

▶ (네이버 블로그) 두산베어스, 이재국의 베팬알백/ 베어스 팬이라면 알아야 할 백가지 이야기, 2018. 07. 24부터.

▶ (네이버 블로그) KruskTank, Endless Rain, 추억의 고교야구 시리즈(1)~(10), 2013. 06. 26.

▶ (네이버 블로그) favre1017, 사라져간 고교 스타(1)~(9), 2009. 09. 23~2011. 04. 10.

1970년대 고교야구대회 우승(준우승) 팀

	대통령배	청룡기	봉황대기	황금사자기
1967년	경북고 (선린상고)	경북고 (배문고)	−	경남고 (경북고)
1968년	경북고 (배문고)	경북고 (대구상고)	−	경북고 (동산고)
1969년	선린상고 (성남고)	선린상고 (대구상고)	−	선린상고 (경북고)
1970년	경북고 (동대문상고)	대구상고 (배문고)	−	성남고 (대구상고)
1971년	경북고 (부산고)	경북고 (경남고)	경북고 (대광고)	경북고 (중앙고)
1972년	경북고 (충암고)	중앙고 (경북고)	배명고 (중앙고)	군산상고 (부산고)
1973년	대구상고 (경남고)	경남고 (중앙고)	대구상고 (배재고)	대구상고 (배명고)
1974년	경북고 (대구상고)	경북고 (군산상고)	대구상고 (재일동포)	경남고 (대구상고)
1975년	광주일고 (경북고)	경북고 (선린상고)	경북고 (대구상고)	부산상고 (중앙고)
1976년	군산상고 (대구상고)	경남고 (군산상고)	부산상고 (선린상고)	신일고 (선린상고)
1977년	공주고 (부산고)	대구상고 (동산고)	충암고 (광주진흥고)	광주상고 (인천고)
1978년	부산고 (대구상고)	부산고 (경북고)	서울고 (선린상고)	신일고 (서울고)
1979년	선린상고 (부산상고)	부산고 (선린상고)	광주상고 (인천고)	경북고 (인천고)
1980년	광주일고 (광주상고)	선린상고 (마산상고)	천안북일고 (배재고)	선린상고 (광주일고)
1981년	군산상고 (천안북일고)	경북고 (선린상고)	경북고 (선린상고)	경북고 (광주진흥고)

그 시절 우리는 미쳤다 1970년대 고교야구

그 시절 우리는 미쳤다: 1970년대 고교야구

지은이 | 최홍섭
펴낸이 | 박영발
펴낸곳 | W미디어
등록 | 제2005-000030호
1쇄 발행 | 2022년 4월 9일
주소 | 서울 양천구 목동서로 77 현대월드타워 1905호
전화 | 02-6678-0708
E-mail | wmedia@naver.com

ISBN 979-11-89172-42-8 (03690)

값 17,000원